区域信息治理与信息预警

徐晓锋 岳东霞 著

科学出版社
北 京

内 容 简 介

新信息技术并没有降低数字鸿沟、信息分化与信息操纵等信息承载力问题，网络的极化效应加大了区域信息生态环境中各类型信息资源应用的"公地悲剧"与"反公地悲剧"现象。本书从信息架构与技术实施层面，构建区域信息治理与信息预警的理论体系及相应的多源数据融合、态势评估等使能技术设计与应用，基于巨型组织信息生态系统可持续发展，通过信息治理与信息预警解决此类危机问题，提出并设计信息生态安全、信息生态治理及预警建设的整体解决方案与实施对策。

本书可以作为信息管理学专业及信息技术、环境、生态类专业本科生与硕士生的参考用书，同时可以作为国家应急管理部门与企业管理人员的信息治理与信息预警手册。

图书在版编目(CIP)数据

区域信息治理与信息预警／徐晓锋，岳东霞著．—北京：科学出版社，2022.10

ISBN 978-7-03-073142-5

Ⅰ.①区… Ⅱ.①徐… ②岳… Ⅲ.①信息管理–研究 Ⅳ.①G203

中国版本图书馆 CIP 数据核字（2022）第 168711 号

责任编辑：周 杰／责任校对：张小霞
责任印制：吴兆东／封面设计：无极书装

科学出版社 出版
北京东黄城根北街 16 号
邮政编码：100717
http://www.sciencep.com
北京建宏印刷有限公司 印刷
科学出版社发行 各地新华书店经销
*
2022 年 10 月第 一 版 开本：720×1000 1/16
2023 年 2 月第二次印刷 印张：13
字数：260 000
定价：130.00 元
（如有印装质量问题，我社负责调换）

前　言

　　新型冠状病毒导致的疫情犹如一场世界大战，迅速席卷全球，在这次疫情中信息治理与信息预警的迫切性，使得风险管控受到社会各界前所未有的关注。本书通过由应急管理的信息治理向大数据治理的技术转向，提出人类社会可持续发展战略管理由过去的人治转型为数据治理与预警决策的路径设计，解决现实中无处不在的数字鸿沟、信息孤岛、信息污染、信息操纵、信息危机等问题，同时建立起长效的持续运营与资源建设机制。人类构建的全面数字化社会的最大价值，是从区域社会信息服务的战略层面，将信息治理与信息预警变成信息社会可持续发展的机制与信用文化，使得全社会自觉形成信息资源共建、共维、共享的迭代习惯及优化行为。事实上，在信息社会各个领域，信息治理与危机预警已经成为管理与服务层面的使能器，数字化、智能化不仅变革了区域管理方面的政务系统、公安系统、物流管理系统、社区服务系统、教育管理系统等，在经济服务领域，从电子商务到今天的数字化经济，包括信息生活中的新媒体应用、数字货币、虚拟生活等，均需要新信息文化建设与安全预警，特别是以新冠肺炎疫情防控为代表的全社会新信息文明与价值的塑造，人类社会第一次真正具备了平等、共治、协作的技术基础。区域的信息治理与危机预警是一个螺旋上升模型，需要不断迭代和优化，目前尚无针对信息通信技术发展而进行的信息治理与危机预警理论总结及信息架构应用设计，主要体现在区域信息传播、信息资源与数据中心建设等方面存在短板，如传统文化价值传播、基础数据资源、信用体制建设等均存在一定的不足。自然生态系统与社会生态系统已经融入统一的信息治理与危机预警一体化多源信息融合环境，我们进行数字资源建设与应用的同时，数据安全与资源保护的标准、生态与供应链等体系建设及跨平台维护等新问题产生，无论是基于企业的财务、人力、供应链、生产、销售等内部数据，还是如政治、经济、社会、科技、行业、市场等公共管理的外部数据，均需要从信息技术治理的应用层面对数据产生、采集、处理、加工、使用等过程进行规范。通过统一数据标准，制定合理的数据管理流程和制度，规范数据生产供应的过程。区域信息治理的根本目标是在提升社会信息服务质量的前提下，加强信息安全和确保数据合规使用。本书从信息治理与应急管理方向，提供基于多源信息融合与危机预警的信息架构建设指南与态势评估技术实现导引。区域信息治理涉及范围广，参与人员多，因此需要全社会跨平台的组织和制度保障，不论是基于政务后台的小数据治理，还是基于中台的大数据治理，顶层架构设计与全社会动员工程是信息治理成功的最佳模式。以基于区域社会与自然环境融合的中台数据治理为例，由于上升到全社会可持续发展的战略层面，自下而上的或分部门、分业务的治理，往往难以成功。信息治理包括应急管理组织的建设，是对全社会组织体系、管理体系、执行体系与技术体系等全社会范围的改革。

本书依托国家社会科学基金面上项目"信息承载力视角下西北五省区区域信息治理与信息援助的模式与路径研究"（17BTQ053）、国家自然科学基金面上项目"泥石流灾害高发区生态地质环境耦合协同机制及生态工程防灾效应研究——以白龙江流域为例"（42077230）、国家重点研发计划项目课题"强震区地质灾害链预测评价与综合监测预警"（2017YFC1501005）、国家自然科学基金面上项目"西北地区信息承载力定量评价及管理对策研究"（70873053）、甘肃省科技重大专项计划项目"白龙江流域地质灾害隐患识别、临灾预警及应急处置研究与示范"（19ZD2FA002）、甘肃省软科学专项"甘肃省区域突发事件的信息预警与信息治理"（1504ZKCA090-1）的成果与资助。感谢魏天慧、鱼海燕等学生的图表与文字修整，感谢沙勇忠、牛春华等领导与同道的鼎力相助。

刚结束的二十大报告中提到了"网络生态""共建共治共享的社会治理""意识形态安全""创新型国家""国家治理体系和治理能力现代化""社会主义民主政治制度化、规范化、程序化""健全基本公共服务体系，提高公共服务水平，增强均衡性和可及性""完善参与全球安全治理机制""加强个人信息保护""提升社会治理效能""数字中国""把我国制度优势更好转化为国家治理效能"等，本书也相应反映了上述主题，并在主体部分总结了改革开放以来信息治理与信息扶贫的成就与得失。在此，谨以本书献给所有为民族复兴与国家强盛做出贡献的专家与实干家们！

徐晓锋
2022 年 10 月于金城

目　　录

前言
绪论 ·· 1
第1章　区域信息社会具备可预测性与可治理性 ·· 6
　1.1　遍布世界的区域信息治理与危机预警难题 ·· 6
　1.2　信息治理与信息预警的概念、起源与发展 ·· 8
　1.3　信息治理的目标、主体与研究内容 ··· 12
　1.4　区域信息治理与危机预警的主要研究内容 ··· 17
　1.5　信息治理的前提是区域多源数据融合与态势评估实施 ································· 21
　1.6　区域信息承载力是信息治理与预警的先决条件 ······································· 23
　1.7　区域信息治理与预警中信息生态系统可持续发展的价值与
　　　　研究意义 ··· 25
第2章　区域信息治理与信息预警的基本概念介绍 ······································· 27
　2.1　信息生态与信息治理 ··· 27
　2.2　信息生态系统的压力 ··· 30
　2.3　信息生态系统中的"公地悲剧"与"反公地悲剧" ······································· 33
　2.4　信息治理中的信息承载递阶模型 ··· 34
　2.5　信息承载力营力系统分析 ··· 38
　2.6　基于爬坡模型的区域信息承载力系统分析 ··· 41
　2.7　基于爬坡模型的大数据治理架构 ··· 46
　2.8　大数据治理的定量化设计 ··· 47
第3章　区域信息融合与态势评估 ··· 51
　3.1　信息融合理论与应用 ··· 52
　3.2　区域信息态势评估与技术介绍 ··· 58
　3.3　突发事件中信息融合与信息评判模型实施方法 ······································· 62
　3.4　区域应急管理中信息融合与态势评估的技术结构分析 ································· 64
　3.5　基于信息治理与援助及预警的区域态势感知 ··· 66
　3.6　大数据在数据融合与态势评估中的应用 ··· 69

3.7 基于信息治理、援助及预警的信息融合与态势评估技术发展 ……… 71

第4章　区域信息援助及系统测度 …………………………………………… 72
　4.1 以大数据为核心的新信息技术介入 ……………………………………… 72
　4.2 信息治理与预警分析中的定量模型 ……………………………………… 74
　4.3 信息承载递阶结构定量评价 ……………………………………………… 79
　4.4 信息生态系统的发展状态及信息援助介入状况判定 …………………… 80

第5章　区域生态治理信息架构与模型设计 ………………………………… 84
　5.1 区域信息治理与预警的顶层架构建设 …………………………………… 84
　5.2 区域信息治理与预警的使能器设计 ……………………………………… 87
　5.3 信息架构中区域阶层信息分化、信息弱势群体等结构分析 …………… 89
　5.4 区域信息架构原则技术设计与标准 ……………………………………… 90
　5.5 区域信息架构中的实验技术 ……………………………………………… 92
　5.6 区域信息架构设计中急需解决的关键科学问题 ………………………… 94
　5.7 区域突发事件信息预警与信息治理的顶层设计 ………………………… 95
　5.8 突发事件信息预警系统构建 ……………………………………………… 96
　5.9 基于爬坡模型的区域大数据治理设计对策 ……………………………… 97
　5.10 区域治理路径设计 ……………………………………………………… 100
　5.11 区域信息援助路径设计 ………………………………………………… 102

第6章　区域应急管理中基于信息生态架构的定量评价及分析方法 …… 104
　6.1 应急管理中信息承载力治理的测度与定量评价 ……………………… 105
　6.2 区域信息治理中关键信息承载力构建与分析 ………………………… 106
　6.3 信息生态系统可持续发展压力关键指标的组成与理论解释 ………… 114
　6.4 区域信息预警与治理架构下信息生态系统信息压力及
　　　 可持续发展状况评价 …………………………………………………… 118

第7章　区域大数据治理与信息预警 ……………………………………… 119
　7.1 区域信息治理与预警技术分析 ………………………………………… 120
　7.2 区域应急管理的核心预警与信息系统设计 …………………………… 121
　7.3 突发事件中的信息治理应用 …………………………………………… 124
　7.4 区域应急管理的信息架构 ……………………………………………… 126
　7.5 突发事件信息生态预警机制 …………………………………………… 128
　7.6 政府信息治理与预警架构建设 ………………………………………… 130
　7.7 信息治理的预警标识与决策支持 ……………………………………… 131
　7.8 使能器及使能技术的应用现状 ………………………………………… 132

| 目　录 |

- 7.9　应急管理中基于战略与执行层面的信息治理使能技术 …… 133
- 7.10　基于信息承载力治理的使能器构建 …… 135
- 7.11　应急管理中网络舆情监控系统框架 …… 139
- 7.12　信息预警流程 …… 140
- 7.13　信息预警的关键技术 …… 141

第 8 章　以服务为核心的区域自然与社会生态系统的耦合治理 …… 144
- 8.1　社会冲突视角下区域信息治理中的数据生态基础 …… 144
- 8.2　区域信息治理的基础显示与数据分析 …… 146
- 8.3　信息治理过程的数据结构与技术分析 …… 147
- 8.4　辅助检验方法与分析工具 …… 148
- 8.5　区域信息生态系统中人与社会–自然耦合因素检测与定量评价 …… 148
- 8.6　态势评估与信息预警对策分析 …… 150

第 9 章　区域信息治理与预警技术应用及实现 …… 153
- 9.1　信息治理的模式构建与应用研究 …… 154
- 9.2　信息治理过程分析 …… 161
- 9.3　信息治理的使能器实现机制与技术应用 …… 162
- 9.4　政策使能与信息预警的模型设计 …… 165
- 9.5　信息预警与信息治理的实现路径与系统应用 …… 172
- 9.6　突发事件中信息治理模型的使能应用对策 …… 177
- 9.7　针对舆情的信息预警与信息治理对策 …… 178
- 9.8　区域突发事件信息预警与信息治理的使能路径设计 …… 180

第 10 章　区域应急管理与危机预警系统规划与建设 …… 183
- 10.1　基于立法与执法层面的规章与规制标准目标 …… 183
- 10.2　信息承载力可持续管理的核心原理 …… 185
- 10.3　信息承载力可持续管理对策实施的手段与方法 …… 186
- 10.4　信息治理对策的实施基础与原则 …… 189
- 10.5　区域信息承载力总体可持续管理对策 …… 190
- 10.6　区域信息治理中信息架构设计需要完善与发展的地方 …… 191
- 10.7　区域信息治理与预警对策 …… 195

参考文献 …… 196

绪 论

区域信息治理在中国国民经济建设与社会整体的可持续发展中占据重要地位，随着区域社会经济的快速发展，社会信息生态系统中人与自然、人与社会及人与人的矛盾引发了各种自然与社会问题叠加的灾害，同时社会群体性事件也不断爆发，加之外部势力的介入，区域信息生态系统整体的可持续发展受到严重影响，因此区域信息治理、信息预警的迫切性更为突出。从2000年起，国家重点推出相应的各类型信息治理政策、法规制度及技术设计规范等宏观层面的设计导引与条例大纲，区域信息治理得到了快速发展。伴随着新信息技术的拓展，区域信息化社会转型的关键窗口期逐步显现，此时正进入社会经济与历史文化发展的核心拐点，信息生态系统的建设需要渡过由数量扩张到结构转换、质量提升的关键阶段。区域结构性矛盾变化与发展导致的突发事件、公共危机呈现多发状态，给区域社会的可持续发展带来了巨大危害，信息预警与信息治理显得越来越重要。

人类社会生产方式与组织方式已经发生向数字化社会变革的根本性转型，大数据、人工智能、云计算融合，使得信息治理架构模式主导下的基本信息生态系统决定了未来人类社会可持续发展的模式与方向。过去仅巨型组织重视信息生态安全与信息治理及预警建设，但近半个世纪以来，基于以互联网、通信、社会媒体等信息的数量已远超政府处理能力。因此，需要重点关注信息生态系统中信息承载力发展水平远远地落后于原始信息量、系统加工信息量与各类信息需求量增长的问题。人类社会的发展模式、经济增长方式与社会管理结构的改革同时也体现在信息治理与危机管理领域，事实上基于区域信息治理的层面，信息承载力定量评价的实证结果揭示了目前区域社会可持续发展并不完善，区域社会各个应用领域形成的信息超载、信息孤岛、信息污染等"反公地悲剧"问题突出；将信息治理与信息使能技术（如多源信息融合与态势评估等）应用于公共管理的战略决策层面，为区域信息治理社会的可持续发展提供政策使能实施对策及解决方案的实现方法仍在探索，目前尚无区域信息压力的研究成果与实证。本书案例部分针对西部区域大数据服务中缺乏适应型的信息服务架构与模型设计。作为大数据治理实施主体的当地政府，区域信息治理路径选择与定量模型应用是情报政策领域亟待解决的问题。本书通过应用区域信息生态承载递阶结构理论，加入系统仿真模拟与动力学建模，针对治理区域所在社会环境、自然环境等系统内外部耦合作用效果及因子分析，分析并构建了区域大数据治理的作用模型。研究结果表明，1978~2016年，中国西北地区信息生态系统整体处于落后状态，但仍然呈现出由信息技术发展远远落后于区域社会发展需求的初级阶段，逐步到信息技术开始满足并支撑区域自然环境与社会环境可持续发展的均衡阶段的态势。

信息生态系统无序性与复杂性扩张，过量的信息已远远超出人们的信息承载能力，导致信息生态系统结构性破坏和失衡。从深层次分析，这是由人类在新型的信息型社会组织中缺乏相应的信息治理体系、信息承载力可持续发展对策与信息使能技术实施而导致的社会发展问题。极具代表的网络舆论信息作为社会信息生态的映射，能够及时反映社会问题，但由于网络的无组织、传播速度快等特性，网络舆论在传播过程中具有风险不确定性和时间无序性。现有的大部分网络舆情产品都将舆论信息收集和信息分析脱离，忽略了信息收集与信息分析之间的联系，无法动态地根据传播过程中网络舆论的变化作出实时调整。在信息预警层面，动态智能监控网络舆论的前提是区域信息生态系统的可持续发展，包括对区域信息压力的测评与治理。

区域信息治理通过构建关键的信息治理体系和信息使能技术实施平台，为政府公共管理提供切入点，提升各类型组织信息共治及全面融合的信息治理能力，并应用信息使能技术达到高产出水平。区域信息生态系统能够在最低水平状态下维持可持续发展是区域信息预警与信息治理的基础，其中区域数字鸿沟、信息超载等信息生态系统失衡现象得到解决。区域信息治理需要从人才建设、信息供应链重构及信息系统的基础设施建设与资源建设等着手，降低我国大部分区域整体的信息搜寻与获取成本，提升区域整体信息生态系统可持续发展水平。基于信息可持续管理的战略决策与治理体系，通过推动信息治理中涉及制度层面的变革，可突破信息承载力发展的瓶颈，进而促使该地区达到信息承载力供给接近信息压力水平的良性发展态势，并维持长期稳定的可持续发展。学者们提出了基于经济学意义上的信息不对称问题与相应的博弈模型，尝试解决信息社会中出现的各类信息败德行为与不公平问题。人类社会最基本的进化史是科学技术导致生产工具的不断迭代与发展，从而导致信息治理与信息预警的信息架构与信息所有权分配、资源拥有方式、信息使用途径及社会信用体系建设等颠覆了人类文明稳定发展的模式与范式，表面上看是信息等级制度与信息分配等固有社会矛盾形成的结构争议；深层次分析，是缺乏针对新信息科学技术与生产工具的应用与问题发展形成的结构矛盾。随着新信息技术应用拓展与相应的数据治理范式不断渗透并主导了包括自然环境、经济发展、社会政治等全领域危机预警、信息治理及人类社会生活各个部分的进程，作为一个实践领域，基于大数据的危机治理与冲突预警、预控与预治已经呈现前所未有的应用前景。除了经济竞争、政治博弈与信息安全之外，应急管理与危机预警对于信息治理的应用更为重要。从整个自然界生态圈冲突的层面，信息预警与治理的大数据应用使得各类型冲突与危机预警动态可视化，能够在极端复杂、危险的社会自然环境中精确认知灾害与危机冲突的类型及其特征。基于大数据的信息治理本质就是应用信息技术，如多源信息融合技术，实现态势评估的信息预警决策，进行危机信息预测、预警与预防，实现区域信息生态系统中各类型灾害治理与危机冲突预防。与传统基于各自独立层面信息预警与危机治理的数据孤岛和单维度预案相比，信息治理中基于大数据的即时信息抓取能力、远距离监控能力以及深度挖掘能力，可以使得危机全貌乃至冲突的每一个细节被发现、观察及治理。信息治理基本覆盖了目前信息社会与巨型组织的各类应急管理过程，从极端变异的灾害、危机冲突领域，特别是各类型灾害的应急管理与危机救援，体现在冲突预防的人道主义和发展援助行动场景中。最后以信息共享与协作决策，形成全社会从自然环境到社会环境的政府、产业、科技与各类型组织的全平台融合及集成协作。

中国绝大多数区域信息生态系统建设中存在只注重单纯的基础设施建设指标的现象，存在严重的重建设轻应用、重投入轻评价、重聚资轻落实的态势。有效的区域信息治理与信息预警，可以通过建立、健全区域信息治理全面的社会资产目录和社会资源账户，重点促进以信息承载力为核心的社会资源建设与能力发展，并通过溢出效应制订诸如人才资源引进与使用等社会化资源可持续发展政策。通过信息使能技术的直接引进与 Cyber-infrastructure 建设，构建区域信息治理跨部门、跨行政区域的一体化信息治理平台；加强扶持信息分化严重的底层人群与信息劣势阶层的信息承载力，彻底解决其中最为关键的基本信息生存环境问题；通过多学科、跨部门整合区域自然地理优势，构建统一大科学创新中心，提升区域政府与组织的信息治理能力，加强以社会信用体系为主的信息基础环境建设，构建公开、公正、透明且有效率的信息生态系统可持续发展的运行机制。在具体的态势评估与信息预警模型应用实证中，我们选取西北五省区 1978~2016 年时间段作为评价案例，基于区域整体、各省区两类尺度对比，从信息弹性力、信息能力、信息承载力、信息压力不同指标体系进行分别评价，最后又针对区域信息治理信息生态系统承压度进行整体评价和分析，实现定量化、动态化研究区域信息生态系统发展状况的目标；同时，结合区域外部环境、国家政策等，探讨区域信息生态系统格局变化与信息承载力、社会环境与经济发展及国家政策驱动的关系和响应机制，分析区域产业发展、信息化投资、国家信息治理及政策对信息承载力变化的内在作用机制等，并随后提出相应的信息预警机制与系统设计方案。

新信息技术的应用驱动信息预警与信息治理的变革，目前最核心的问题是解决技术应用危机先于技术应用方案的态势，最可行的对策是通过测算区域新信息技术的应用与发展水平，判别区域信息治理的水准并进行信息预警。在这一大背景下，着眼于区域信息治理地区信息生态系统整体的可持续发展评价，引入信息承载力这一使能器设计，分析区域信息能力、信息压力等涉及区域基本的信息预警与信息治理基础水平，对区域信息治理地区当前应急机制进行剖析，并从总体上设计区域信息治理地区信息预警与信息治理的信息架构，分析当前面临的关键问题及其应对思路等。基于信息预警与信息治理理论分析和数据应用分析方法，通过综合应用信息生态理论、公共管理学、信息分析技术及可持续发展理论的模型与多源信息融合技术及态势评估理论，针对国内外普遍关注危机管理中信息治理效应及信息操纵、数字鸿沟、信息污染、信息安全等的危机源分析，将信息弹性力、信息能力、信息压力置于应急管理条件下统一的评价标准与指标体系中。应急管理效能需要信息使能的治理技术来实现，通过构建区域信息治理、信息承载力与公共社会系统三者之间的承载递阶结构与相应的信息使能动力学模型，提出基于信息承载力的应急管理使能过程模型与相应的信息治理定量评价体系，总结出信息干涉预警、信息系统仿真模拟、信息共享协同、信息评价驱动的关键信息治理使能技术与三维评价模型，并获得了满意的结果。本书所应用的基于战略层面的信息承载力治理技术，就是基于目前国内对物联网、云计算及大数据分析等初步建设之后的信息使能技术应用，解决信息预警机制缺失、信息反应迟缓、信息处理方法落后及信息生态系统恢复不力等问题。针对具体的科学难题与突发性事件，构建信息承载递阶结构系统，设计信息承载力使能器，将创新活动与应急管理研究实施结合。首先，通过设定应急管理条件下区域信息治理的危机及灾害情境，如通过区域信息生态系统的定量评价，产生相应的信息治理对策，建构与突发事件信息预警与信息治理主要功能相对应的信息系统设计及决策信息治理机制。然后，针对大数据环境下区域社会信息形式发生的巨大变化，设计大数据环境下突发事件信息动态监测和预警信息架构，通过以物联网为主流使能器的半结构化和非结构化数据资源及相应数据流，实现基本的清洗、加工及其他知识管理进程，并进行信息监控、分析，对突发事件数据进行采集和预处理；接着构建突发事件知识库，建立突发事件信息治理模型；最后，实现知识模型和知识库的匹配和智能预警。

本质上，所有的危机都是从稳定的信息生态系统崩溃开始的。区域信息治理是否足以从信息生态的角度对管理决策及应急管理提供数据支撑，从而改变区域社会中违反可持续的某些运动方向，这是信息预警与其他方式预警及心理学上的预测不同的地方。作为一个生物学意义上的个体，每个人都会有自己的判断，组织中的个体具有自由意志，这是不同于物理学意义上的组织结构，因而需要从信息生态系统整体的角度来研究信息能力、信息压力等影响整个区域社会的信息治理与信息预警内容。首先，需要改变区域信息治理单纯的拉力型信息化建设与外延式投资增长，解决区域信息治理中特殊的非均匀质地与严重的信息分化问题，特别是扭转信息污染和信息危机随着网络的迅速扩张日趋严重的态势。其次，信息生态系统的无序性与复杂性扩张导致信息压力呈现严重恶化的趋势，会直接导致区域社会形成舆情与动乱危机。同时，区域信息治理过量的信息压力远远超出当地的信息承载力，使得各种势力的信息干涉与信息操纵得以实现，因而从信息生态系统结构性破坏和失衡的信息预警信号设计，通过信息资源共享与社会信息强制公开等弥补社会成员在信息获取与利用能力方面与发达地区存在的差距。

通过应用信息治理与信息预警技术，以科学和理性的方式来推动信息承载力提升，如利用新媒体与新信息技术的渗透性、信息经济的牵引力与信息承载力的支撑作用，推动区域社会经济向更合理的产业结构、更明晰的区域结构功能分工、更公平的社会发展体系演进。区域信息承载力提升反过来亦可促进区域信息治理外向型发展、协作型建设、服务型经济良性循环。另外，通过构建我国区域大数据治理的爬坡模型及定量评价的研究发现，构成爬坡模型的三个大数据治理约束因子中，区域信息社会基础环境质地属于很难改变的自然弹性力，而信息社会发展需求因子为系统适应与接受的社会经济驱动力，唯有信息治理路径选择因子属于仅有的可调控、选择的制度力或政策力。区域信息治理的核心取决于该区域驱动力与支撑力的发展是否适应其阻滞力与压力水平，区域大数据中心作为关键的科学与扶贫治理的信息使能器，成为大数据治理基本的信息生态环境容纳与治理路径选择。首先，通过信息承载力中的区域信息能力分析政府突发事件管理中信息预警的水平，应用信息压力分析技术如图像识别、机器学习等，分析发现区域信息治理突发事件中社会危机的成因与政府应急管理缺陷和存在的问题。其次，通过大数据治理的信息架构分析，构建政府突发事件信息预警系统及危机信息治理机制。最后，设计大数据信息治理使能器，为政府进行突发事件的预防和管理活动提供理论与现实的指导。

第1章 区域信息社会具备可预测性与可治理性

1.1 遍布世界的区域信息治理与危机预警难题

随着人类进入信息社会，变革最典型的特征就是，在工业社会向信息社会过渡的过程中，人类社会生产方式与组织方式发生根本性转型，特别是人类社会的发展模式、经济增长方式与社会管理结构的变革。近年来，基于以互联网、通信、社会媒体等产业巨量的无组织信息与数据及合理信息需求与政府信息所需处理的数量均呈指数增长，而政府通过互联网处理后的可用信息与高质量的信息利用能力却仅仅是线性增长。我们需要重点关注信息生态系统中信息承载力发展水平远远地落后于原始信息量和系统加工信息量与各类信息需求量增长的问题。由于缺乏有效的信息可持续管理战略决策与实施体系，学者首先提出了基于经济学意义上的信息不对称问题与相应的博弈模型，尝试解决信息社会中出现的各类信息败德行为与不公平问题。信息社会与数字化社会的全面到来，信息与数据成为最强大的资源，作为破坏者与敌对者的一方，可以应用信息与数据作为武器及工具，利用作为公地资源的法律漏洞等进行信息操纵及信息干涉。从浅层次分析，这是由信息不对称与信息接收的等级性社会制度等造成的结构性问题；然而从深层次分析，是由人类在新型的信息型社会组织中缺乏相应的信息治理体系导致的新的社会发展问题。从社会治理结构的角度分析，互联网的出现使得人类社会的层级化结构受到前所未有的挑战，并使得信息治理第一次得到真正意义上的广泛应用，亟待从信息生态系统可持续发展的整体角度来研究信息社会的根本发展问题。

大数据、人工智能、云计算相互融合的热潮使得信息治理架构模式主导下的基本信息生态系统决定了未来人类社会可持续发展的模式与方向。目前基于区域信息生态系统的层面，电子商务集团、政府的信息治理部门、ICT（信息与通信技术）运营商等掌握着我们实时的社会行为、通信信息和行踪等细节，区域信息生态系统中可供采集、分析的组织或个体行为的参考信息完全可以通过目前现有的信息使能器实现，如个人在区域地理层面的全部运动轨迹与活动路线通过 GPS 等空间定位、区域地理信息、视频采集等精确完成定位与线路规划，区域组织全部的商业行为如支付记录、汇兑行为等通过在线支付系统、商务平台等采集完成详细的账单，组织群体及个人的全部社会交往记录都可以通过 SNS（社交网络服务）等新媒体与通信网络采集完成，社会活动中全部的言行记录与文本交流甚至是活动行为细节通过媒体、邮件、文档、Timeline、视频监控等采集，商家通过这些数据，确实可以预测客户的行为，从而提供有别于他人的个性化服务，政府同样可以通过区域信息能力、信息压力等信息承载力的定量评测，完成区域管理与决策中的信息治理与预警。因而从这个意义上来说，区域信息治理的作用是巨大的。

谷歌公司 2004 年的一份数据报告显示，97% 以上的数据与信息是互联网普及后产生的，数据与信息在以物联网为基础的 5G 技术普及以后，仅统计指数式增长的定量分析已经毫无意义，以物联网与互联设备推动的爆炸式、多维度、多模态数据最大的问题是被感知、处理与分析，以网络信息资源为核心的整体信息资源中，无法利用与杂乱的半结构化与完全非结构化大数据内容将达到 90% 以上，而企业等组织耗费巨资建立的数据资源得到正常应用的不到 19.7%。基于多源数据融合、智能信息集成、态势评估决策等新型法治与信息治理架构形成的新信息生态系统模式，已经扩展到国家治理、自然环境治理和社会治理的各个层面。人们无法阻止数据治理、信息超载、数字鸿沟等信息生态问题的恶化与发展，没有任何一个企业、组织、国家或者其他社会个体能够管控、运营以互联网、物联网、智能社会为代表的数据网络实体，而数据资源融合与数据存储、加工、应用的压力远远超出了区域组织的信息承载能力。当前信息治理过程中有关大数据发展面临的矛盾与困惑以最关键的信息治理与信息预警最为典型。

信息生态系统的可持续发展并不是简单的信息化建设过程，目前的经济增长、社会发展也不是简单的数字化建设的增长行为。事实上由于信息社会中信息平台的开放、便捷与网络的扁平化特征，基于多源信息融合的信息治理与危机信息预警成为区域应急管理与危机处理的首要环节，区域整体的信息识别、研判预警、快速评估与处理决策直接成为区域信息生态系统中应对危机的首要信息能力发展环节。信息社会对社会各层面结构变化的冲击是前所未有的，直接导致人类社会在政治体制、生活结构、阶层变化、经济发展、矛盾冲突、危机治理等方面产生全新的变异方式，这一研究需要信息技术专家、经济学家、社会学家与自然科学领域的专家群，而信息治理更是一个超越政治体制、社会文化、传统行政方式的全新治理理论与技术规范。以大数据承载能力为核心的信息承载力成为国家竞争力标识的同时，相应的信息压力与区域大数据信息治理架构还没有得到关注。以大数据、物联网、人工智能等为代表的新信息技术使得人类社会、物联网世界、自然环境融合成为完整大生态系统，人类社会按照全新的发展模式与信息结构化进程进行区域信息治理与预警，涉及的问题包括经济、政治、文化、社会生活各个方面，需要加入多学科的综合研究与区域管理的信息治理实证应用。面对各类型、高烈度、大区域的突发事件，国家需要全面加强各类型组织与区域的信息治理能力建设。我国突发事件信息预警与信息治理已经走上法治化、制度化的轨道，未来焦点是如何在区域信息生态系统可持续发展治理的基础上进行信息架构制订与路径实现。

1.2　信息治理与信息预警的概念、起源与发展

《史记·鹖冠子》中魏文王问扁鹊的案例生动说明了信息治理与信息预警的重要性，即从应急管理与危机管理的角度，事后控制不如事中控制，事中控制不如事前控制。遗憾的是，决策者们往往注重短期目标，忽略可持续发展的基本信息治理，等到大的形势发生转折时，错误的决策由于路径依赖等原因已经无法改正。现实中信息治理与预警可分为理论派与技术派两类，理论派强调基本原理与理论依据，从因果逻辑层面分析危机与突发事件，注重内外部环境等基本面分析；技术派则强调数据积累与统计概率分析，大多从人类行为学与心理学层面进行假设、测试及实验分析。

目前自然环境的生态危机、公共危机与人类社会的经济危机、政府危机、生存危机等各类型社会危机交织在一起形成复合型信息生态危机，导致信息治理与信息预警的任务日益急迫。信息治理与信息预警最早是由商业公司实现的，20世纪90年代，沃尔玛公司应用卫星通信系统处理分布全球的供应链系统信息与门店库存，完成基本的配货与库存预警和物流预测，并进行了基于大数据的信息预测与预警，分析了恶劣气象预报及警示。他们发现，除了救灾物品、啤酒及饮用水等应急用品因备灾而增长外，草莓酱馅饼等快餐需求量的增长幅度同样巨大，所以在2004年"弗朗西斯"飓风可能袭击的地区提前大量囤积了类似的产品，并被抢购一空。这个案例揭示了应急管理中备灾商品的消费习惯及消费行为的重复性、可预测性，可以应用"信息治理"实现应急管理及企业运营。认识到信息治理具有重要价值的并不仅是商业领域，在政府管理、总统选举等其他人类行为活动中，信息预测与预警同样具备显著性。基于信息治理与信息预警的算法与数据挖掘不仅可以帮助企业管理者从中获得灵感，在公共管理领域，采用由反应式或救火式向预测式警务转型的信息治理实现过程，也是社会管理真正实现由人治向法治转型的经典案例。例如，2009年考林·麦库与查理·

贝克正式提出了法治领域"预测式警务"的基本信息治理架构,应用信息技术与数据挖掘的方法发现犯罪规律,使得犯罪数据的收集与分析工作有可能做到"准实时",用于提高预测、预防和响应犯罪行为的效率,从而大大降低了区域犯罪案件的发生率。这种"多源信息融合辅助态势评估形成社会决策"的模式,不仅仅创立了智能(BI)社会等新型信息治理架构,也使得数据与人工智能给人们带来管理与决策便捷性的同时,导致了遍布世界的区域信息危机与信息治理及预警难题。

国内学者将信息治理的相关概念引入国内已有将近三十年的时间,如南开大学商学院成立的公司治理研究中心等将国内信息治理研究作为重点发展方向。但整体上,国内信息治理仍以吸收和借鉴国外相关理论为主。信息治理是公共治理的一部分,公共治理为确定组织目标和确保目标实现的绩效监控提供治理结构。治理是各种个人和机构管理其共同事务的诸多方式的总和。它是使相互冲突的或不同的利益得以调和并且采取联合行动的持续过程,既包括有权迫使人们服从的正式制度和规则,也包括各种人们同意或以为符合其利益的非正式的制度安排。治理理论的另一位代表人物 Rhodes(1997)认为,治理意味着"统治的含义有了变化,意味着一种新的统治过程,意味着有序统治的条件已经不同于之前,或是以新的方法来统治社会"。同传统的统治相比,治理具有完全不同的内涵。两者之间的区别主要有以下两个方面:一方面是权威的合法性,虽然治理和统治概念都必须涉及权威概念,但另一方面在治理理论中不再像统治概念那样仅政府具备拥有权威的条件。也就是说,治理虽然需要权威,但这个权威并非一定是政府机关,而统治的权威一定是垄断权力的政府。

治理的直接目的是追求公共利益的最大化,为此必须超越传统公共管理理论中政府与市场、公与私的二分法模式,同时需要积极探索,采用新的公共事务管理技术,而信息社会的到来使得这一古老理论找到真正实施的环境、策略与技术方法,信息治理将真正体现其原本的社会治理思想与实际操作意义。治理从词源到概念理论全部来源于西方文化,英文中的 governance 来源于拉丁文和古希腊文,基本概念具有以民众为实施主体,进行自主、控制、引领、操纵、导向等意思。

从现代公共管理理论的构建角度出发,治理是指在社会公共事务领域中,政府和市场、政府和社会、政府和公民共同参与、相互协作并双向互动的管理过程。以舆情的信息治理与预警为例,以宏观舆论形成中的标志性现象为突破点,采用信息预警的方法来动态监控网络舆论演化,综合专家系统和贝叶斯网络等各种技术与知识,实时跟踪舆论动态,分析舆论倾向,通过设计基于信息预警的网络舆论监控,引导系统解决网络舆论信息采集与信息分析脱离的问题,根据前一周期的舆论信息来动态调整本次监控策略，从而使舆论监控更具针对性，保证网络内容的安全，同时也提高网络舆论监控效率。

信息治理有狭义和广义之分，对信息治理的理解大相径庭导致对信息治理所涵盖的内容存在不同理解，进而影响了对信息治理领域理论研究和实践方向的判断。广义的信息治理指数据治理，是对组织全局数据的完整性、安全性和可用性的全面管理。一个组织良好的数据治理计划包括治理委员会，其能明确定义程序清单，以及执行这些程序的计划。简单地说，数据处理定义和应用一系列的管理政策，可以使组织的结构化及非结构化信息的价值最大化。信息治理利用政策、程序和多学科协同管理一个组织信息，以满足组织近期及长远的需要，包括监管、法律、风险、环境和操作要求。对信息治理的理解大相径庭，包括对信息治理所涵盖内容与信息生态系统发展模式的不同理解，将进而影响对信息可持续发展概念的理解及对信息生态学领域标准架构与制度建置和实践方向的判断。因而，信息承载力无疑成为信息治理最好的社会切入点，既不会破坏现有的管理体制与政治文化，又可以较快地实现社会转型期的稳定目标；通过组织的治理行为与管理技术的绩效提升，实现组织信息生态系统的可持续管理与发展。

狭义的信息治理，是指信息源与信息系统的管理者、所有者及使用者对整体的社会信息系统运转所采取的监督制衡与促进发展机制，其主要特点是通过政府机构、企业机构、社会媒体、公众舆论与第三方组织等共同构成的信息社会结构系统进行内部层面的微观治理（Kooper and Lindgreen，2010）。狭义的信息治理构建了一整套信息所有者（主要是股东）对信息使用者的监督与制衡机制，其主要特点是通过政府机构、企业机构、社会媒体、公众舆论所构成的社会治理结构的内部治理（Nolan and McFarlan，2005），试图在信息价值最大化的同时，将信息存储、使用的风险和成本最小化。广义的信息治理则是通过构建一套包括正式或非正式的内外部制度、机制来组织与协调整个信息生态系统的可持续发展，保障信息社会中使用者（各类组织、人群、政府、社区）与利益相关者（政府、信息源所有与信息服务提供方、社会公众）之间的利益关系。本书研究的是广义的信息治理。在信息社会中，信息治理基本上涵盖了公共管理的各个层面。信息生态系统的可持续发展是区域信息治理及信息预警的基础。考虑到信息承载力研究的现实与长远意义，对它的理解和界定，要遵循下列事实：第一，必须把它置于可持续发展战略构架下进行讨论；第二，要从信息资源系统与社会经济系统的耦合机制上综合考虑信息资源对地区社会、资源、环境和经济协调发展的支撑能力；第三，要识别信息资源与其他资源不同的特点，它既是可更新、流动的资源，又是可重复使用、变异性强、可污染、易失效并且利害并存的资源；第四，信息承载力除受信息资源建设的影响外，还受到许多社会因素，如社会经济状况、国家方针政策（包括信息资源政策、管理水平和社会协调发展机制）的影响和制约。

信息治理最基础的功能就是信息预警。预警一词英文为 early-warning，可解释为在灾害或灾难及其他需要提防的危险发生之前，根据以往总结的规律或观测得到的可能前兆，向相关部门发出紧急信号，报告危险情况，以避免危害在不知情或者准备不足的情况下发生，从而最大限度地降低危害所造成的损失的行为。迄今为止，信息预警还没有统一的定义，只有大量对信息预警的功能描述。信息预警主要分为灾害预警与应急预警。Lindup（1996）提出在公司治理架构下的信息安全控制；Van Grembergen（2000）将信息治理与平衡计分卡相结合，提高了信息治理的可操作性，也开创了信息治理的行业应用市场。最典型的就是有关灾害治理领域的通用四色预警标识体系（表1-1），其基于信息治理的等级型信息架构，形成了预警管理中的分级管理信息系统设计。

表1-1　危机管理中通用四色预警标识

颜色	预警特征	事件与危机级别	应急管理等级
蓝色	发生或者可能发生一般事故时启动Ⅳ级响应	一般	Ⅳ级
黄色	（1）造成3人以上、10人以下死亡（含失踪），或危及10人以上、30人以下生产安全，或者30人以上、50人以下中毒（重伤），或者直接经济损失较大的安全生产事故灾难； （2）超出县级人民政府应急处置能力的安全生产事故灾难； （3）发生跨县级行政区的安全生产事故灾难； （4）市（地、州）人民政府认为有必要响应的安全生产事故灾难	较大	Ⅲ级
棕色	（1）造成10人以上、30人以下死亡（含失踪），或危及10人以上、30人以下生命安全，或者50人以上、100人以下中毒（重伤），或者直接经济损失5000万元以上、1亿元以下的安全生产事故灾难； （2）超出市（地、州）人民政府应急处置能力的安全生产事故灾难； （3）跨市、地级行政区的安全生产事故灾难； （4）省（自治区、直辖市）人民政府认为有必要响应的安全生产事故灾难	重大	Ⅱ级

续表

颜色	预警特征	事件与危机级别	应急管理等级
红色	（1）造成 30 人以上死亡（含失踪），或危及 30 人以上生命安全，或者 100 人以上中毒（重伤），或者直接经济损失 1 亿元以上的特别重大安全生产事故灾难； （2）需要紧急转移安置 10 万人以上的安全生产事故灾难； （3）超出省（自治区、直辖市）人民政府应急处置能力的安全生产事故灾难； （4）跨省级行政区、跨领域（行业和部门）的安全生产事故灾难； （5）国务院领导同志认为需要国务院安全生产委员会响应的安全生产事故灾难	特别重大	Ⅰ级

1.3 信息治理的目标、主体与研究内容

我们知道，统治的主体必须是社会的具有权威的政治统治组织，然而，治理的主体则体现出多元性，可以是政府机构也可以是私人部门，还可以是一种关系，国家框架下各类型组织的合作、政府与非政府的合作。由于权力具有多向性，在统治的模式中，权力始终表现为集权，它为自上而下的、单向的，公共行政则忠实于政治权威，通过颁布规章、制度、法律来制定政策和实施政策，从而对社会公共事务实行管理。与此不同的是，治理则是一个民主、上下参与的互动管理过程，它主要通过话语民主、协商民主、伙伴关系、确立认同和共同的目标等方式实施对公共事务的管理。治理的实质在于建立在市场原则、公共利益和认同之上的合作。它所拥有的管理机制主要是依靠合作网络的权威而不是政府的权威。可见，公共管理治理应是指在社会公共事务领域中，政府和市场、政府和社会、政府和人民共同参与、相互协作的双向互动的管理过程。治理的直接目的是追求公共利益的最大化，为此必须超越政府与市场、公与私的传统二分法模式，并积极探索、采用新的公共事务管理技术。治理的主体可以是政府机关，也可以是私人机构、非政府公共机构或各种机构之间的联合。公共权力在政府与社会、上级政府与下级政府之间去中心化的重新分配使得治理具有较为明显的新型民主价值。一般认为，信息治理与信息管理的区别在于，信息治理是制定信息生态系统政策的指导原则，建立适当的机制保证信息生态系统发展和业务战略相一致，保证信息生态系统管理的正确方向；而信息管理是执行具体的活动来制定有效的战略，保证实现信息生态系统的可持续发展目标。

美国的《萨班斯-奥克斯利法案》(Sarbanes-Oxley Act, SOX)对信息治理影响深远，这项法案对上市公司的治理、内部控制和公司报告提出了更严格的要求与限制，并对经理与董事在经济方面的过度行为做出反应。高层管理人员必须对公司的财务报表负责，违反这些规定的可能要负法律责任。SOX 的颁布被视为企业信息治理的转折点，尤其是那些直接参与信息技术的管理与使用的公司。在企业的信息治理中，信息治理是在原有的管理基础上更好地去完善、提升企业整体的信息承载力，使得企业能够获得并应用更多、更好的市场机遇。管理是对公司整体发展有促进作用的措施，如新的管理方案包括员工管理守则、类别信息、治理信息等。治理的目的是实现相关利益主体间的制衡，实现组织的目标所涉及的顾客、经营者、债权人、雇员、所有者在社会发展中的地位，规定社会信息系统基本框架，以确保管理处于正确的轨道，规定社会信息系统具体发展路径、手段及职能，监督、确定责任体系和指导计划，组织、指挥、控制和协调层级结构、社会的治理结构、组织内部的结构。实施的基础主要是契约关系与道德法则，更强调外部社会主体的作用，基本不直接干预组织结构，体现社会各阶层相对独立地位。最典型的信息治理需要经过信息解释、信息交流与反馈等信息不对称的消除过程，尤其需要在消除执行方的抵触后进行。

信息治理的全过程反映了信息生态系统的内部状况、管理水平和系统文化，并体现信息生态系统结构中各主体的相对地位、信息生态系统所有者的构成及对管理的影响。管理依赖的是行政权威关系，法律地位主要由法律、法规决定，管理权主要由系统拥有者决定，其中强制权与执行权发挥重要作用，往往为了效率与效能而不强调解释、协调与和解，形成的信息不对称效应呈现放大状态。

一方面，世界范围内社会信息危机与信息安全综合问题的出现，以互联网为代表的信息技术发展已经使得人类社会综合成为一个统一的信息治理结构系统。尽管人们可以通过不断投入先进的硬件设施，并制定专业的资源管理政策来应付这些挑战，但这些并不意味着信息承载力的提高。信息生态系统内部日趋严重的信息污染使得用户无法分辨与接收有效、有益信息；而社会民主化、网络化进程带来的另一个问题是区域信息生态系统开放性越大，受攻击的可能性也越大，网络攻击、网络病毒和黑客入侵已成为威胁网络安全的最大敌人，导致绝大多数的信息资源数据库在加强安全管理的同时，也成为一个个信息孤岛，信息共享与信息独占之间的矛盾更加尖锐化。另一方面，区域内部信息发展与信息治理的模式各不相同，这又给整体的信息承载力提高带来风险，即信息承载力发展的内部不对称等。就目前的理论界争议与信息技术发展现状而言，无论是信息治理，还是信息管理，都是人类社会进入信息社会条件下迫切需要解决的可持续发展问题。由于市场经济高效与竞争压力的驱动，企业最先感受到信息社会的生态系统转型的信息压力。

　　信息治理为鼓励信息系统应用的期望行为，明确了决策权的归属和责任担当框架。这种理论的核心理念在于利用行为而不是战略创造价值，任何战略的实施都要落实到具体的行为上。从信息系统中获得最大的价值，取决于在信息系统应用上产生我们期望的行为。期望行为是组织、社会或政府信念和文化的具体体现，它们的确定和颁布不仅基于战略，而且基于组织、社会或政府的价值纲要、使命纲要、运行规则、约定的行为习惯及结构等（Smouts，1999）。在每一类型社会里，期望行为都各不相同。治理解决的是策略，而管理解决的是执行。相对来说，管理解决的是效率问题，治理解决的是公平问题；而公平和效率又是相互影响的两个孪生体，没有事后的公平分配，就没有事前和事中有效率的投入。信息生态管理是为确保社会信息生态系统的良性运行，确定社会信息系统目标以及实现此目标所采取的行动；而信息治理是指最高管理层利用它来监督管理层在信息系统战略上的过程、结构和联系，以确保这种运行处于正确的轨道之上。这相当于一个硬币的两面，谁也不能脱离谁而存在。可见，现行的信息社会中，整个人类社会已经由信息网络、信息数据、ICT技术与各类型信息管理系统等构建成为一个完整的信息生态系统，信息系统管理与治理已经渗透进入人类生活的每个细节，因而信息治理与公共管理已经合二为一。在既定的信息生态系统模式下，信息治理的统治模式体现在管理层为在规定时间与资源范围内实现组织的信息治理目标而采取的各种制度化与结构化的管理执行行动。

　　信息治理的主体可以是政府机关，也可以是私人机构、非政府公共机构或各种机构之间的联合，更可以是信息个体的无意识行为。信息治理和信息管理是两个不同的概念，它们之间的区别就在于，治理是决定由谁来进行决策，管理则是制定和执行这些决策。简单地讲，信息治理关注两个方面的问题，即信息治理的"内容"和"主体"。信息治理的"内容"是指信息治理应该作出哪些决策，并有明确的目标指向；信息治理的"主体"则是指这些决策分别应该由具体的组织来作出，并针对具体的实体对象来进行。Williamson（1999）用比较制度学的方法对治理方式进行研究后得出了信息经济学最初的思想，即信息治理概念的核心理论来源于交易成本经济学，而后由学者完善并成为今天信息治理的研究范式，即现实的市场经济中，交易结果具有不确定性，这种不确定性是由交易参与主体的有限理性和投机心理造成的；为了消除这种不确定性，同时为了降低交易成本，参与主体往往要施行信息治理；不确定性中最大的风险来源于信息的不对称风险（Williamson，2002）。从信息生态系统的经济学意义分析，信息治理的产生就是由于存在不同利益目标的交易主体——管理层、执行层和业务层，这些交易主体具有有限理性和投机心理，其目的是实现自身利益最大化，往往在进行信息交流时，只汇报对自己有利的信息，隐瞒对自己不利而事实上对当事主体对象有利的信息；在关键的有着利害冲突的信息交流中，信息被动接收的一方正如盲人摸象一般，这些人在信息治理方面有着不同的着眼点和兴趣点，进而导致不同的利害关系。从现实生活中分析，缺乏信息治理对现行企业管理与政府管理造成的最大危害与后果就是创新不如保守，作为不如不作为，没有完整的信息治理体系结构导致缺乏透明、公开、公正的评价体系与执行体系，形成工作越多，犯错越多，信息生态系统中信息反馈的负效应逐步累积，最后形成政府与企业中广泛存在的"逆淘汰机制"，而这类信息交流活动中的败德行为最典型的现象就是"潜规则"。信息治理最早于20世纪90年代中期提出，Khatri与Brown（2010）完善并发展了信息治理及数据治理的理论体系与技术架构，但此类成果当时并未引起学术界的注意。Sambamurthy和Zmud（2000）提出信息治理的权变理论及环境价值模型，他们通过将信息治理与公司治理的有关概念相结合，构建了基于信息基础设施、信息系统使用管理、项目管理的决策模型，提出企业应根据不同的情况，按照集权、分权和联邦三个方式实施信息治理。信息治理理论向数字化经济转型及数字化社会发展首先在企业得到应用，如Weill和Ross（2005）在一系列论文中提出了信息治理中是行为而不是战略创造价值，提出了信息架构体系及实用的治理模型，并得到西方企业界的广泛认同及实施，如SOX等。

由于市场经济的高效与竞争压力的驱动，企业最先感受到信息社会的转型压力，在现实的商业活动中，企业为了维持区域市场整体的信息生态系统运转，在降低交易信息成本的前提下，需要施行一定的信息治理方式，即制订交易发生时维持区域社会信息生态系统可持续发展的外在或内在的契约性框架及均衡规则，这一信息生态框架对目标、总原则、决策权和责任的分配以及有关信息收集与发布的战略决策制定和监管的程序及机制做出规定，这就是信息治理所要研究的主要内容，同时也为公共管理提供了内容借鉴及制定依据。信息治理研究的主要内容主要由五部分组成。

1）应用信息技术提升组织的信息承载力。通过信息生态系统的治理、信息技术的驱动和系统调整提供更多的机遇。同时，以ICT为核心的技术提升能够提供关键的系统输入、接收与反馈，形成信息系统治理的一个重要组成部分，这被认为是信息治理的一个重要功能，即信息通过提供机遇来影响组织、企业与政府的战略竞争机遇。最形象的例子就是战争中信息变化导致战场胜负转换，因而竞争中信息决定一切的法则体现在信息承载力的提升可以获得更多的机遇从而获得成功。

2）信息承载力的治理核心在于政府或企业通过权力制衡，监督管理者的绩效，保证社会大众和其他利益相关主体的信息获得权利。信息承载力治理是政府治理与企业信息治理的一个有机组成部分，它是利益相关主体对政府及经营者的监督和制衡机制，信息承载力的指标涉及信息与职能（企业业务）的匹配管理、信息价值贡献管理、信息风险管理、信息绩效管理等，以确保组织的信息承载力建设持续，扩展组织的战略和目标。

3）建设或治理结构主客体的明确是信息承载力治理或管理的基础。从信息治理的主体看，与公司治理或政府治理一样，信息治理的主体也是社会大众（企业股东）和其他利益相关者（如客户、监管机构等）。从信息治理的客体看，政府或公司治理的对象是政府管理者或企业经营者，而信息治理的对象是与政府管理或社会管理直接相关的责任人（企业经营者），包括决策者和从业者。

4）基于信息生态系统治理的关键性问题是：信息社会条件下政府或公司的信息投资、资源建设、人才配备、机构建设等是否与整个社会生态系统的战略目标相一致，从而构筑必要的核心竞争力，同时，通过政府或企业从区域社会信息生态系统可持续发展的角度整体规划，注重企业中信息资源的有效利用和管理。

5）在信息治理的技术应用层面上，对信息治理的研究主要集中在信息治理的决策权分配、战略设计与执行、信息风险控制和审计三方面。

信息治理是一种引导和控制社会信息生态系统中各种关系和流程的结构安排。这种结构安排，旨在通过平衡信息技术及其流程中的风险和收益，增加价值，从而实现社会目标。信息治理是公共治理理论在信息时代的重要发展，用于描述组织、社会或政府是否采用有效的机制，使得信息系统的应用能够完成组织赋予它的使命，同时平衡信息技术与过程的风险，确保实现组织、社会或政府的战略目标。信息治理的任务就是要明确有关信息系统决策权的归属机制和有关信息系统风险责任的承担机制，以鼓励信息系统应用的期望行为的产生，同时连接战略目标、发展目标和信息系统目标，从而使社会主体从信息系统中获得最大的价值。Robert I. Tricker 教授在《公司治理》一书中明确提出公司信息治理的重要性及其与公司管理的区别。他认为，公司管理是运营公司，而信息治理则是确保这种运营处于正确的轨道之上。信息治理与公司管理在目标、涉及的行为主体、手段和方法上有着天壤之别。在信息应用过程中，为鼓励实现信息生态系统良性循环的期望行为，首先，信息治理要解决信息决策权、信息网络管理权、信息资源的所有权、信息供应链的传播权等基本权利归属；其次，信息治理要解决信息治理实施的责任落实、管理过程的任务分配与分摊问题；最后，信息治理要解决信息生态系统的利益分配与绩效评价问题。信息治理的任务是：保持社会公共信息生态系统与业务目标一致，推动社会公共信息系统的应用发展，促使社会各方的收益最大化，合理利用信息资源，适当管理与社会公共信息生态系统相关的风险。信息治理规定了整个社会信息系统运作的基本框架，还包括治理的标准架构与制度建置的展开；通用型管理则是在这个既定的框架下驾驭组织奔向目标。缺乏良好信息治理模式的社会或组织，即使有"很好"的信息生态系统管理体系（而这实际上是不可能的），没有社会或组织信息管理体系的畅通，单纯的治理模式也只能是一个美好的蓝图，缺乏实际的内容与使能器技术设计。

1.4 区域信息治理与危机预警的主要研究内容

区域信息生态系统中，信息治理是基于信息承载递阶结构模型而实施的，信息治理是一个具有动态化、层次化、空间化的信息承载力结构治理过程。信息治理既注重信息弹性力的基本原则，如公民知情权、信息资源共享与数据融合体系，也强调信息能力中的知识管理结构体系的建设，同时强调针对相对应的信息生态压力的突然扩张与剧增进行信息治理与舆情防控。这样弥补了过去信息治理单纯考虑信息生态系统扩展型、建设型及单纯发展观的缺陷，强调将过去静态的、定性化的信息生态系统评价转变为定量化和分析长时间序列中的信息生态系统动态发展趋势和可持续发展格局，为实施区域信息生态系统可持续管理提供了有效的方法和手段。具体包括如下内容。

1) 突发事件中的公民知情权。公民对于重大的突发事件具有知情权，有权了解关于突发事件的相关信息。危机情境下的政务公开，政府提供准确的突发事件信息，是公民应对突发事件的重要前提。公民只有及时、准确地了解了突发事件的相关信息，才不会对社会上流行的谣言产生恐慌，相反还会进行积极地预防，同时起到警示的作用。政府应该利用各种媒体进行准确、及时的突发事件宣传和报道，这是向公民提供权威的突发事件信息的最好途径，可以避免公众的恐慌，增强突发事件防范意识，提前采取预防措施。

2) 突发事件中，区域信息承载力建设中的媒体责任重大。在突发事件发生时，相关的危机信息数量激增、分布散乱且真假混杂，给公众对于突发事件信息的识别带来极大困难。这时社会的主流媒体必须发挥其作用，承担起责任，向社会公众提供及时准确的危机信息，降低公众关于危机信息的搜寻成本，避免谣言的产生和流行，稳定公众的情绪，避免恐慌。在网络发达的今天，网络也是突发事件信息传播的重要渠道，是公众获得突发事件信息的一种重要方式，所以国家应该加强对网络的控制，避免虚假信息和谣言的传播造成公众的恐慌。同时，政府信息能力问题也须得到信息承载力治理与提升。

3) 政府需要提升在突发事件中的信息治理与决策应用能力。在国际化的信息环境中，政府突发事件信息收集的及时性、准确性与全面性，以及公共信息发布的透明度和对突发事件信息的快速反应，已经成为政府的一项重要能力。政府突发事件信息能力主要包括：对突发事件信息的识别和预警能力，对突发事件信息的采集和整合能力，对突发事件信息的处理、判断和分析能力，以及有效利用危机信息进行突发事件的快速预防、预警和控制的能力。目前，中国政府在这几个方面的能力还有待加强。突发事件信息预警系统是政府突发事件处理的一个重要环节，突发事件信息预警系统应该能够收集到及时、准确、全面的危机信息，其危机信息的分析与决策应该具有多学科融合后的专业权威性，并且具备和公众进行突发事件信息沟通与数据共享的平台。

4）突发事件信息监测、预警缺乏信息治理的使能器设计，应用于决策的信息量的高低成为制约决策水准的重要使能器。计算机技术、现代通信和网络技术在突发事件信息管理领域中是天然的使能器，公共管理及企业管理缺乏针对区域突发事件信息监测、预警的具体技术应用及信息架构设计，各个突发事件信息机构缺乏主动服务的能力与实用型技术，只是按照上级下达的任务被动地搜集有关突发事件的信息，因此对于许多潜在危机问题的信息没有及时搜集，甚至没有收集；突发事件信息监测、预警以及危机信息搜集的技术与方法还较落后，许多现代的突发事件信息收集、处理、分析等的技术、方法和理念还没有在突发事件信息预警系统中广泛应用，致使针对突发事件的相关决策出现失误。

5）政府区域数据中心建设的滞后包括缺乏区域突发事件案例数据库。目前国内外各种突发事件数据平台已经非常完善，突发事件的预防、预警及处理案例中的预防、预警和处置方法等，无论成败，均有值得地方政府学习的方法和技术。突发事件案例信息库可以为管理部门提供决策依据，是地方政府决策部门信息承载力支撑与提升的快速通道。

目前国内外学者针对网络舆情的信息预警与治理研究比较成功，主要集中于传统信息技术条件下的理论与模式研究，而基于多源数据融合、人工智能、态势评估等的新信息预警与治理技术，以数据治理、信息架构等为代表的数字化服务基础设计及区域应急管理应用较少。区域信息治理与危机预警以人类社会总体的可持续发展为目标，主要研究内容包括如下几点。

1）信息承载力与信息生态系统可持续发展概念的提出，都是在信息社会发展到一定水平，社会条件与自然条件对区域发展产生限制的条件下提出的。因此，从这个意义上讲，信息承载力所面临的问题就是信息生态系统可持续发展的关键问题，信息承载力从信息生态系统最关键的"承载与压力"的支撑点出发，提出根据社会资源与整体环境的实际承载能力，确定区域信息治理政策，特别是信息化建设的方向与策略，而作为一个整体的战略目标，可持续发展更为宏观，是一个总的管理方向。故而我们可以这样定义：社会信息生态系统的可持续发展是目标，而信息人与信息组织是执行方或落脚点，信息承载力就是具体的实现方式与可持续发展的基石。

2）信息社会改变了人或组织的生存方式，信息成为人类社会相互依存的基本媒介，人口（population）、资源（resources）、环境（environment）与发展（development）的协调理论（简称PRED理论）被普遍作为自然资源可持续发展的基本理论，然而对于整体社会的可持续发展，社会资源的可持续发展同样重要，因而信息承载力的研究弥补了PRED理论过多关注自然资源的问题。目前人类的经济增长方式转变为社会资源的发展与增长，注重依赖信息、科技、文化等非物质资源的投入，然而信息生态系统中信息、科技、文化等非物质资源同样需要保护，而且信息生态系统的自我维持能力和调节能力是有一定限度的，即有一个最大容载量（承载力），超过最大容载量，维持其正常的运行与循环的社会环境将被破坏，形成严重的信息生态系统失衡问题。

3）针对目前单纯强调发展的观点，即认为信息资源、科技资源、文化资源是由人创造的，是可再生的，具备理论上的无穷性，用得越多，拥有的就越多，并强调占有社会资源，这一观点无形中忽视了社会资源的可持续管理与应用。事实上，以信息资源为代表的社会资源具有与自然物质资源完全不同的特点，前者更易被破坏、污染甚至消失，同时更难以利用，而在规模、质量与发展速度上，人或组织的信息承载能力总是落后于社会资源的增长，如果不进行可持续管理，就会导致信息生态系统失衡向两个方向的极端发展，最终导致公地悲剧（信息低载）与反公地悲剧（信息超载）。以信息资源为代表的社会资源属于典型的"公地资源"，因产权难以界定或界定产权的交易成本太高，其被竞争性地过度使用、侵占或浪费是必然的结果，而且信息人或信息组织抱着各种"自利"的心态将会加剧事态的恶化，最后导致悲剧产生。

4）信息承载力可持续承载的实质是信息生态系统的可持续承载，人类社会的可持续发展必须建立健全在信息承载力基础之上。信息承载力主要取决于三个方面，分别为信息弹性力、信息能力与信息压力。其中，信息弹性力是信息生态系统可持续承载的基本支持条件，信息能力是建立在对社会资源与社会环境的能动性开发与协调基础之上的信息治理与信息使能技术能力，而信息压力是信息生态系统可持续承载的约束条件。信息承载力是客观存在的，但不是固定不变的，是可以通过社会培育与信息治理而提升的。

5）信息生态系统是维持人类社会其他系统正常运转的基础，信息承载力是信息生态系统服务功能的基本体现。信息生态系统可持续管理原理与方法已经发展成为一种以信息生态系统结构、功能和过程的可持续性以及社会和经济的可持续性为目标的综合管理理论，而且更关注如何改变原先的工业化与产业化经济增长方式，以发展信息经济促进社会绿色GDP增长，建设可持续发展的环保型、效益型、持久型社会。信息承载力管理以保护信息生态系统可持续发展为总体目标，其分目标很多，如信息生态系统安全、信息生产能力、应急管理中的信息生态系统恢复能力等。以往，信息生态系统管理政策和管理项目中没有体现可持续管理的原理，同时也没有有效的方法来进行信息生态系统的可持续管理，以保证社会生态系统可持续性的总体目标的实现。究其原因，就是现实的信息生态系统可持续管理无法提出可操作的管理目标和评价指标。而信息承载力可持续管理正好为信息生态系统可持续管理提供了明确的可量化的切入点，也可以说信息承载力可持续管理是信息生态系统可持续管理的具体体现，但更加易于操作和实现。因此，研究信息承载力可持续管理的原理和方法对于实现社会、经济和自然生态系统的可持续性具有重要的理论和实践意义。

6）信息承载力可持续管理直接提出了信息生态系统可持续管理的主要关键目标、管理方法、关键过程以及具体的管理指标。信息承载力可持续管理不仅要维持信息生态系统结构、功能和过程的可持续性，而且要维持人类对信息社会的信息需求与信息应用能力和信息生态系统给予人类的信息压力之间的平衡。因此，信息承载力可持续管理的核心是信息应用与信息压力的可持续管理。同时，还涉及人类社会系统和经济系统的社会可持续管理，即人类不仅要关注信息生态系统中如信用体系、舆情监控、信息安全、基础信息服务等发展型建设，更要关注区域信息生态系统自身面临的不断增长的区域信息压力。可以说，信息承载力可持续管理是以信息资源供给和需求管理为核心，通过提升人类的信息承载能力，将信息生态系统管理与社会管理相结合的一个全新的可持续管理理念，可以解决信息社会发展中不断增长与扩展的信息压力问题。信息承载力管理的目标就是以信息生态系统结构、功能和过程可持续性为基础，促使区域人类与外部社会发展变化对当地区域信息生态系统的影响和压力处于信息承载力阈值之内，使区域整体处于（达到、维持或恢复到）可持续发展的良性循环状态，实现维持整个大生态系统的可持续发展态势。信息资源的供给和可持续利用与信息能力提升而适应发展的信息压力，是信息承载力可持续管理不可分割的关键内容，也是实施信息承载力可持续管理的落脚点，因而综合的区域信息治理和社会管理是信息承载力可持续管理的理论基础与方法来源。

7）可持续发展首先是信息人与信息组织的可持续信息承载，其次才是目前大家通用的政策实施及管理决策，即首先是信息人与信息组织信息承载能力的提高，其基本原理就是重点关注并提升信息弱势群体的信息承载力。信息生态系统可持续发展的调控模式可简单地归纳为信息分化调控与非信息分化调控两大类，而信息分化调控是人类必须遵循的，也是唯一可以选择的可持续发展方式。

8）区域信息承载力评价的最终目的就是揭示区域信息生态系统可持续发展

状况，为地方政府制定行之有效的信息治理与危机预警政策和措施提供科学依据。从信息承载力可持续管理的范围分析，信息生态系统过去是按地域划分的，然而以互联网、物联网、新信息技术与人工智能为代表的信息社会发展打破了区域信息生态系统信息治理与危机预警的整体治理边界。从维度、时间等拓展范畴内，在全区域地理界限内，有效地协调社会经济活动，这样信息承载力可持续管理首先在经济层面带来了显著效果，如电子商务、数字化服务的发展；而在政府管理层面，随着电子政务的普及，政府在其管理和服务职能中运用现代 ICT 技术，实现政府组织结构和治理流程的重组优化，超越时间、空间和部门分割的制约，全方位地向社会提供优质、规范、透明的数字化、智能化服务，这样信息承载力通过促进政府数字化服务手段与智能管理流程的变革与创新，为区域社会的可持续发展提供了新的评价工具、技术与方法。

以西北五省区的信息承载力基本数据为例，面积占全国近一半的西北五省区地域交通与信息基础设施相对落后，信息治理属于国内最薄弱区域，各种自然灾害、公共卫生事件和社会安全事件等时有发生，给人民群众生命和财产造成了极大的损失，对社会的稳定和经济的发展产生了巨大的影响。在改革开放初期，许多决策者认为西北五省区最关键的仍然是经济发展问题，忽略了危机事件预警等基本的应急管理。国家统计局 2017 年发布的数据显示，西北五省区 2017 年人均 GDP 为 45 107.2 元，根据信息承载力对区域信息治理阶段判断标准中的人均 GDP 可知，当时西北五省区正处在区域信息治理的多发时期。近年来多起事件暴露了政府危机管理的弱点，也唤醒了政府的危机意识，在区域信息治理管理意识和措施方面，政府信息治理的措施已经有明显的改变。

1.5　信息治理的前提是区域多源数据融合与态势评估实施

诺贝尔奖获得者赫伯特·西蒙教授认为，管理就是决策，通过决策的制定、执行和反馈，最终实现了管理的目的和全过程。信息社会由人治向法治转换的代表就是信息治理成为决策的基础。先进的信息技术没有先进的信息治理理论支持，就会成为人类社会的公敌与危害，网络技术普及和社会信息化程度提高的同时也带来了世界范围的信息安全与社会危机问题。现代化的各类信息系统和信息网络从信息生态系统可持续发展的观点来看并没有产生预期有效的治理成果，如大数据、云计算、人工智能的发展与融合等信息化建设与信息技术的发展进步，不仅没有克服信息爆炸、信息危机等信息生态系统的发展与应用问题，反而使其随着网络的迅速扩张变得更加严重。此外，信息超载、信息烟雾、信息污染等

"反公地悲剧"问题也引出了信息人与社会信息环境之间的可持续发展问题,而且信息生态系统的无序性与复杂性扩张,也导致区域各类型突发事件往往转换成社会危机而频繁爆发。

从 20 世纪信息时代开始,由于 ICT 技术高度发展与广泛应用,各类信息管理系统与信息资源呈指数式增长,同时构建完成了无所不在的以互联网为代表的全球信息网络,来自多种信息源(互联网、物联网、通信信号、图书、期刊、报纸、广播、电视等新旧媒体)和不同信息载体(印刷型、缩微型、磁介质型、光电型、网络型等)的信息数量呈几何指数增长,网络的无序扩张引发的信息污染、信息混乱、信息犯罪、信息侵权远远超出了传统意义上的情报爆炸或情报危机,其正危及区域社会对信息基本意义上的服务功能。同时,社会各个应用领域所暴露出来的信息系统与网络管理的松散性、信息分布的无序性、信息来源的复杂与多样性等,均造成了大量无关甚至错误的信息在网上及其他渠道传播,信息网络与信息资源甚至被敌对方广泛用来进行信息操纵、信息攻击等社会破坏行为,而居于信息生态链下游与末端的信息弱势区域与群体首当其冲,区域信息生态系统遭到结构性破坏,危及社会文化结构与社会基础治理层面的安全,形成世界范围的信息压力及信息治理问题,由此也引出了信息人与社会信息环境之间的可持续发展问题的核心——信息治理与信息预警,信息生态系统的可持续发展问题成为当今信息社会首要解决的问题。在信息时代,人类社会的中心问题将从如何提高生产率转变为如何更好地利用信息来辅助决策。大数据的支持者倾向于促进"更多数据总是更好"的想法,并且通常认为对大量信息的积累没有负面影响。这种有点儿理想主义,没有考虑到政府、商业、安全和无用信息的存储,忽略了去除暗数据和数据碎片的必要性,同时也忽略了"过多"的信息带来的信息生态问题。随着各种各样的物联网传感器设备被政府、各类型组织与消费者使用,海量的各种类型各维度的多源大数据使得信息治理中的区域多源数据融合与态势评估成为首要难题。互联网数据中心(Internet Data Center,IDC)显示,在 2012～2020 年,各类核心的关键类型多源与多态数据的扩展从 36% 增长到 62%,到 2025 年,文本类型数据将下降到 11% 左右,基于客户信息拥有关键的洞察力是各类组织使用大数据的目标,决策中大数据变得非常有价值,被称为"新石油",而干净、可用的数据是信息治理的前提。虽然大数据支持者提倡"更多"数据,但优秀的管理者更喜欢"高效"的数据。原本在战争中应用的多源信息融合与态势评估,通过区域信息治理与危机预警,贯穿于社会管理的各个方面和全部过程,并成为构建区域信息治理的基础前提。

1.6 区域信息承载力是信息治理与预警的先决条件

信息承载力的概念与理论来源于生态学，随着社会的发展，承载力概念也得到进一步的演化与发展，已从自然科学延伸到社会科学的各个领域，并体现了可持续发展研究从仅关注自然逐步向关注社会问题延伸，如生态承载力、环境承载力、资源承载力、社会承载力、人口承载力等。近年来，有关自然资源承载力定量评价的研究成果很多，但是对社会资源承载力的定量评价却很少，因而人类社会可持续管理的整体效果并不成功。

Malhotra（2002）指出，组织的信息承载能力是"把人这一信息的载体提升到一个更高的定位，运用高效信息技术和新型的管理方法使那些在信息与知识获取方面受到各种限制的人们能够对知识与信息加以利用，通过提高人们对信息的处理能力来促进信息与知识的共享"。信息承载力已经得到人们的重视，反映社会系统发展状况的社会资源承载力评价研究成为当前人类可持续发展研究的前沿。区域信息承载力可理解为"在某一区域的信息资源条件下，以可预见的技术、经济、社会发展水平及信息资源的动态变化趋势为依据，以维护信息生态系统良性发展为目标，在实现信息共享与协作的基本条件下，经过合理优化配置信息资源后，当时、当地区的人或组织所能提供的对信息资源的最大消化、吸收、利用能力"。人们普遍关注的"信息超载"就是对组织或个人信息承载力处于一种不良状况的定性描述。

信息承载力理论研究没有单纯地以信息人为中心或以信息资源为中心，而是强调信息人与信息资源的均衡发展。然而，由于缺少社会资源的可持续发展研究与应用，社会可持续发展并不成功，因此反映社会系统发展状况的社会资源承载力评价研究成为信息治理与信息预警研究的前沿。

目前，有关信息预警与信息治理的定义比较狭义，仅涉及自然科学中针对自然灾害的信息治理与信息预警。目前，孤立的案例型研究较多，而在信息生态系统可持续发展前提下，基于信息承载力的区域信息治理与信息预警，可以从社会与自然耦合的信息生态系统可持续发展的角度探讨总体的解决方案。

信息治理与信息预警之所以引入信息承载力，就是要强调信息生态系统可持续发展对区域社会发展的核心作用，信息承载力的核心应用技术如信息使能技术与信息治理在最关键的社会管理领域有着非常好的切入点，信息承载力弥补了社会治理的空白。信息承载力是一个天然的信息使能器，同时又作为信息治理的基本手段与技术方法，可以应用于综合数字化基础设施平台建设、应急管理以及社会危机治理等公共管理领域。特别是目前我国有许多面临危机应急管理的区域，就需要突破常规信息化建设的单纯投入型发展，进行创新性的信息使能技术切入，同时实施信息治理战略。要在信息资源系统与社会经济系统的耦合机制上综合考虑信息资源对地区社会、资源、环境和经济协调发展的支撑能力，信息治理的基本信息架构需要的是可持续发展战略。要识别信息资源与其他资源不同的特点，它既是可更新、流动的资源，又是可重复使用、变异性强、可污染、易失效并且利害并存的资源。信息承载力治理除受信息资源建设的影响外，还受到许多社会因素如社会经济状况、国家方针政策（包括信息资源政策、管理水平和社会协调发展机制）的影响和制约。

以互联网为基础的信息网络社会使信息治理能够突破人类社会的层级化制约，发挥关键的信息使能器作用。区域大数据治理由于自然环境、资金、社会文化等制约因素，缺乏科学有效的信息治理使能器理论与技术，许多政府决策行为无法吸引、组织多学科专家群的实时参与并作出决策，而各类型组织战略决策行为与相关数据政策制定由于没有多学科专家群的实时参与，导致社会公共层面的信息承载能力低下，形成区域信息治理中社会成本投入巨大而实际收效甚微的局面。日益加剧的信息承载力危机效应，导致在实际的应急管理中缺少信息监管与战略预警，使得组织间信息共享与处理产生混乱，并阻滞了全社会力量的信息协作与快速响应，极易在危机或灾难初期形成信息洪流，直接破坏社会信息生态系统正常的运转秩序与生产方式，最后影响社会可持续发展。

信息承载力研究与可持续发展研究的核心问题是一致的，都是解决新的社会发展问题，但又有区别。自然资源可持续发展中生态承载力是有限制范围的，人类要实现可持续发展，就必须生存于生态承载力阈值范围之内，这是被动适应自然环境的问题。而信息承载力可持续发展是通过人类主动性与能动性提升信息弹性力与信息能力，从而扩大信息生态系统的信息承载力阈值，同时降低信息压力，实现区域信息生态系统的可持续发展。自然灾害与社会危机常常相互影响、共同发展，区域信息承载力实质上是社会经济系统面临结构性破坏时的应急管理能力。因此，信息承载力是信息生态系统可持续发展的基石，信息承载力理论是社会可持续发展研究的支撑理论，信息承载力的定量评价是判断信息生态系统可持续发展状况的重要指标。信息承载力将区域大环境生态系统与区域信息生态系统紧密联系起来，是信息生态学、信息经济学和公共管理等社会科学交叉融合的纽带，其中最具代表性的区域信息压力、信息融合、态势评估与危机预警，体现了信息社会发展中广泛存在的人与自然的新型耦合关系。

1.7 区域信息治理与预警中信息生态系统可持续发展的价值与研究意义

ICT 技术的迅猛发展与以互联网为核心的各类信息网络在人类社会的广泛运用，使得提升社会成员的信息承载力并对日益扩张的信息生态系统进行信息治理成为核心问题。随着信息生态学概念与理论的形成与发展，国内外学者对如何治理信息超载、数字鸿沟和信息不对称等信息生态失衡问题进行了深入研究，并指出了信息生态系统的可持续发展问题，同时还研究了信息对社会系统的发展支撑、信息生态系统内部的可持续循环和社会各阶层对信息资源的共享与信息机遇的公平获得等。其中，如何提升社会各阶层、各区域与各组织成员的信息承载力水平已经成为信息生态系统可持续发展的关键问题。目前，针对信息社会中信息管理系统、情报学、经济管理、社会管理的研究各有兴趣点和关注的问题，大多属于孤立的单一问题研究，缺乏相互交流和整体的应用技术集成。例如，有关信息统计学的测量理论，大多属于情报学的重点关注范围，而针对公共管理与经济管理的应用比较少。另外，政府机构与社会组织对于信息科学的管理理论研究不够，导致信息生态系统中含有敌对势力的渗透与破坏，在危机发生时，政府管理部门往往依靠救火的办法或切断全部信息通信网络的粗暴方法解决。因此，从信息承载力的理论构建、信息治理结构体系及其相关评价方法与应用对策出发，展开区域信息生态系统可持续发展的实证研究显得必要且迫切。

作为进入信息社会的表征，公共管理领域随之进行的信息标准架构、制度建设与具体模式实施是产生变革的集中体现，信息治理成为又一个自上而下的社会公共管理理论与技术的核心标准内容。我们认为，信息治理就是信息生态系统中的组织与群体通过明确信息生态系统中所有权力、利益与责任的归属，制订明确的决策权归属和责任担当框架结构，促进信息应用中的公平行为，通过更广泛的信息公开制度、信用体系建设、信息技术的应用，提升信息生态系统中信息弱势群体的信息承载力，实现信息社会的可持续发展。信息社会中，作为一个社会民主化与公共治理特色最为典型的领域，网络社会无疑成为信息治理的最大焦点。由于在公共管理层面缺乏科学而有效的评价与治理手段，许多政府层面的决策行为成为单一的政治行政策略，从表面上看，争论的焦点在于信息治理对社会发展与企业发展是否具有战略意义。

20 世纪 60 年代以来，随着信息生态学概念与理论的形成与发展，国内外学者对信息超载、数字鸿沟和信息不对称等信息生态失衡问题进行了深入研究，信息生态系统可持续发展成为主题，而如何应用信息承载力定量评价信息生态系统可持续发展也成为重点关注的问题，特别是信息承载力作为社会环境的基础承载力，比自然环境承载力具有更显著的社会应用价值。目前，国内外关于信息承载力的研究处于起步阶段，还没有明确给出信息承载力的定义、理论体系及评价方法。信息承载力研究首先要充分考虑人类活动对信息生态系统的干预和发展过程的影响，其次要考虑信息资源规模的动态发展以及社会经济发展对信息生态系统内、外部环境的影响。

国内外学者不仅对信息超载、数字鸿沟、信息孤岛和信息不对称等信息生态失衡问题进行了深入研究，还对信息生态系统开展了定量化评价。由文献计量学发展而来的信息计量学理论已应用于科学评价的定量化分析中，而且国外学者Corrocher 和 Ordanini（2002）提出了测度社会数字化程度的基础因子指标，其还用来定量化评价数字鸿沟等，这些研究有力地推动了信息生态系统的定量化研究进程。然而，人与信息资源相互依存，共同构成了信息生态系统的主体，我们需要关注信息技术、信息网络及信息资源的正向与负向作用，因此，上述对信息化发展水平或对信息生态系统的单个因子以及局部问题的评价工作，缺乏对信息生态系统的综合分析研究和整体评价，不可避免地显现出局限性，而定量评价信息生态系统并制订相应的管理对策，又是解决信息生态系统可持续发展问题的基础和关键。因此，我们认为目前单纯以信息资源发展价值观为指导的信息评价和管理已经不能准确、全面地指导信息生态系统的协调发展，需要引入新的以可持续发展为核心的价值观，将人的因素纳入评价体系中，提出新的信息生态系统综合评价指标和定量化评价方法，客观地评价和分析信息生态系统的状态与发展趋势，以期制订更加合理有效的信息管理对策，促进社会的和谐发展。鉴于此，我们以信息生态系统中信息人与信息资源协调一致、均衡发展为目标，综合应用计算机科学、生态学与信息经济学等前沿学科的研究成果，提出以信息生态系统可持续发展为核心价值观的综合评价指标——信息承载力（徐晓锋和岳东霞，2009），通过对该指标的定量评价和分析，揭示信息生态系统的发展状况和趋势，并以评价结果为依据进行信息治理与信息预警，然后制订相应的信息生态系统可持续发展计划与管理对策。

第 2 章 区域信息治理与信息预警的基本概念介绍

2.1 信息生态与信息治理

信息生态学是信息治理与信息预警的理论基础，从最早关注的信息爆炸，到信息烟雾、信息污染、数字鸿沟、信息超载等信息生态问题，到微观层面专家们从信息经济学角度关注无处不在的信息不对称问题，再到宏观社会层面信息政治学意义上的信息公平与社会公正，均起源于信息生态系统的不均衡发展矛盾，其中以指数式快速增长的信息需求远远超出以线性方式增长的信息应用能力的研究最为典型。信息超载是从英文"Information Overload"翻译而来，从表层意义理解就是指接收到过量信息，即信息人得到超过自身所能接收、理解、运用的信息。通常意义上，信息超载用于表示组织或个人接收到过量的信息。这一现象在数字化社会中无处不在，并随着数字化生活的扩展而呈现放大趋势。在专门的信息超载研究团队中，专家们进行了各种各样的理论构建，如有关认知能力的超载（Vollmann，1991）、感觉意识超载（Libowski，1975）、信息通信接收量的超载（Meier，1963）、知识超载（Hunt and Newman，1997）或者信息焦虑综合征（Wurman，2001）。这些有关信息超承载的理论构建用于解决不同状况下的信息不对称问题，从审计等基础技术性工作（Simnet，1996）到战略管理（Sparrow，1999）到企业咨询（Hansen and Haas，2001），从参加会议（Grise and Gallupe，1999/2000）到超市购物（Friedmann，1977）等选择性行为，表 2-1 为人们关注的信息超载的研究方向与研究内容。

人类进入信息社会最典型的特征就是在工业社会向信息社会过渡的过程中，典型问题及社会矛盾模式如人类社会生产方式与组织方式已经发生根本性变革，特别是人类社会的发展模式、经济增长方式与社会管理结构的变革。社会发展问题模式及矛盾源的变化也极具颠覆性，近半个世纪以来，基于以互联网、通信、社会媒体等为媒介的政府信息的需求和政府需要处理的信息数量均呈指数增长，而政府对通过互联网处理后的可用信息与高质量信息的利用能力仅仅呈线性增长。信息治理与信息预警需要重点关注信息生态系统中信息承载力发展水平远远落后于原始信息量、系统加工信息量与各类信息需求增长的问题，基本上目前所有的信息治理问题均集中于信息使用的问题上，而这些普遍存在的问题同样是信息预警能否成功的基础。

表 2-1　信息超载的研究方向与研究内容

研究方向	研究内容	参考文献
信息检索、组织及分析处理过程	在互联网上搜索	Berghel（1997）
	数字化社会的基础生活信息能力	Koltay（2011）
	财务困境或金融危机分析	Chewning 和 Harrell（1990）
	评价产品功能的变化与差异	Herbig 和 Kramer（1994）
	研究分析活动（战略投资组合，环境综合因素，新产品分析，服务决策）	Meyer（1998）
	投资分析	Tuttle 和 Burton（1999）
	文献资料管理	Meier（1963）
决策处理	通用管理决策	Iselin（1993）
	管理（项目、战略、产品管理）	Meyer（1998），Sparrow（1999）
	超级市场（产品购买选择）	Friedmann（1977）
	破产预测处理	Iselin（1993）
	投资方案选择处理	Swain 和 Haka（2000）
	福利援助（有关类型与数量的决策）	O'Reilly（1980）
	创新选择	Herbig 和 Kramer（1994）
	价格设置	Meyer（1998）
	广告媒体选择	Meyer（1998）
	战略决策	Sparrow（1999）
	医生的决策判定	Hunt 和 Newman（1997）
	金融决策判定	Sparrow（1999）
	品牌选择（消费者决策制定）	Owen（1992）
	航空领域决策处理	O'Reilly（1980）
信息交流过程	会议	Schick 等（1990）
	通信交流	Schick 等（1990）
	群件系统应用软件的使用	Schultze 和 Vandenbosch（1998）
	公告板系统	Hiltz 和 Turoff（1985）
	面对面讨论	Sparrow（1999）
	通信公司服务	Griffeth 等（1988）
	电子会议	Grise 和 Gallupe（1999/2000）

续表

研究方向	研究内容	参考文献
信息交流过程	建议组织	Grise 和 Gallupe (1999/2000)
	电子邮件	Koltay (2011)
	管理咨询	Hansen 和 Haas (2001)
	区域协作	Milgram (1970)
	信息公开法规、合同复杂度、法律审判	Grether 等 (1986)

信息治理是治理理论在信息时代的重要发展，用于描述组织、社会或政府是否采用了有效的机制，使得信息系统的应用能够完成组织赋予它的使命，同时平衡信息技术与过程的风险，确保实现组织、社会或政府的战略目标。信息治理的任务就是要明确有关信息系统决策权的归属机制和有关信息系统风险责任的承担机制，以鼓励信息系统应用的期望行为的产生，同时连接战略目标、发展目标和信息系统目标，从而使社会主体从信息系统中获得最大的价值。

在信息应用过程中，为鼓励实现信息生态系统良性循环的期望行为，信息治理首先要解决信息决策权、信息网络管理权、信息资源的所有权、信息供应链的传播权等基本权利的归属；其次，要解决信息治理实施的责任落实、管理过程的任务分配与分摊问题；最后，要解决信息生态系统的利益分配与绩效评价问题。信息治理的任务是：保持社会公共信息生态系统与业务目标一致，推动社会公共信息系统的应用发展，促使社会各方的收益最大化，合理利用信息资源，适当管理与社会公共信息生态系统相关的风险。

信息治理是一种引导和控制社会信息生态系统中各种关系及流程的结构安排，这种结构安排，旨在通过平衡信息技术及其流程中的风险和收益，增加价值，以实现社会目标。信息治理的理论研究在国内外几乎同时展开且成果丰富，信息治理规定了整个社会信息系统运作的基本框架，管理则是在这个既定的框架下驾驭组织奔向目标。缺乏良好信息治理模式的社会或组织，即使有很好的信息生态系统管理体系（而这实际上是不可能的），也像一座地基不牢固的大厦。同样，没有社会或组织生态系统信息管理体系，单纯依靠良好的治理模式也只能是一个美好的蓝图，缺乏实际的内容。就我国信息化建设的现状而言，无论是信息治理，还是信息管理，都是人类社会进入信息社会条件下迫切需要解决的可持续发展模式问题。目前，信息治理的理论研究与技术实施，已经从组织与企业层面的信息技术治理等微观层面的技术支撑，扩展到人类社会文明发展的宏观层面，信息治理已经从过去的企业与组织微观层面的技术治理扩展到社会层面的战略实施与政策制定，信息治理取代传统社会的信息统治而成为新的信息理论研究焦点与社会发展行为。

在科学研究领域，以 Cyber-infrastructure、e-Science 等具体信息承载力实施平台为基础构建的多学科、跨领域、学者群的综合信息治理系统已经得到应用，而且在社会管理领域，应急管理、危机治理、政府的社会治理与组织治理等公共治理应用也得以开展。人类进入信息社会后，作为公共管理领域的理论研究与具体模式实施而产生变革的集中体现，信息治理成为又一个从上至下的社会公共管理理论与技术的核心研究内容。

信息资源所有权、信息治理失败的责任、信息权利及信息治理成功的利益归属、信息治理发起等均需要信息治理及相关组织明确其中细节与系统设计及规划标准及范围与条例。全社会信息公开制度、信用体系建设中最关键的问题是如何在信息技术快速发展，新信息技术应用超前于理论与制度设计的前提下，关注到信息弱势群体的公平与合理地位，提升全面的社会信息承载力。

从全面的信息治理与预警角度，需要社会力量加入政策制订与政府决策中，并有多学科科研力量的辅助支撑，形成信息治理与信息预警对社会与各类型组织相互促进、相互融合、相互发展形成可持续循环与均衡状态。

2.2 信息生态系统的压力

信息生态系统的压力首先体现在主体信息资源的脆弱性上。信息资源是极其珍贵的社会资源，也是极易被破坏、污染的资源，其承载主体是信息人，具备完全的能动性，可直接通过信息治理提升信息承载力水平，最终使整个信息生态系统由被动治理转变到主动控制的可持续发展状态，因而信息承载能力的研究与治理意义十分显著。

与信息承载力相对应的信息生态系统压力，同样是客观存在的。这里的"压力"一词有多层基本含义：首先，压力是一种负反馈作用，特别是针对信息人或信息组织的一种生理的或生态的作用过程，如信息人或信息组织面临的信息压力如果超出信息人与信息组织所能承受的负荷，那么其决策的正确度会相应下降，问题与错误就会大量产生（图2-1）；其次，压力同时也是引起这个过程的原因，如信息污染、信息犯罪、信息暴力与信息干扰等信息生态因子本身的发展程度与测量度；最后，压力代表信息生态系统发展的负方向或不可持续发展的程度与结果，也可以代表信息生态系统的功能与效用受干扰的程度及问题状态。

随着人类的经济增长方式转变为社会资源的发展与增长，人们开始注重依赖信息、科技、文化等非物质资源的投入。从信息治理与信息预警的层面上分析，

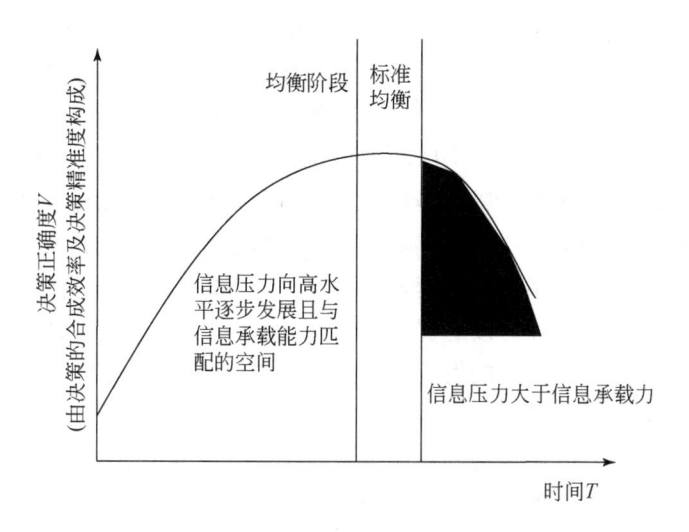

图 2-1 信息压力对决策的影响

信息人或信息组织的信息承载力总是落后于信息资源的增长（Kooper and Lindgreen，2010），因而信息生态系统压力是客观存在的。

我们研究的信息压力主要指信息生态系统中的群体压力，这类压力极具多源性、多态性特点，可定义为群体对其成员形成的约束力与影响力，包括信息压力和规范压力两种。目前，信息压力研究主要集中于心理学中的进化心理学与社会心理学等领域，研究范畴主要集中于个体心理压力，而本书涉及的信息压力是指区域、组织或群体范围内，由于自然地理环境、社会文化活动、外部信息冲击等形成并发现的信息压力，从形成过程分析有内生性与外源性两种类型，从作用范围分析可分为个体的信息压力、社会群体的信息压力。本书研究的核心为区域信息压力，属于群体压力。

在这里我们将信息生态系统面临的各种压力定义为信息压力，即在信息生态系统中信息各要素的良性循环受到强大而持续的破坏性胁迫与结构性干扰等负反馈作用，危及信息生态系统内部的稳定状态，直接阻碍了信息生态系统的可持续发展进程。信息生态系统如同其他生态系统一样，有自我维持和自我调节能力，在不受外力与人为干扰的情况下，信息生态系统变化的波动范围在可自我调节的平衡状态，如果系统受到干扰，当干扰超过系统的自我可调节能力或可承载能力范围后，系统便发生转变，信息生态系统便会失衡或被破坏。事实上，信息生态系统的这种自我维持能力和调节能力是有一定限度的，也就是有一个最大承载力（容载量），超过最大承载力，维持其正常的运行与循环的社会环境将被破坏，形成严重的信息生态系统失衡问题。所以面向可持续发展，人类的任何活动都必须限制在信息生态系统的承载力范围之内，信息人的可持续发展必须建立在信息生态系统完整、信息资源持续供给和信息承载力长期有容纳量的基础之上。信息生态系统面临的外力与人为干扰，就是一种典型的信息压力，信息压力是危及信息生态系统中信息组织与信息个体的生长及发展的外界干扰（如胁迫、欺诈、压制、封锁等）及其所产生的破坏效应，以及危及信息生态系统稳定性的外界干扰（如信息封锁、系统孤立、战争、暴力犯罪、自然灾害等）及其所产生的负效应。

目前关于信息生态系统发展模式的研究，大多以基础建设与经济发展并重的理论为导向，包括在企业与政府实际的管理战略中，也强调信息生态系统的建设是否与经济发展速度相匹配的发展论。然而，单纯的信息建设发展观已不能应对目前信息生态系统失衡带来的挑战，需要从可持续发展的基础即信息承载力的支撑来分析问题。信息基础设施的建设只是信息生态系统可持续发展的一个必需条件，关键还是看该区域的信息化发展与信息承载力水平是否均衡，即信息承载力的供给与需求是否均衡，因而信息承载力评价与测度的核心并不取决于信息生态系统中信息量的多少或信息化水平的高低，而在于该区域人类社会活动是否处于人类自身的信息承载力范围之内。

信息承载力是一个动态的变化指标，除重视信息生态系统的物理设施建设水平外，更要强调信息环境、信息资源、信息技术、信息政策等信息治理结构要素的均衡发展，同时考虑区域信息生态系统在整体社会发展过程中的动态均衡，因而信息承载力信息治理的关键不在于信息和信息主体本身，而在于对信息流、行为、关系和过程的治理。具体要素有信息生态均衡意识（发展与均衡意识、消化与应用观念、合作与竞争意识等）、信息承载力建设制度、信息治理流程、相关技术工具和方法、基于信息承载力而构建的数据基础平台（如信息处理的网络通信平台）等。

信息治理是一个由各种关系和流程构成的体制，指导和控制信息人通过合理利用信息技术，平衡信息技术与流程的风险，增加信息资源的使用价值，确保实现信息生态系统的良性循环。信息治理由最初关注的信息安全、信息技术投资、业务管理，延伸到目前的战略治理、公共治理，经历了一个由低到高、逐步深化的过程，治理范围已经由企业扩展到政府、社会的整体层面。例如，信息披露的公开、权威、及时，是资本市场公正的基础，信息承载力中信息质量的获得能力差异是不同利益群体获利差距的重要原因。在宏观层面上，社会信用体系的构建不仅可以改善政府与企业的管理和服务水平，降低社会管理与交易成本，还可以提高民众对政府与企业的认同感和信任度，实现防范危机、促进社会和谐的目标。信息承载力强调信息生态系统多水平、多层次的均衡性发展，在微观层面进行组织治理与结构单元治理的同时，更强调从战略层面进行区域治理，特别强调从政府的宏观层面进行的社会治理，目标是实现信息生态系统整体的均衡、协调、和谐式的可持续发展与低成本的良性循环。在传统的信息均衡的社会模式下，管理行为中可以避免进行信息治理与信息决策，而如今无处不在的信息环境动态变异，针对信息不对称、信息分化、信息不公平等导致人类社会管理层面出现的各种信息危机挑战，信息治理对整个信息生态系统的可持续发展逐渐显现出支撑作用。信息治理的进程，是区域社会经济发展从以物质和能源为经济结构的重心，向以信息和知识为重心转变的过程，信息承载力是最重要的战略资源，属于信息人、区域组织知识竞争能力的源头，通过不断创新的信息治理手段，可以直接提高信息承载力中的信息资源动态吸收与综合利用水平，并快速转化为经济增长与社会发展能力。信息承载力治理的最终目的是提高主体的信息承载力，形成一种"自足"的创新循环机制，信息人依靠内部的不断创新与外部的信息治理去适应激烈变异的外部环境，求得生存和发展。这就要求我们在具体的信息承载力治理研究中，要把信息与信息、信息与活动、信息与人结合起来，强调在系统化的多维动态空间中，提高人与信息资源相互发展的动态适应性，并通过信息治理，最大限度地消除信息社会中的诸多失衡现象，以维持区域信息生态系统的可持续发展。

2.3 信息生态系统中的"公地悲剧"与"反公地悲剧"

从信息治理与信息预警的架构角度分析，信息社会中最重要的社会资源是信息资源，相对于整体社会的可持续发展，社会资源与自然资源的可持续发展同样重要，因而对信息承载力的研究弥补了目前单纯偏向自然资源可持续发展的问题。信息社会中人类的经济增长方式与社会发展模式已经由工业化外延型经济增长转变为知识经济的内涵型增长，社会资源的发展与增长将超过自然资源的发展水平，国家与区域的整体实力注重依赖信息、科技、文化等非物质资源的投入。

许多人认为信息资源是由人创造的，是可再生的，具备理论上的无穷性，即用得越多，拥有的就越多。事实上，信息资源具有与自然物质资源完全不同的特点，体现在信息资源的脆弱性结构特点上，更易于受损，同时更难以利用。在规模、质量与发展速度上，信息人或信息组织的信息承载能力总是落后于信息资源的增长，信息生态系统如果不进行治理就会导致信息生态失衡，向信息匮乏与信息无效利用两个方向的极端发展，最终导致公地悲剧（信息低载）与反公地悲剧（信息超载）。信息资源属于典型科学技术意义上的"公地资源"，因产权难以界定或界定产权的交易成本太高而被竞争性地过度使用、侵占或浪费是必然的结果，而且每个当事人都知道信息资源将由于过度使用而枯竭，或由于未被充分利用而形成巨大的浪费与损失，但事实上每个人对阻止事态的继续恶化都感到无能为力，而且抱着各种"自利"的心态加剧事态恶化，最后导致公地悲剧产生。信息资源由于其特有的公共产权性质，不仅存在着被过度利用的情况，如公地悲剧，更多情况下还存在着低效利用、无效利用，甚至根本没有被利用的情况，如反公地悲剧。

信息生态系统内部存在着很多信息资源权利所有者，为了利益目的或信息安全等因素，每个所有者都有权阻止其他人使用该资源或设置使用障碍，但实际上却形成没有人拥有有效的使用权，导致信息资源的闲置、失效、浪费，同时信息经济的高速发展也加剧了信息人的信息承载力远低于信息资源高速"扩张"的矛盾。例如，西部地区现正处于信息生态系统建设的关键时期，尽管国家在区域信息化建设中采取了扶持西部的措施，但由于观念落后、人才流失、所处地理位置偏远、信息系统的基础设施建设与资源管理落后等因素，该区域整体的信息搜寻与获取成本远高于中部、东部地区，存在着更为严重的信息承载力不对称现象，导致整个西部与中部、东部区域的信息承载力发展差距日益加大。可以说，西部地区信息生态系统失衡的本质，不是西部地区的信息资源系统或组织不愿意拥有更多的信息与知识，而是其无法承载并利用更多的信息与知识资源，形成了典型的反公地悲剧。这类由于信息承载力低下而导致的信息生态系统失衡，会导致政府的公信力下降、公众信息接收产生混乱、信息治理失控等，最终发展到信息危害，直接破坏社会正常的运转秩序与生产方式，形成社会危机与动乱。

2.4　信息治理中的信息承载递阶模型

客观存在的信息生态系统是一种相对稳定的多层次系统，信息生态系统的稳定性不仅表现在小单元的社会系统水平上，而且表现在信息生态系统单元、区域社会系统、整体人类社会以及生物圈各个层次的系统水平上。信息承载力围绕其可持续发展的中心位置有正常的自然波动，大的偏离是社会信息环境的激烈变异影响形成的。信息承载力体现在多个水平层次上（图2-2），在不同系统的层次水平上，相应系统的信息承载力治理系统是不同的。

信息生态系统是一个变异激烈的多层次系统，正常情况下信息的承载与供给围绕系统可持续发展的中心位置有正常的自然波动，大的偏离是自然灾害、事故灾难、公共卫生事件和社会安全事件对社会信息环境造成激烈变异与破坏形成

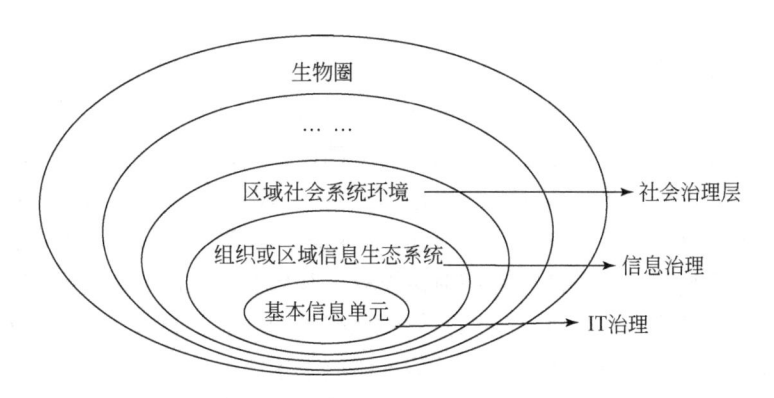

第 2 章 区域信息治理与信息预警的基本概念介绍

图 2-2 信息生态系统的稳定性层次

的：当信息供应（即信息压力，也可称为信息源供给）远远低于信息承载力时，信息生态系统处于公地悲剧状态；当信息承载力明显低于信息压力时，反公地悲剧开始发生；当信息承载力与信息压力处于正常的均衡阈值范围内时，信息生态系统可以正常进行自我调节并处于良性循环状态。人类的任何管理活动都必须限制在信息生态系统的承载力范围之内，必须建立在信息生态系统完整、信息资源持续供给和信息承载力长期有容纳量的基础之上。信息生态系统发展如果处于公地悲剧或反公地悲剧的不可持续状态，将极易导致社会整体的信息供应链与信息生态循环系统发生混乱，导致事件危害的放大与扩散，形成危机与突发性事件。在应急管理的系统发展过程中，区域社会经济活动需要向信息生态环境索取必要且充足的信息交流空间、信息传输载体以及信息流与知识流的供应等，复杂的社会经济活动破坏了区域信息生态系统的稳定性。在应急管理中，区域社会管理活动表现为主动性，信息生态环境表现为被动性，两者界面之间则表现为压力与支撑的均衡关系，这种关系就是信息承载递阶结构机制。

信息生态系统如同其他生态系统一样，有自我维持和自我调节能力，在不受外力与人为干扰的情况下，信息生态系统变化的波动范围处于可自我调节的平衡状态。事实上，现实生活中的信息生态系统运行已经离不开外部社会系统环境的信息交流与内部的治理反馈，因而系统受到内外部干扰与压力是一个不间断的扩展过程，当信息生态系统面临的干扰与压力超过信息生态系统的自我可调节能力或可承载能力范围后，信息生态系统便发生运行性质的转变，最严重的结局就是信息生态系统良性循环状态被破坏，形成信息生态失衡或信息危机。所以面向可持续发展，人类的任何活动都必须限制在自身的信息承载力范围之内，信息人与信息组织必须通过信息治理构建完整的信息生态系统，保障信息资源的可持续供给，提升信息承载力对信息需求（信息压力）的容纳量，而这就是信息治理的

区域信息治理与信息预警

本质意义。

信息承载递阶结构模型从信息治理的角度可归纳为三个层面（图2-3）。首先，底层与中间层构成信息治理的基础层面，最底层是信息治理的资源层面，包括为信息治理而构建的信息生态系统物理基础设施、信息工作者处理与加工后的信息资源、知识数据库与信息治理的人力资源，属于信息承载力的基础自然部分，包括了信息人（广义的信息人）的基本信息素质，即信息人基本的信息资源创造、管理与应用相关的知识和道德修养等基础信息技能，就是获取和处理信息的能力，包括检索、提炼、组织、使用和交流的技能；其次，中间层是信息治理的技术层，也是信息治理层，包括信息供应子系统与信息应用子系统，核心是信息治理技术的应用与实施，通过把信息人的能动性提升到一个更高的定位，以降低与消除信息生态系统失衡为目标，运用高效信息技术和新型的管理方法，使人们能够对那些在信息与知识获取方面受到各种限制的信息资源加以利用，通过提高信息人对信息的处理能力，促进信息与知识的共享、识别、发现、利用和创造，解决组织生存和发展的核心问题；最后，最顶层生产力层就是绩效层，最顶层为我们常见的信息治理的社会应用层面，是信息生产力最直接的绩效层体现，也是信息承载力的社会表现部分，是信息生态系统的产出体现层面，属于信息治理的竞争能力与生产能力的体现层，其包括信息创造、发展的整体创新能力，实际上也是创新知识的能力，本质上属于维持信息生态系统可持续发展的均衡力。

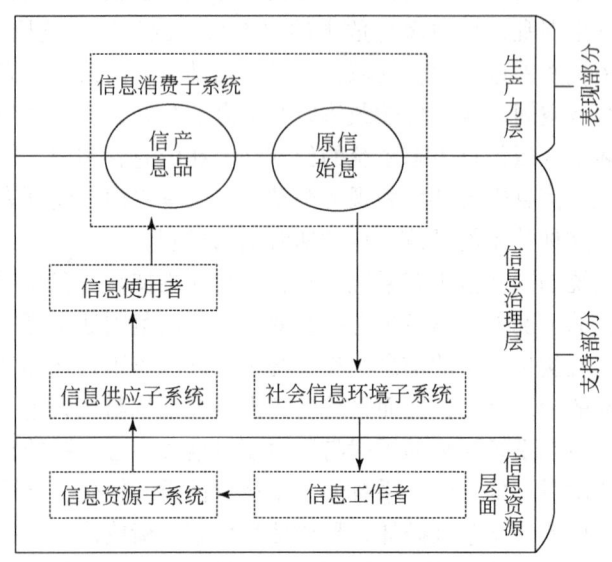

图 2-3　信息承载递阶结构模型

这三个层面由低到高，构成信息生态系统的可持续循环链。信息承载递阶结构系统中，信息资源是极其珍贵的社会资源，也是极易被破坏、污染的资源，因而需要进行重点建设与保护。信息资源的承载主体是信息人，具备完全的能动性，区域组织可直接通过信息治理提升信息承载力水平，降低信息压力，使整个信息生态系统维持在可持续发展状态，因而信息承载力的治理意义十分显著。

形成信息承载能力的前提条件，是要在自我开放的同时，与外部环境建立良好的信息输入与反馈机制，在保障信息流畅通无阻的基础上，强化对自有信息和外部信息进行集成处理和综合利用的能力。促进信息生态系统良性循环的基础是提升信息承载力水平。信息承载力理论体现了可持续发展研究从关注自然向关注社会问题的逐步延伸，信息承载力已从自然科学延伸到社会科学的各个领域，只有将自然资源承载力与社会资源承载能力的定量评价相结合，人类社会可持续管理的整体效果才能成功。通过构建信息承载力定量评价中的信息承载递阶结构系统，从社会-自然耦合的角度提取信息压力、信息弹性力与信息能力三大体系中的关键因子数据，其中涉及目前较为敏感的环境危机、地理隔绝、民族文化信息传递方式、宗教活动的信息供应链等问题。

任何一个层次的信息生态系统都不是孤立存在的，而是与其相邻的其他社会系统共同存在的，所以一个信息生态系统的变化不可避免地会影响到别的层次的信息生态系统。因此，我们不仅需要注意低层次系统水平的信息承载力，还需要注意较高层次系统水平的信息承载力。如果从整个国家的和谐发展或社会的可持续发展水平来分析，我们就必须将注意力放在大的社会系统或更高层次的管理与规划上，并展开相应的社会治理。针对信息生态系统而言，其组成要素可简单地分为两部分，一部分为承载媒体，另一部分为承载对象。在信息承载递阶结构系统中，基本级承载媒体为基本环境的各构成因子，由文化、生活习惯、风俗、水土、资源、经济地理区位及由政治、市场、技术等构成的竞争环境因子组成；次级承载媒体由各类型信息资源数据库、信息产生源与传播源、互联网资源集合、档案库、信息交流汇集载体（各类政府会议、研讨会、市民集聚会）与各类教育实体（大学、科研院所等学术单位）、网吧、通信集合、集聚区构成；三级承载媒体由人与组织构成的知识、信息、数据集聚中心构成，如大学教师团队、学生组织、科研机构团队等信息创造与应用实体。信息生态系统的承载对象为知识、信息、数据，而从承载对象本身的关系而言，数据承载信息，信息承载知识。承载媒体与承载对象的相对性是指承载与被承载是相对而言的，而不是固定不变的，在信息承载递阶结构中，三级承载媒体为承载对象的介质，次级承载媒体为三级承载媒体的介质，基本级承载媒体为次级承载媒体的介质。

2.5 信息承载力营力系统分析

信息承载力理论强调信息生态系统可持续发展是系统中信息能力与信息压力的相互制衡，包括生态系统内外营力综合作用的结果。信息承载力系统是信息社会环境系统结构特征的一种抽象表示，具有矢量特征，即为有方向、强度与规模之分的应力系统，信息生态系统对内外干扰具有阻抗和恢复功能，一旦受到的作用力超过一定限值，就过渡为另一等级的体系。信息承载力存在于社会组织、社会经济发展禀赋及区域社会环境质地或社会体制等区域组织生态系统中，其可以通过信息治理得到提升。区域信息承载力是指区域信息生态系统中整体的组织信息能力、社会发展绩效及与群体生活中其他重要社会资源建设直接相关的环境禀赋、区域文化、发展能力等组织能力基础指标，属于区域大数据发展能力与环境建设区分度最显著的差异特征。

2.5.1 基于大数据的信息生态系统动力学结构分析

从大数据信息架构的基本形态和动力作用过程来看，大数据的资源优势和集聚-扩散结构可以视为一种新的信息资源范围与信息治理应用拓展（徐晓锋和王娟娟，2019）。例如，人工智能与云架构技术的发展与成熟，可以通过物联网数据的获得与解读实现对过去信息生态系统研究的再调整，使得过去认为相对于信息生态系统研究价值较低的自然与社会大数据也能够加入到信息治理的模型构建中，这样自然环境、社会环境的外力作用与信息生态系统内部要素形成承载力综合动力系统，而包括舆情、自然灾害或人为灾难等形成的突发事件则会检测区域组织面临信息压力时的信息承载力水平。大数据治理离不开外界环境的支撑，区域大信息生态系统与外部环境进行物质和能量的交互流动时，区域内部相应的各系统要素也加入了这一过程，使其相互作用，通过要素流动，在空间分布上由分散到聚集再到二者的动态均衡，进而推动信息治理系统的运行和发展，系统各要素之间、要素与系统之间以及系统与外部环境之间的相互适应是信息生态系统实现可持续发展的关键。

从系统动力学的角度，信息治理发展的影响因子和信息生态系统的受力状况需要进行基于大数据应用动力过程的模型构建与定量化评价，从内在运行规律到外部环境，从自然条件到经济社会状况，全面系统地结构化分析。通过分析信息承载力形成过程中的信息压力、信息能力等营力因素，形成如图 2-4 所示的区域信息承载力综合力场，研究和分析这些影响因子的构成与特征、运动规律及其与信息治理系统的相互作用机理、发展条件，可以实现信息治理定量化模型的构建。

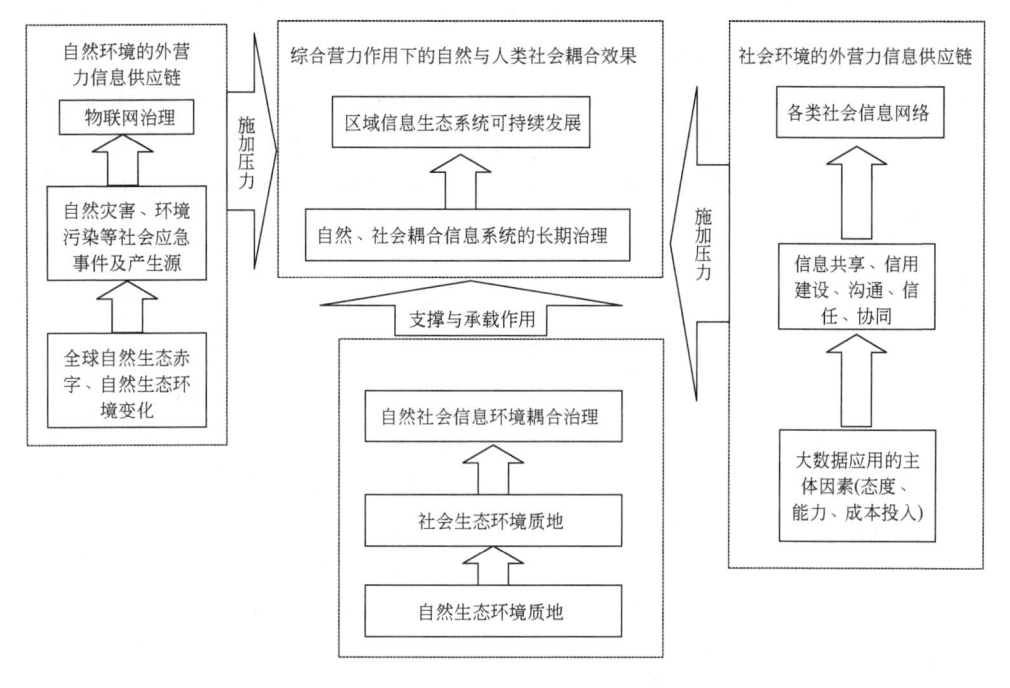

图 2-4　区域信息承载力综合力场

2.5.2　基于大数据治理的爬坡模型构建

金东海等（2004）将区域信息生态系统的可持续发展状况看作一个特殊的爬坡物体的状态。当促进各类型组织信息承载力的信息驱动力大于阻碍各类型组织信息承载力的信息阻滞力时，区域信息承载力合力为正，此时区域信息生态系统的合力方向与信息驱动力方向相同，区域信息生态系统受到对自身发展有利的综合因素作用，将产生加速发展的趋势；反之，区域信息承载力合力为负，区域信息生态系统的合力方向与信息阻滞力方向相同，区域信息生态系统受到不利于自身发展的综合因素的作用，将产生减速发展或者增长速度降低的趋势。例如，区域信息生态系统中，各类型组织信息之所以公开，是因为各类型组织在信息承载力过程中所受到的合力导致各类型组织信息承载力的信息驱动力大于阻碍各类型组织信息承载力的信息阻滞力而产生的结果。信息压力总是相对于信息承载力存在的，这种压力产生的根源是区域或组织规模与信息需求的急剧膨胀、社会经济活动的不断加强和外部综合环境（包括社会环境与自然环境）突发灾害性事件。

由爬坡模型（图2-5）可以看出，信息驱动力通常认为是区域内部社会发展的信息需求拉力与外界对信息资源供给推力的合力；信息阻滞力则是指区域信息生态系统与信息环境基础之间的摩擦力以及破坏力，是信息支撑力与摩擦系数（μ）（实质上是区域信息治理路径）的乘积。一旦斜坡的摩擦系数、斜率等特性发生变化，模型中大数据治理系统受到的各种承载力的方向、大小均会随之发生变化，甚至会改变治理的总体格局。物体爬坡的信息阻滞力包括摩擦力、下滑力，信息阻滞力涉及物体的重力（物体的重力分解后的下滑力和对斜坡的压力）、斜坡斜率、斜坡面和物体底面的粗糙程度。信息阻滞力和物体的爬坡方向相反，其大小与压力以及斜坡的斜率成正比，区域信息生态系统基本环境的阻滞力表征为区域信息生态系统基本环境改造和发展的阻滞力，其中摩擦力表征的是区域信息生态基本环境和组织的二元体制之间的摩擦力。图2-5的模型中，在信息资源、信息政策、社会体制等信息生态系统内部信息承载力发展水平相同的情况下，信息治理路径本身的特性不同，摩擦系数μ不同，信息治理所接受的摩擦力也不相同，摩擦系数越大，摩擦力就越大，而信息压力同样会影响摩擦系数。可见治理路径的选择、信息承载力的基本状况、治理的政策与信息生态系统质地等，均会对系统的大数据治理产生各类决定性作用。基本信息资源及环境的选择不同，即斜面长度不一样，$\cos\alpha$的值也会产生变化。由于治理系统所受到的摩擦力不相等，摩擦力大的爬坡模型选择不利于大数据治理。信息生态系统基本环境与区域组织的功能和生态必然存在很大的治理体制差异和冲突，犹如爬坡物体底面和斜坡面的粗糙不平，信息治理体制及其功能和生态的差异越大，反映在模型中的爬坡面粗糙程度也越大，摩擦力与阻滞力也就越大。区域信息生态系统的体制、功能和生态也会给区域组织的功能和生态带来极大的信息压力，成为大数据治理过程中自身发展和改造的阻滞力。阻滞力实质上是大数据治理路径与自然、社会资源环境基础支撑力不相适应形成的，而通过科技创新政策、应用新信息使能技术、增强信息源开发、合理设计信息供应链等合理的信息治理路径，摩擦力会变小。

从爬坡原理上分析，区域信息生态系统基本环境的信息支撑力来源于所处区域或组织基本功能和生态水平，包括经济功能、社会功能、环境功能及其生态状态和水平，为区域或组织本底实力。从动力学原理上讲，信息支撑力与信息压力互为反作用力，物体爬坡的信息阻滞力包括摩擦力和下滑力，信息阻滞力和系统的爬坡方向相反，其大小与斜坡的斜率成正比。信息阻滞力方向与信息治理发展方向相反，大小与信息生态系统信息驱动力（表现为信息治理发展速度和规模）以及斜坡斜率（含斜坡粗糙不平程度）成正比，而与资源环境（基本环境）基

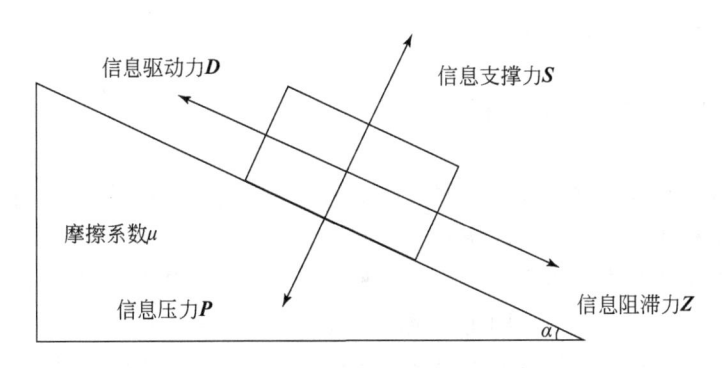

图 2-5 基于大数据治理的爬坡模型

础支撑能力成反比。信息阻滞力通过外部区位信息分化、信息污染、信息操纵、信息攻击与信息危机等系统发展的负反馈因子的发展程度来测量；区域信息生态系统基本环境的信息支撑力则是区域信息生态系统基本环境对区域或组织的经济功能、社会功能、环境功能及其生态的压力而产生的。区域信息生态系统在其演化过程中，受内营力作用的同时，还受到诸如科学技术发展、国内外社会经济变化、自然环境变化等外营力的作用，信息驱动力与信息阻滞力是信息治理与信息使能技术实施的过程及手段，区域信息生态系统复杂多样的演化形态正是内营力和外营力过程相互作用的结果。爬坡模型提供了结构合理且可以定量化的区域大数据治理的信息架构模型，通过分析驱动和遏制区域或组织信息承载力的主要因素，加入斜坡与斜率（含斜坡基本面状况）等相关参数，可以用于治理路径安排与政策实施的抽象表征。其中，斜率指直角三角形高度与长度的比例关系，此处引申为对大数据治理发展速度与质量、规模与效益的协调方式。不同的斜坡和斜率代表不同的治理路径与不同的大数据系统发展政策，如信息资源的收集与加工处理的模式、路径，区域信息化政策与区域基本的社会制度体系及文化环境等。

2.6 基于爬坡模型的区域信息承载力系统分析

区域信息生态系统不是动力学爬坡模型中的一个普通实物，而是由各种自然、社会、经济要素共同组成的适应性有机系统，是一个在内外部营力作用下的自适应系统。区域信息生态系统基本环境的内营力系统由基本信息压力、内驱动力（和外营力的拉力的方向一致）和阻滞力（主要是下滑力）三部分共同组成。系统内部各要素包括综合环境、信息区位、信息资源、信息人、信息产业、信息资产等，当其发生变化并通过要素之间的内营力相互作用进行相对运动和重构之后，又反作用于其外营力系统。

2.6.1 驱动力系统分析

人类的生存与发展无疑是区域信息生态系统发展的终极动力，而由此产生的各种需求则构成综合动力。区域或组织信息治理进程的快速发展及其需求，是区域信息生态系统基本环境形成、演变、改造、发展，并最终实现区域组织与信息治理相统一的主要外动力，即主导驱动力或拉力。信息生态系统的驱动力是信息治理需求拉力和外界对信息治理要素供给推力的合力，在不同区域、不同信息治理与信息生态系统的进程和阶段，其驱动力类型和表现形式往往差异很大。技术专家普遍把网络社会的发展作为信息治理的主导驱动类型，并指出长期以来信息治理水平低下并滞后于网络化社会发展是驱动力不高的主要原因。

2.6.2 信息压力与阻滞力

信息压力是针对信息人或信息组织的一种生理的或生态的作用过程，如压制、封锁、胁迫、欺诈等，信息人或信息组织面临的信息压力如果超出所能承受的负荷，那么其决策的正确度就会相应下降，问题与错误也会大量产生。从区域信息治理水平分析，信息压力主要体现了信息生态系统的外部发展环境对信息组织与信息人的压力，以及信息生态系统可持续发展对信息数量与质量的要求，反映了区域信息生态系统内部需求指标及外界环境的社会发展反作用力。信息压力可以定量为研究对象承受的各类社会直接作用力，体现为个体适应信息需求与获得要求所产生的各种生理学与心理学意义上的应激反应。信息阻滞力是指可以导致区域信息生态系统产生负反馈及破坏效应，并危及系统稳定性的外界干扰因子（如外部信息操纵、信息攻击、信息封锁、自然灾害等）。信息阻滞力的产生既是某些信息主体刻意所为的必然结果，也是自网络产生的那一刻起，系统就已具有开放性特征及信息和技术不对称的结局，体现在社会经济发展的竞争性、主观上人类传统的政治因素与自利性等弱点方面。据我们2022年的最新统计，互联网几乎全部的根服务器、90%以上的数据库等网络数据核心产品集中或受控于美国，导致全世界网络信息供应链中85%以上的信息源及传输和服务操控在以美国为代表的少数发达国家手里，其他国家与地区面临信息操纵、信息使能技术封锁、信息源控制和信息传输渠道封闭等信息阻滞力，而社会外部环境所带来的敌对效应使正常的信息供应链受到破坏，甚至改变了原本正常运行的信息生态系统运动结果，进而危害到区域整体的信息安全。信息阻滞力的直接后果是增大信息系统资源与环境基础的压力，同时相应支撑能力弱化，倘若后备信息资源不足，环境基础薄弱或信息治理潜力不大，就必然会导致可持续发展失衡。相反，如果区域内后备信息资源与环境基础能够满足信息需求压力增长的条件，这种信息阻滞力就不会存在。现实生活中，信任缺乏、交流渠道不畅等导致信息治理系统没有完全光滑的界面，使得信息超载形成的摩擦力处处存在。信息阻滞力本质上是不断增大的信息治理压力和经过削弱或加强的资源环境基础能力相互作用的结果，由信息治理过程中信息资源及系统环境基础之间的摩擦力构成。

信息压力中的自重力是区域信息生态系统作为区域或组织发展和自身发展负担的力学表示，主要由信息治理中落后的组织功能、信息区位劣势、无信息服务意识和恶劣的自然生态环境等因子构成。其营力系统中的内营驱动力主要由地区信息生态系统自身改造发展的需求和其自身的资源（如信息资源及其区位劣势）等因子构成，和外营力中的区域组织信息化、生态化需求的拉力方向一致，是改造的正向驱动力因子，共同推动地区信息生态系统的改造和发展，同时信息资源及其区位劣势等因子和外营力系统中的支撑力相结合，决定着大数据治理改造的方向和改造的先后顺序，包括重大拐点与改造启动后的改造排序。从信息生态系统的全局分析，信息压力是导致自然环境、社会生活、国际竞争等激烈变异的信息源动力，而公众、社会组织与各类型组织同时对外部信息变化产生相应动力要素及应激反应。区域信息生态系统中，组织的个体在工作与生活的竞争驱使下，产生从内容、质量到数量的信息需求，具体表现为获得信息的努力程度、要求及自我评价。从系统整体分析，人类社会的信息量存在着指数化的增长趋势，信息生态系统压力直接体现为人与组织日益扩展的信息需求压力，如新媒体生产的信息内容已经无法准确用数据量表示。据2015年1~3月谷歌与百度搜索数据量统计，微信一天传递的内容超过7.4亿条，推特一天传递的内容超过6.5亿条，新浪微博每天的微博数超过1.1亿条，而目前为止各类中文媒体的信息治理主要还是通过人工方式进行信息收集、过滤，最后进行发布，因而中文语言处理等信息治理技术的落后，导致个体能力与海量信息压力相比微不足道，这往往成为舆情爆发的动力。例如，由三聚氰胺引发的婴幼儿奶粉问题导致的食品安全信息压力一直延续到现在仍未消散，食品安全问题衍生为整体的生活安全，随着吉林长春长生疫苗事件，扩散到了整个社会生活与基本民生保障系统，而西部区域也极易发生由恶劣自然环境或突发性自然灾害等引发的突发事件，可见信息压力持续增长会导致社会舆情爆发，具有长期隐患。

信息阻滞力是信息治理发展路径选择时需要重点关注的问题，即信息治理驱动机制和发展规模、速度、模式等，是与资源环境基础支撑能力是否适应的定量判定，信息阻滞力可以用信息治理发展需求与信息资源基础供给的距离来表示。

2.6.3 信息压力、信息阻滞力等反向作用过程分析

信息压力属于信息治理过程中，系统运行速度和规模对信息资源环境基础所产生的基本需求，也可以用信息生态系统的功能与效用受内部干扰的程度与问题状态来表现。信息源和信息压力的应激反应共同作用就形成了各类型组织信息承载力的压力场效应。从可持续发展的水平考虑，大数据治理可以有效地提高组织生态系统的信息承载力中最重要的信息系统修复与恢复能力，即在最坏的情况下，系统或信息供应链过程"崩溃"导致灾难的趋势性减少。信息压力属于危及信息生态系统中信息组织与信息个体的生长及发展的各种内部负作用力（如数字鸿沟、信息超载、信息孤岛、低信息素养、自然灾害等）所产生的阻滞力效应，如以 2011～2018 年 CNNIC 统计数据为例，我国城镇与农村的互联网普及率分别为 72.7% 和 36.5%，差距接近一倍，我国电信行业通信费、上网资费包括农电费用等在农村居高不下，农村 ICT 建设水平远远落后于城镇，而且自然灾害发生时，农村信息生态系统的破坏与损失程度远远大于城市（根据 2011～2018 国家统计局灾害统计分析数据），这在西部地区表现得尤为明显，因而较低的信息承载力加上日益增大的信息压力使得农村成为信息弱势区域；再加上人类社会的正常运行日益依赖 ICT 技术与服务，而社会道德化风险与技术风险导致了信息欺诈、信息安全、技术风险等社会化压力；最后还有自然环境对人类信息生态系统的可持续发展产生的压力，如区位条件、环境污染、气候变化、自然灾害、地理地质变化等。

2.6.4 区域信息生态系统的支撑力分析

信息生态系统的支撑力又称信息生态环境承载力，它是指在某一时期，某种环境状态下，某一区域整体信息生态系统环境对人类社会、经济活动的支持能力限度。支撑力从动力学原理上对应它的反作用力，如信息资源的供给增加对资源与环境基础所造成的压力，支撑力体现了系统中信息流、行为、关系和过程的基础能力。区域内信息资源与环境基础对信息治理需求的满足程度和保障能力，直接决定了区域内信息资源的供给可增加的支撑力幅度，由于信息资源具有与其他资源不同的特点，它既是可更新、流动的资源，又是可重复使用、变异性强、可污染、易失效并且利害并存的资源，因而支撑力一方面取决于区域本身的资源与环境状况，另一方面取决于信息治理的方式、规模和效率，如信息资源配置是否合理，信息利用是否集约，是否重视信息系统环境保护，这些均决定了系统资源

与环境基础对信息治理的保障程度与可持续发展能力。

支撑力主要由信息承载力等获得性能力构成。支撑力是以信息人为核心的信息生态系统中所构成的社会体系调节能力的客观反映，其可归纳为内营力与外营力两部分。内营力为自然能力，包括信息生态系统的物理基础设施与信息人的基本信息素质，为信息生态系统有限的自我维持与自我调节能力的量度；而外营力强调信息人的主观能动性，通过信息治理引入竞争与创新机制，带来信息承载力的提升，即强调发展信息人通过信息治理之后形成的信息恢复或修复能力，属于系统增强创新实力的生产能力。

形成承载力的前提条件，是要在系统自我开放的同时，与外部环境建立良好的信息输入与反馈机制和通道，保障信息流的畅通无阻。核心是对自有信息和外部信息进行集成处理和综合利用的能力，促进信息生态系统的可持续发展是增强信息能力的落脚点和明确的目标。因此，信息的产生和发展过程形成信息治理进程，同时形成信息生态系统的支撑力。承载力为区域信息资源环境基础状况与信息治理发展方式、速度、质量相互耦合作用的最终体现，承载力受到削弱还是得到增强，取决于由信息治理引发的资源环境基础内部因素相互作用的结果，关键在于人类因缓解信息压力而对资源环境进行的综合调控是否适应信息资源环境基础自身演化运行的自然规律。区域信息能力是系统支撑力中最薄弱的环节，而信息资源相对于信息能力来说是极为丰富的，所以极易形成区域信息超载。另外，信息治理会使日益扩张的信息压力降低，使信息承载力发展水平与社会经济发展的摩擦系数逐步降低，这无疑会极大地提高区域信息生态系统内部的支撑力水平。从大数据治理角度分析，承载力来源于其所处信息生态系统的信息功能和生态水平，包括信息经济功能、社会功能、环境功能及其生态状态和水平，它不仅是信息生态环境的有机组成和控制性因素，同时受到社会经济与区域环境各类要素如社会经济状况、国家方针政策（包括信息资源政策、管理水平和社会协调发展机制）的影响和制约，因而组织教育、科研素养、经济能力、信息源建设等形成支撑力的基本要素。定量测度包括区域的后备信息资源状况、信息基础平台的建设水平、本地信息媒体的知识控制能力、信息资源的闲置状况（信息利用率）以及本地信息生态环境条件。

2.6.5 区域信息承载力的营力定量化分析

信息承载力理论模型根据系统结构与功能特征划分为内营力和外营力两部分，通过爬坡模型分析，其计量结构可分为自然承载力和获得性承载力两部分，并形成组合作用。我们用信息承载力（ICC）表示信息承载力演变过程中的定量

水平，En(t)表示内营力过程，Ex(t)表示外营力过程，则有

$$\mathrm{ICC}_{(t)} = \begin{cases} \mathrm{En}(t) \\ \mathrm{Ex}(t) \end{cases} \quad (2\text{-}1)$$

2.7 基于爬坡模型的大数据治理架构

2.7.1 基于爬坡模型的大数据治理架构技术分析

最初信息生态架构指信息技术基础设施的交付和使用模式，指通过网络以按需、易扩展的方式获得所需资源。随着以大数据为代表的新信息生态体系的引入，信息架构拓展为基于新信息技术服务的交付和使用模式，指通过各类信息网络以按需、易扩展的方式获得所需服务。这种服务与信息技术、软件、互联网相关，其也可以是其他信息生态及信息治理架构服务，如云信息架构就是一类非常好的解决方案，体现了自然社会与人类社会融合的信息使能技术与信息治理相结合。

2.7.2 基于爬坡模型的大数据治理路径设计方法

贵州天文500米口径球面射电望远镜（Five-hundred-meter Aperture Spherical radio Telescope，FAST）项目就是一个典型的自然生态与信息生态耦合治理的大数据中心建设成功的案例（图2-6）。当然现实的大数据治理架构设计不会像模型中的斜坡那样典型与标准，但通过简单的斜坡模型仍可看出，信息治理的对象可以通过斜坡的摩擦系数、斜率等特性来描述信息承载递阶结构体系中各类营力的变化，一旦斜坡与斜率发生变化，模型中对象系统受到的各种承载力的方向和大小均会受外部环境与内部营力的相互作用影响，信息治理本体所受到的各种外部营力以及内部营力作用的方向和大小均会随之发生明显的变化，最后影响信息承载力系统的总体格局。

从爬坡模型的定量化出发，通过研究信息承载力与信息压力等反应在斜坡的斜面长度、摩擦系数、斜率等特性中的变化，提高信息承载力实体的能动性，将物联网、大数据与人工智能等新信息架构与ICT网络使能技术融合成为改善信息治理的路径选择。爬坡过程中自然环境、大数据处理中心、政府信息公开与信息服务政策等各主导因子，加入包括信息技术与社会文化的定量化信息治理分析，如数据服务政策调控、信息生态系统基础质地、人文、自然环境等的具体定量评

```
┌──────────────┐  ┌──────────────┐  ┌──────────────┐
│源于区域社会政治│  │源于社会人生存 │  │源于社会经济需求的│
│活动的信息压力 │  │需求的信息压力 │  │   信息压力    │
└──────┬───────┘  └──────┬───────┘  └──────┬───────┘
       ▽                 ▽                 ▽
```

基于区域大数据治理的自然生态与信息生态双重耦合可持续发展 ➤

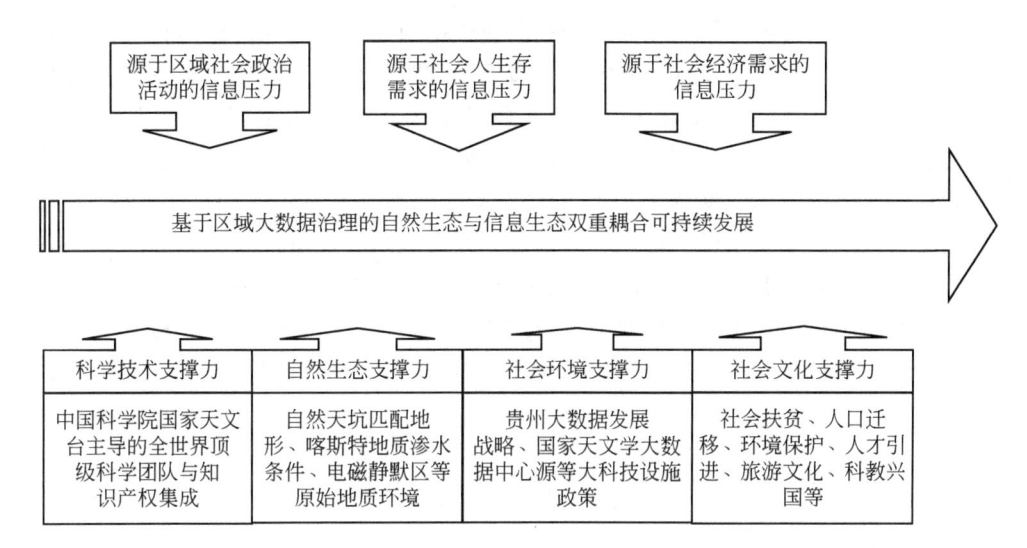

科学技术支撑力	自然生态支撑力	社会环境支撑力	社会文化支撑力
中国科学院国家天文台主导的全世界顶级科学团队与知识产权集成	自然天坑匹配地形、喀斯特地质渗水条件、电磁静默区等原始地质环境	贵州大数据发展战略、国家天文学大数据中心源等大科技设施政策	社会扶贫、人口迁移、环境保护、人才引进、旅游文化、科教兴国等

图 2-6　贵州 FAST 项目作为标准大数据治理使能器的爬坡作用

价，进而掌控决定摩擦力大小的核心因子，如区域大数据中心等，并设计针对不同信息生态系统质地、资源禀赋及各类型演化发展状态下的相应科技政策，如信息生态型整体治理，以及单向的加大推力、减小阻力等治理措施。

2.8　大数据治理的定量化设计

在信息承载递阶结构系统演化层面，人类社会与自然界通过社会网络发展依靠 ICT 技术形成统一的多层次信息生态结构系统，使得大数据治理成为重要的维持区域信息生态系统可持续发展的手段。这就需要定量评价区域信息生态系统中自然、社会环境的综合作用，测定信息生态系统内部要素相互作用形成的各类型营力结构，包括抵抗信息冲击、信息攻击或信息破坏应力的基础曝光、灵敏度和自适应能力的水平，以及更高级的区域社会抗干扰信息治理能力、信息生态系统或过程还原与恢复能力等。

2.8.1　信息承载递阶结构及相关营力定量分析

区域数据源是信息治理的基础与前提，是所有公共资源中最重要的战略资源。大数据的基本应用架构，如异构多元数据之间的关联、挖掘分析技术等，所有的大数据应用产品背后最根本的前提在于掌握数据源，而政府数据源的真实性、完整性、连续性及结构化程度均是商业数据源无法相比的。作为爬坡模型中关键的大数据治理政策及其所决定的改造模式和路径是地区信息生态系统改造的主动性因子，据我们 2021 年统计，电子政务中代表性的".gov"".cn"域名数量的前三名为山东、浙江和江苏，而西部区域电子政务、电子商务等新经济与新公共管理使能器应用、新媒体中心建设等总占比不到全国的 12%，说明我国大数据供应链的区域发展极不均衡，西部区域具有极强的改造性与上升空间。如图 2-7 所示，区域信息生态系统受到的力是来自各个领域和方向的内营力系统与外营力系统作用，信息生态系统向不可持续状态的演化及变迁揭示了信息生态系统破坏受控于两种营力过程：内营力过程和外营力过程。内营力直接产生并作用于

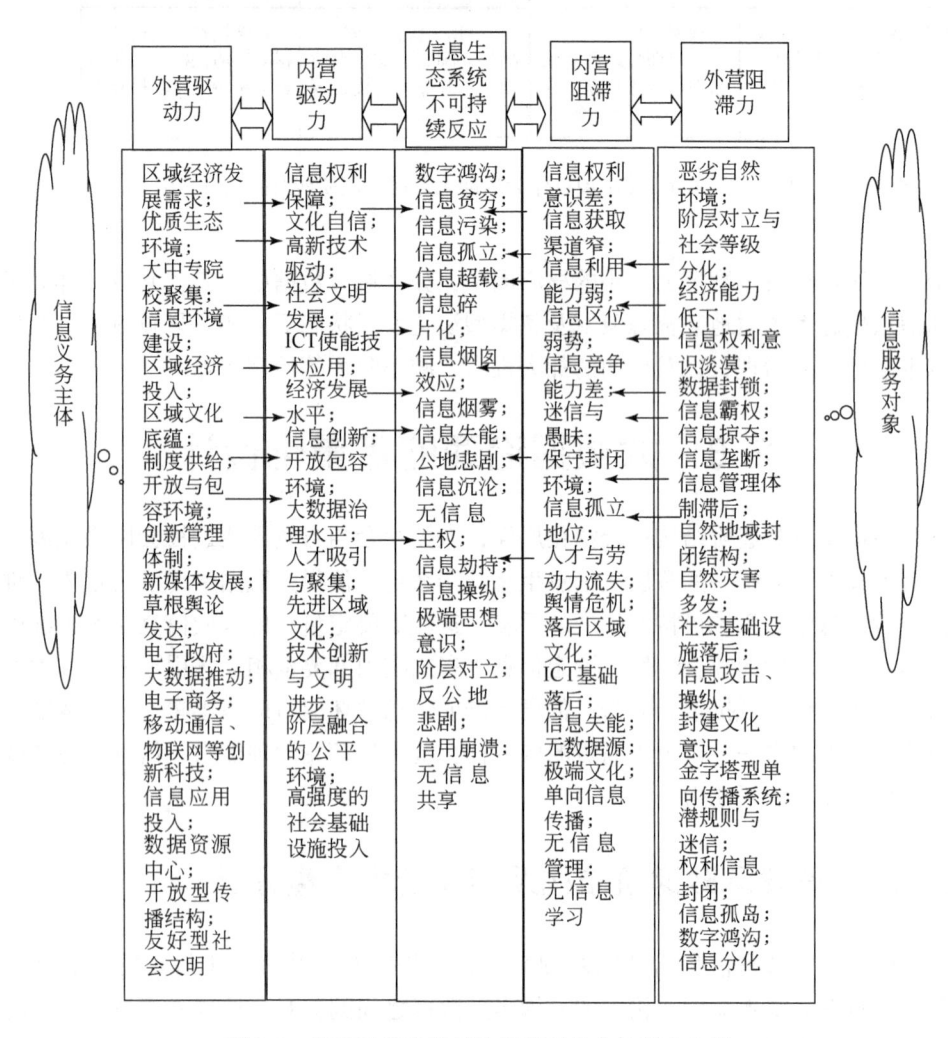

信息义务主体	外营驱动力	内营驱动力	信息生态系统不可持续反应	内营阻滞力	外营阻滞力	信息服务对象
	区域经济发展需求；优质生态环境；大中专院校聚集；信息环境建设；区域经济投入；区域文化底蕴；制度供给；开放与包容环境；创新管理体制；新媒体发展；草根舆论发达；电子政府、大数据推动、电子商务、移动通信、物联网等创新科技；信息应用投入；数据资源中心；开放型传播结构；友好型社会文明	信息权利保障；文化自信；高新技术驱动；社会文明发展；ICT使能技术应用；经济发展水平；信息创新开放包容环境；大数据治理水平；人才吸引与聚集；先进区域文化、技术创新与文明进步；阶层融合的公平环境；高强度的社会基础设施投入	数字鸿沟；信息贫穷；信息污染；信息孤立；信息超载；信息碎片化；信息烟囱效应；信息烟雾；信息失能；公地悲剧；信息沉沦；无信息主权；信息劫持；信息操纵；极端思想意识；阶层对立；反公地悲剧；信用崩溃；无信息共享	信息权利意识差；信息获取渠道窄；信息利用能力弱；信息区位弱势；信息竞争能力差；迷信与愚昧；保守封闭环境；信息孤立地位；人才与劳动力流失；舆情危机；落后区域文化；ICT基础落后；信息失能、无数据源、极端文化、单向信息传播；无信息管理；无信息学习	恶劣自然环境；阶层对立与社会等级分化；经济能力低下；信息权利意识淡漠；数据封锁；信息掠夺；信息垄断；信息管理体制滞后；自然地域封闭结构；自然灾害多发；社会基础设施落后；信息攻击、操纵；封建文化意识；金字塔型单向传播系统；潜规则与迷信；权利信息封闭；信息孤岛；数字鸿沟；信息分化	

图 2-7 信息承载递阶结构条件下的内外营力力场

区域信息人,而外营力过程则源于社会环境与自然环境。大多数情况下区域内信息人与信息组织的信息应用过程是内营力主导推动的过程作用,并形成区域信息生态系统的各种结构,而外营力过程的作用则是对内营力形成的信息生态结构加以改变。信息承载力中的内营力是生态系统在压力条件下的防御和恢复力(弹性力),体现了区域信息资源与环境子系统的原生消化吸收能力;而外营力通过作用于内营力,实现自然资源环境与社会经济子系统的提升与发展。因而,基于信息承载力构成的内营力是区域信息生态系统中第一性的作用力。

根据爬坡模型,结合信息承载力的内涵与特征进行分析,信息承载力是一种维系信息生态系统健康稳定发展的能力,也是一种潜力,根据对承载力与其相对作用力计算结果的比较可判断信息生态系统是否处于可持续发展状态,是表达承载力内在功能的适宜度指标,即可持续发展度是一种综合判定可持续发展的指标。爬坡模型中的驱动力通常认为是区域内部社会发展的信息需求拉力与外界对信息资源供给推力的合力;阻滞力是指区域信息生态系统与信息环境基础之间的摩擦力以及破坏力,是支撑力与摩擦系统(μ)(实质上是区域信息治理的路径)的乘积。这样我们可得出信息生态系统自然承载力指数 $En(t)$ 的定量模型:

$$En(t) = R \times I_S^2 \times e^{I_C} \tag{2-2}$$

其中,

$$R = k_1 \left[\sum_{i=1}^{n} L_i \times \log_2 L_i \right] \times \sum_{i=1}^{n} L_i \times F_i ;$$

$$I_S = k_2 \sum_{i=1}^{m} S_i / G_I ;$$

$$I_C = 1/k \sum_{j=1}^{k} \lambda_j \times K_j$$

式中,$En(t)$ 为信息生态系统自然承载力指数,是一种相对值;R 为信息生态系统应对信息压力等反作用力状态下的恢复指数;I_S 为信息资源供给指数;I_C 为信息生态环境容量指数;S_i 为第 i 种资源的供给量;G_I 为信息经济总量值;L_i 为信息承载力各内营力成分因子 i 的构成转换值;F_i 为各内营力 i 的弹性或柔性分值;λ_j 为信息压力中内营力权重;K_j 为压力 j 的测量值;k 为信息压力中的内营力种类;k_1、k_2 为常数(便于定量计算)。

信息生态系统获得性承载力计量模型:

$$Ex(t) = \mu \times \delta \times IPC \tag{2-3}$$

其中,

$$IPC = (\Delta G_I / G_I) / (\Delta QOI / QOI)$$

式中,$Ex(t)$ 为信息生态系统获得性承载力指数;μ 为信息技术指数;δ 为信息人力资源指数;IPC 为信息生产能力指数;$\Delta GI/GI$ 为国内信息生产总值增长率;

QOI 为统计时段与目标区域信息规模总量化统计值；ΔQOI/QOI 为信息规模变化率。

2.8.2 信息生态系统压力计量模型

信息生态系统可持续发展压力产生的根源是不断增强的社会经济发展压力，加上急剧膨胀的信息与数据总量，另外同样体现在内外部的信息攻击、信息破坏与信息操纵等主动性反向作用力上。考虑到信息生态链中"驱动力-压力"复合组分对信息生态系统承载力贡献的复杂性，这里将信息生态系统压力分为内营压力和外营压力（间接压力），前者指信息生态内部子系统对信息生态支持系统产生的压力，主要表现为信息资源消耗和信息生态环境污染及恶化；后者指外部社会自然复合生态环境产生的压力，主要表现为大数据发展规模、信息活动强度和信息社会可持续发展质量的要求。因此，我们构建了信息生态系统压力指数（IED）来表征这种压力状况，并探求其增长趋势与信息承载力（ICC）的关系。计量模型为

$$\text{IED} = C_\mu^2 \times e^{W_n} \tag{2-4}$$

其中，

$$C_\mu = k_3 \sum_{i=1}^{m} (\text{DOI} \times S_i + G \times K_i)/G;$$

$$W_n = 1/k \sum_{j=1}^{k} [\lambda_j(\text{DOI} \times W_j + G \times j_j)]$$

式中，C 为信息资源消耗指数；W 为信息生态环境恶劣化指数，这里用信息攻击、信息操纵、信息封闭等信息生态环境恶劣化因子表达；DOI 为信息资源需求规模；S_i 为第 i 种信息资源的平均需求量；G 为社会经济发展总量；K_i 为单位社会发展量的信息资源消耗量；λ_j 为信息生态环境恶劣化因子 j 的权重；W_j 为信息生态环境恶劣化因子 j 的单位量化或平均值；j 为每信息攻击破坏单位所引起的信息生态环境恶劣化产生量；k_3 为常数；k 为信息生态环境恶劣化因子种类。

第 3 章　区域信息融合与态势评估

自 20 世纪 90 年代信息融合与态势评估正式提出后，传感器技术和计算机技术迅速发展，这大大推动了信息融合技术的研究，信息融合技术的应用领域也从军事迅速扩展到了民用，并在先进制造、智能生活等许多民用领域取得成效。随着 ICT 技术、人工智能、大数据、物联网传感器技术的迅速发展，信息治理已发展成为陆、海、空、天多维环境下各类型信息结构的全面融合，由于大数据、物联网、云计算的平台化发展，区域信息生态系统中基于不同网络结构与多源传感器的监测数据的复杂性不断增加，包括应急管理在内的区域大数据治理与信息预警范围越来越大，信息治理与预警目标及任务也不断增加，而区域应急信息生态系统的反应时间不仅不能因此延迟，相反，为了发出预警信息，还需要相应缩短。

区域信息生态系统治理历经三个发展阶段：第一阶段为自给自足的自然生态系统初级构建状态；随着信息时代的到来，进入了第二阶段，标志是底层民众的信息素养提升并要求社会普遍信息公开；目前处于第三个阶段，大数据时代来临，政府与各类型组织为全体社会成员主动提供信息与数据公共服务的信息融合与信息治理。大数据时代的区域信息治理，推动政府与各类型信息源组织由过去单纯的被动信息公开向普适性的社会信息公共服务转型与变革，这次变革的核心以信息治理与数据服务的变革为特征，表现为信息需求与治理由公众主导发起，信息供给有公众参与。公众参与包括参与区域信息的供给决策、生产过程，公共服务质量监督与评价等全过程，以及区域信息预警与决策的核心过程与管理进程。尽管大数据产生了前所未有的情报价值，但大数据的多源异构、海量、实时变化、低价值密度等却为大数据处理与利用带来巨大挑战，这与突发事件应急决策等信息预警和信息治理过程对信息的完整性、可靠性等需求之间存在着较大矛盾。信息时代各类型事件爆发的特征与标志是大量与主体事件相关的数据与信息涌现，从信息预警和信息治理的角度，这些事件虽然丰富了相关信息类型和决策信息量规模，但也造成了应急决策的信息利用障碍。因而，对应急决策全流程的信息需求进行事件数据及信息融合是提升决策支持力的有效途径。

大数据时代的物联网监测、互联网和社交网络等的发展，为公众参与区域信息治理提供了有力工具，公众参与正在日益引导和主导信息治理变革，同时引领支撑区域信息治理的转型。

3.1　信息融合理论与应用

信息融合技术作为信息科学的一个新兴领域，起源于军事应用。20世纪70年代，美国海军采用多个独立声呐探测跟踪某海域敌方潜艇时，首次提出数据融合概念。早期的数据融合，其信息源为同类多传感器，如多声呐、多雷达、多无源探测目标定位等，其信息形式主要是传感器数据。随着军事应用需求的扩展，信息融合扩大到多类信息源，首先是不同类传感器的信息融合，如有源雷达与无源电子支援传感器（ESM）数据融合，有源雷达与声呐、与红外/光学传感器等多频谱传感器的数据融合等；其次是随着数据融合应用层次的提高，其他侦察手段获取的信息也参与融合（赵宗贵，2006），如侦察情报（通信情报（COMINT）、人工情报（HUMINT）、信号情报（SIGINT）），以及经处理过的非侦察情报、中长期情报（预存于数据库中）等参与融合，从而使数据融合迈向信息融合领域。信息融合层次也从目标定位、识别与跟踪，提升到战场态势估计与威胁估计，其应用层次则从战场感知提升到指挥决策和火力控制。

美国国防部实验室联合领导机构数据融合联合指挥实验室（Joint Directors of Laboratories，JDL）从军事应用角度出发，将数据融合定义为这样一个过程：把来自多传感器和信息源的数据加以关联、相关、组合，以获得精确的目标位置估计和完整的目标身份估计，以及对战场情况、威胁及其重要程度进行适度的估计。这个定义基本上描述了数据融合技术所期望达到的功能，包括低层次的战场目标位置和属性估计，以及高层次的战场态势估计与威胁估计。与以往情报综合的概念不同，数据融合是在多个数据提取级别上处理多源信息的过程，它能将多平台多类传感器对目标的测量数据与其他信息源所提供的情报信息智能、自动地进行综合（潘泉等，2012），包括跨结构化类型、跨技术标准、跨平台架构等，以获得任何单一信息源无法获得的信息。基于目前数据融合的研究成果，我们加入态势评估的理论分析及模型构建，具体有七大内容：①区域多维数据感知范围的扩展。信息融合技术支持传感器和信息源组网，实施协同探测与侦察，在通信手段保障的前提下，能使战场空间感知的范围扩展到陆、海、空、天、电磁各领域。②区域多维数据感知的时间覆盖范围扩展。通过对依赖不同空间环境的侦测手段感知信息的融合，实现全维度、全天候战场感知。③涉及区域物联网可改进传感器的探测能力和对目标的识别水平。信息融合技术使得多传感器对目标的联合检测与协同跟踪成为可能，这对于尽早发现隐形目标和弱信号目标至关重要。多介质探测信息的融合能提供准确、完整的目标属性，更不言自明。④基于区域信息预警目标提高合成信息的精度和可信度。融合算法使得融合信息在精度上高于任意单一信息源,通过对不确定性信息的融合,目标信息的可信度大大提高。⑤区域信息融合与态势评估产生和维持共用/一致的区域综合态势。信息融合产生的估计态势和预测态势对指挥员进行态势判断和指挥决策至关重要。⑥基于区域信息预警的融合与决策能提高危机管理信息的使用效率。例如,能摒弃大量冗余和无用的信息,把指挥员从战场信息的汪洋大海中解脱出来,战场融合情报和态势的分发能实现有用战场信息的充分共享。⑦借用军事领域的预警指挥理论可以充分应用新信息技术与多源多态信息共享。信息融合的一项重要功能是从作战要求(作战决策和火力打击)出发,对信息感知与收集设备及融合处理过程的反馈控制,包括对信息源协同工作的控制、对传感器探测工作方式的控制、对目标检测参数的控制、对融合判定(如关联判定、目标机动判定等)参数的控制、对态势与威胁估计中多元参数的控制等。这就可以使战场感知资源和融合处理过程以最低的代价、最大的限度满足作战任务需求,该过程称为战场感知的"变焦能力"。

多平台多类传感器信息融合技术的发展趋势(Agaskar et al.,2010)有下述五方面:①融合级别向下或向多维度元数据级延伸。国外近期提出"元数据级"或"零级"融合概念,即对多传感器原始测量信号实施融合,或称多传感器联合检测,充分利用测量信息检测密集杂波中的目标、弱信号和隐身目标,以提高目标检测概率,增加预警时间。②多介质信息融合技术,采用多类介质的探测信息,在多个融合级别上进行目标属性融合识别判定。③陆基、海基、空基与天基平台探测信息的检测、识别、定位、融合等应用技术,采用天基平台光学、红外探测信息对陆、海、空目标,尤其对时间敏感目标进行融合定位、跟踪与识别,对战略、战术预警和截击指挥控制具有重要意义。④人工智能技术在信息融合中的应用研究。专家系统、神经网络、模糊模板等智能技术用于目标属性融合识别、态势估计、威胁估计等,国外已有应用实例,并且是提高智能化的重要研究方向。⑤信息融合系统效能评估与反馈控制技术,包括建立融合系统效能指标、融合系统效能评估技术等,对信息融合过程及信息源的反馈控制功能与实现技术研究也是发展方向之一。20世纪80年代,美国军事领域中出现了无处不在的信息技术与网络化、平台化发展,信息治理的任务与重要性日益突出,多传感器数据融合(Multi-sensor Data Fusion,MSDF)技术应运而生,美国C3I(Command,Control,Communication and Intelligence)系统中的数据融合技术在海湾战争中表现出巨大潜力,在战争结束后,美国国防部又在C3I系统中加入计算机,开发了以信息融合为中心的CI系统。由于美国整个信息化战争体系中信息治理的需要,基于最原始的经典信号检测理论,美国国防部于1984年成立了数据融合联合指挥实验室,并推出信息融合的最基础标准——JDL顶层功能模型。信息融合起初被称为数据融合,信息融合技术在军事战略层面获得推广,美国三军实验室理事联席会议从军事的角度,将信息融合定义为一种连续的处理过程,即把来自多个传感器和信息源的数据、信息加以联合、相关和合并,以获得对实体目标位置和身份的精确评估,以及对战场态势和威胁的完整与适时评估。信息融合技术可概括为利用信息与通讯技术技术及智慧化技术对按时序获得的若干传感器的观测信息在一定准则下加以自动分析、综合处理,以完成所需决策和评估任务而进行的信息处理过程。按照这一定义,多传感器系统是信息融合的硬件基础,多源信息是信息融合的加工对象,信息融合的核心是通过新信息技术如大数据、云计算、人工智能等进行平台化、多维度、多结构类型协调优化和综合处理后的目标监测与战略预警。多传感器数据融合虽然尚未形成完整的理论体系和有效的融合算法,但在不少应用领域根据具体应用背景,基于各类型信息融合模型已经形成了许多成熟并且有效的融合方法。

目前已提出的多种信息融合模型的核心是,在信息融合过程中,基于信息生态系统中的承载递阶结构进行多级处理与分层功能设计。国际专家们提出了在信息融合过程中进行多级处理的信息融合模型,大致可以分为功能型、数据型及混合型三大类,其中第一类为主要根据节点顺序构建的功能型模型,第二类为主要根据数据提取加以构建的数据型模型。信息融合是一个在多级别上对传感器数据进行综合处理的过程,每个处理级别都反映了对原始数据不同程度的分析抽象、数据理解及判别,是从目标信号检测到威胁态势判断、敌对方力量分配和信息传输通道组织的完整过程。其结果表现为在较低级别对状态和属性的分析评估,并逐步发展延伸至较高的战略决策层次对整个区域事件态势和危机威胁的评估。

从信息治理的层面,将信息融合定义为一个处理探测、互联、评估以及组合多源信息和数据的多层次、多方面的过程,以便获得准确的状态和身份评估、完整而及时的信息预警与信息治理态势和威胁评估。为了获得最佳的预警效果,区域大数据治理指挥、控制、通信等理论模型与技术进步改变了原本依据数据融合的信息架构,网络信息收集、共享、监视及预警系统过去依靠单一部门、单一信息通信网络及物联网监控提供信息的方式,已无法满足信息治理与信息预警的需要,必须运用多维网络平台及异质传感器,实时发现目标、获取目标状态评估、识别目标属性、分析行为意图和区域信息态势评估、威胁分析,提供力量动员与控制、应急处理模式和辅助决策等信息治理与应急决策信息。

随着大数据、云计算、物联网等信息架构理论的发展,具有更广义概念的信息融合被提出来(图3-1),且作为数据处理的新兴技术得到惊人发展并已进入诸多社会民生应用领域。从信息承载力的空间和时间信息架构视角,区域信息生态系统态势感知理论用以描述区域信息生态系统决策过程中,决策主体在大数据信息融合的基础上，科学感知、理解和预测区域信息生态环境中信息要素的系统过程，包括如何集成并嵌入知识管理系统等成为核心问题。信息生态系统要素的识别、要素重要性的评估与知识元结构管理是态势感知的基础，是信息生态系统决策支持的前提。

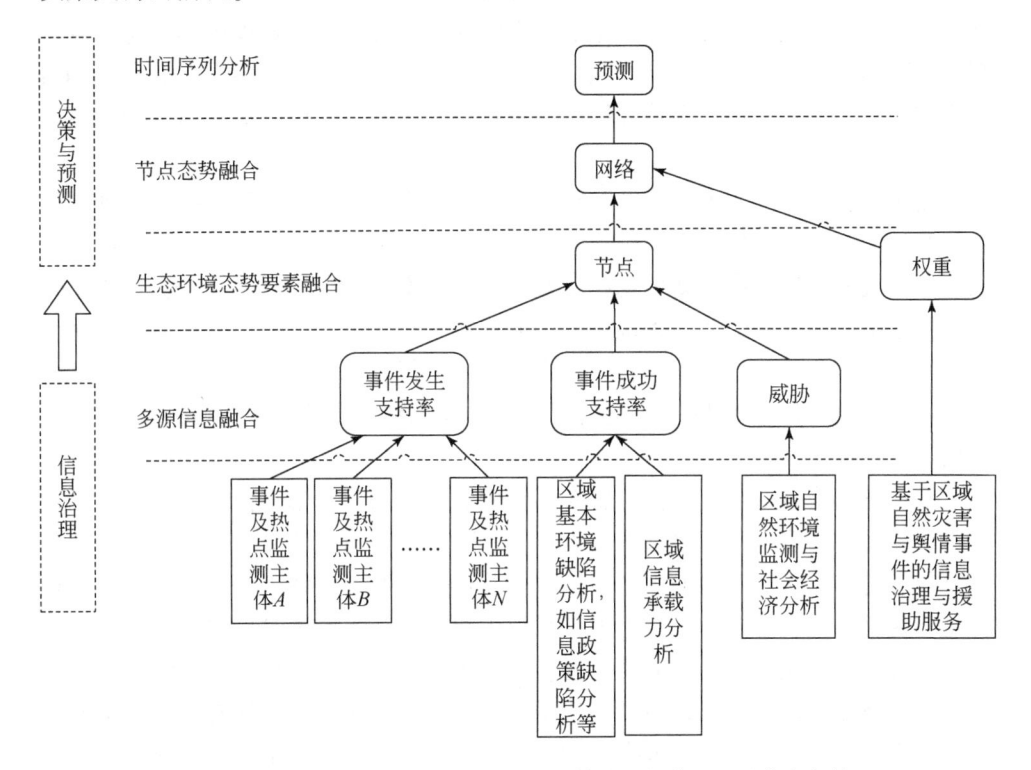

图 3-1　基于区域信息治理与援助的整体态势评估的基础信息架构

由于新信息技术的发展，特别是物联网与人工智能的介入，区域及其他治理主体针对由多个同类或多类传感器所组成的系统而开展并形成新的信息治理与信息处理方法。图 3-1 揭示了态势评估实现人工智能辅助并提升人类主观决策正确度的技术细节。在底层的纯技术领域，又被称作多源关联、多源合成、传感器混合或多传感器融合。信息融合进程由探测、互联、相关、评估以及信息组合构成。基于信息治理与援助的整体势评估基本原理是充分利用传感器资源，通过对各种传感器及人工观测信息的合理支配与使用，将各种传感器在空间和时间上的互补与冗余信息依据某种优化准则或算法组合起来，产生对观测对象的一致性解释和描述。多传感器数据融合是基于管理者决策视角，模拟人类进化过程中决策判别逻辑系统的常见功能，如来自人体各个传感器（眼、耳、鼻、四肢）的信息（景物、声音、气味、触觉）分析能力组合起来，基于各传感器检测信息分解人工观测信息，通过对信息的优化组合导出更多的有效信息，并使用先验知识、人工智能、大数据分析等现代信息分析平台去评估、判别、理解周围环境和正在发生的事件。在信息生态系统承载递阶结构基础上，信息融合强调由低到高逐步递进的核心发展进程，在多个层次上完成对多源信息的处理进程，每一层次都代表不同级别的信息抽象与评判，信息融合的结果包括较低层次上的状态和身份识别与态势评估，最后在较高层次上进行整个区域的战略态势评估及辅助决策分析。

随着信息技术的发展和普及，特别是信息网络、智能与智慧化技术拓展，信息获取、综合分析和处理以及信息应用已经深入各行各业和社会的各个方面，为人们提供决策支持。由于新信息技术及智慧化技术在各个方面展开，自然生态系统与社会生态系统已经融合为统一的区域信息生态大系统。为了综合应用各种信息，需要对互联网、物联网等各层级数据网络进行融合。信息融合技术已经从低层的目标检测、识别和跟踪等应用研究，转向态势评估和威胁对策等高层决策应用。

多传感器信息融合，是信息融合系统中态势评估技术对来自多个传感器的数据进行多级别、多方面、多层次的处理，进而产生新的有意义的信息。这种新信息是单一传感器无法获得的，其包括多传感器信息融合在解决探测、跟踪及目标识别问题时的许多性能，并且增加了系统生存能力，扩展了时空覆盖范围，提高了信息可信度，减少了信息的模糊性，改善了探测性能，提高了系统可靠性。

如何将军事领域态势评估及信息融合技术应用于区域信息预警与危机管理是当前一大难题。可行的解决方案是利用新信息与网络通信技术对来自多层面、多维度、多数据结构的传感器探测信息，通过云计算平台，加入机器语言等智能算法规则，进行自动分析和综合运算后，自动生成多分辨率、多解析度的合成目标信息及预警信息。关键问题是将多类型、多源、跨平台传感器所获得的各类型数据结构格式的信息，通过采集、传输、汇聚、分析、过滤、综合、相关及合成等形成完整的闭环供应链，然后通过网络化、平台化数据处理进程，高效率进行区域信息治理与预警。

目前多维信息融合技术发展基于两种应用形成：一种是局部的、自主的功能性融合系统，它从同一平台上的多路传感器搜集数据，如对同一平台上的激光、红外信息进行融合；另一种是全局的或区域的结构性、空间性融合系统，对具有更大空间差、时间差的传感器进行综合、分析等相关处理。按照数据结构抽象的不同层次，融合可分为三级，即基本功能级融合、数据结构级融合和战略决策级融合。基本功能级融合是指在原始数据层上进行的融合，即各种传感器对原始信息未作诸多数据预处理就进行图像测绘、目标定位等信息综合分析，为基本的最低层次融合。数据结构级融合属于中间层次，它对来自各维度传感器的原始信息进行特征提取，然后对特征信息进行综合分析和处理，形成目标状态信息融合和目标特性融合，主要应用于多维传感器目标跟踪监测，不同结构类型的数据融合系统在对传感器数据进行预处理及相应的数据挖掘、清洗后，进行数据校准与目标定位识别，同时进行参数相关和状态向量匹配及评估。通过目标数据特征与特性融合完成联合识别，即在结构级数据融合前先对目标特征进行相关处理，把特征向量分成有意义的组合，相应技术主要是模式识别一类。战略决策级融合则是高层次、高级别融合阶段，基于具体决策的战略问题需求，充分利用前两级多维数据融合进程所提取测量对象的各类维度、结构等特征类型信息，通过云计算平台中的大数据算法分析实现提供多维数据融合的最终结果，直接针对具体决策目标服务，分析结果直接影响决策水平，其信息治理与预警结果为指挥控制提供决策依据。战略决策级融合由于前期投入巨大，要对原传感器信息进行预处理以获得各自的判定结果，系统分析及循环进程周期长，数据的结构化处理及精度均要求严格，所以预处理及系统服务代价较高。

采用多源信息融合技术进行区域信息治理与信息预警的优势显而易见，具体如下。

1) 可为整个区域信息治理平台提供工作性能稳定且系统中各传感器能够彼此自主地提供数据信息。由于应用了先进的通信网络传输模式，如通信光环路网络、P2P、分布式、数据备份等基本信息通信技术，就算传输中受到外界干扰或其他因素使任一传感器失效导致的目标监测失败，也不影响网络内其他传感器的数据传输与探测。

2) 多维传感的模式可以实现多维度、多层面、多分辨率、多结构形式的探测源。用几何方法提升传感器孔径及分辨率，应用机器学习等算法弥补各类探测数据模糊缺陷，还可以提高空间分辨率与清晰度，延长探测跨度与距离。

3) 目标信息多传感器可以获得更精确的不同维度与不同层面的信息，并能提升信息传输效率，进行多任务、多时率及不同模式的数据分析结构。分析提供的不同信息减少了关于区域信息监测目标或事件的假设集合，提升了信息治理的水准与预警精度及效率。对同一目标或事件的多次（同一传感器的不同时序）或多个（同一时刻不同传感器）独立测量并进行有效综合，可以提高可信度，改进检测性能。

4) 单维传感器的数据结构本身无法互相印证，而多维度目标信息传感器之间的频率及数据结构互补性可以扩大空间、时间、数据结构的覆盖范围，增加测量空间的维度与分布域，弥补传感器本身的技术限制，克服因气象、地形、时间等自然因素干扰造成的检测盲点与误差，特别是减少敌对方的隐蔽、欺骗、伪装等反探测对抗措施。

5）新信息技术如大数据、云计算平台、人工智能的应用，以及我国的北斗定位、卫星监测体系的完善等，从体系与结构上为我国区域信息治理与预警提供了信息使能器与倍增器效应，而多维度、多层面的传感系统可以互相配合，改进系统工作的可靠性和容错性，消除因传感器分布高密度、长距离传输、无线通信、服务器运算等形成的固有冗余度。新信息技术的运用增加了指挥决策的正确性和可靠性，降低了系统运算、数据分析探测及通信传输的成本，同时提升了传感器的检测和跟踪目标效率与目标量，淘汰的旧传感器也可作为备用或被动定位点使用。

3.2　区域信息态势评估与技术介绍

从整体上分析，信息融合与态势评估的应用领域也随着现代信息技术的发展迅速扩展到公共管理的各个部分。信息融合已成为现代信息处理的一种通用工具和思维模式，以模糊理论、神经网络、证据推理等为代表的人工智能算法发展较为迅速，包括云计算架构、大数据分析方法在内的新网络信息技术应用，兼有对问题描述的非建模优势和语言化描述与智能分析及知识管理的综合优势。随着人工智能技术与以5G为代表的物联网技术的发展，信息融合智能化、集成化的发展趋势不可阻挡。

区域多源数据融合中基本的数据算法是通过对原始数据或信号进行物理采集，并依据信号级或像素级的数据关联和特征来评估和预测目标的存在性和可探测性，完成初级融合（目标识别与定位）、次级融合（态势评估）与高级融合（威胁识别）（图3-2）。初级融合的整个过程以大数据准则和算法为主，其联合、相关、合并多传感器采集的目标位置、状态、特征参数和身份属性信息，以获取单个实体的精确表示，包括数据对准数据、联合求精数据、关联与点迹航迹指派，即评估目标位置、速度、识别属性及低级实体身份；次级融合完成态势分析，包括聚合单元实体目标为有意义的结构、组织或事件，系统评估事件和活动，解释行为以及目标与事件间的上下文关系。区域信息融合功能模型是一个层级化的功能模型，可以用于区域信息治理的顶层功能模型设计，对于以上各级处理功能，在模型的第二层和底层分别给出了该级处理包含的子功能及其实现技术。信息融合研究从信息架构功能模型的顶层设计层面提供了一个区域信息融合的功能框架，基于云数据平台的联机处理与数据仓库的数据挖掘和清洗，包括共同参考数据源的预处理过程。信息融合本质上是一种由低层到高层，对多源信息

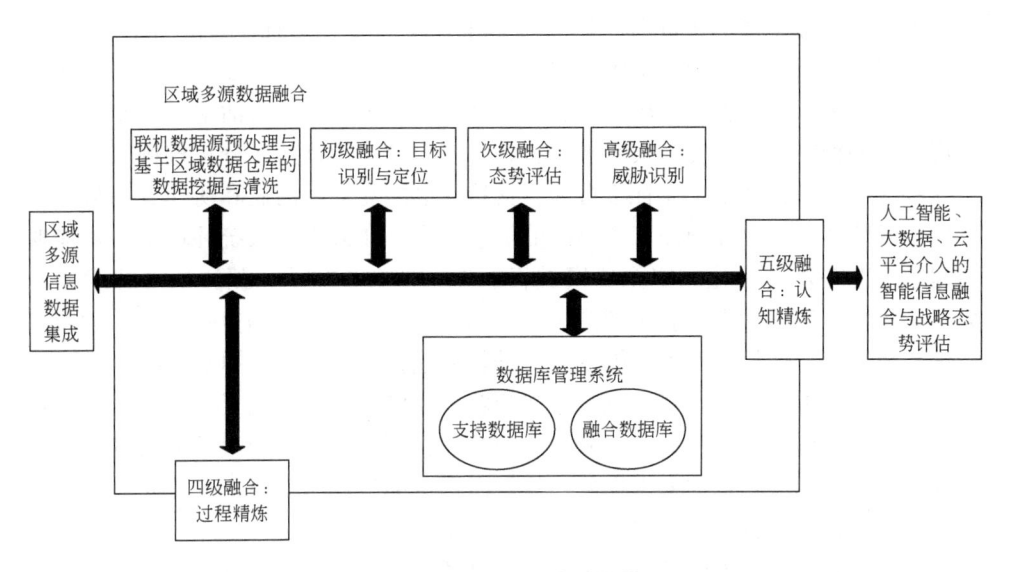

图 3-2　区域信息融合功能模型

图中分为原始非结构化源数据集成、多源数据融合与态势评估三大部分，事实上现实多源数据融合与态势评估技术不是线性过程，数据融合的模块大体可以分为五级融合，但现实中往往按照初级、次级与高级三大部分进行迭代

进行整合，逐层抽象的信息处理过程。

态势感知可描述为始终掌握信息生态系统内外部复杂、动态变异的一类知识学习与管理过程。态势感知概念起源于20世纪80年代的美国空军，指为分析空战环境信息，快速判断当前及未来形势并做出正确反应。事实上尽管大数据、物联网及人工智能已经广泛进入社会信息网络的各个角落，从基础数据的结构化到信息加工最后形成态势转换并非易事。态势感知是经过某种信息处理过程达到的知识状态，这种处理过程称为态势评估，即在特定时空下，对动态环境中各元素或对象的觉察、理解以及对未来状态的预测。态势感知就是在一定的时间和空间条件下，对环境因素的感知、理解以及对其未来发展趋势的预测。态势感知中的"感知"又称为一级态势感知，本质上是数据收集；"理解"称为二级态势感知，本质上是掌握数据中的知识（数据中的对象及其行为和对象间的相互关系）；"预测"称为三级态势感知，本质上是知识的应用。态势感知的思想起源于战争中对敌我双方攻防态势的估计，是数据分析、信息抽取、情报挖掘、主观分析、知识形成、决策应用等的循环过程。态势感知可理解为了解将要发生的事以便做好准备，并在大规模网络环境中对能够引起网络态势发生变化的安全要素进行获取、理解、显示以及最近发展趋势的顺延性预测，进而进行决策与行动。

区域信息治理与信息预警

现代态势感知技术在目前广泛应用于军事、电力、交通、通信网络等领域，如军事战场、核反应控制、空中交通监管、医疗应急调度、工业生产、安全防控等，对辅助决策起到重要作用。社会感知计算是指通过人类生活空间逐步部署的大规模、多种类传感设备，实时感知、识别社会个体的行为，分析挖掘群体社会交互特征和规律，辅助个体社会行为，支持社群的互动、沟通和协作。态势感知可以分成感知、理解和预测三个层次的信息处理。在大规模系统环境中，对能够引起系统态势发生变化的安全要素进行获取、理解、显示，预测未来的发展趋势。态势感知流程的直观表示如图3-3所示。现实中数据—信息—情报—学习—知识互相循环与迭代是一个多维多层次进行的过程，可不能如图示清晰。这里仅对重要的名词进行解释，感知就是感知和获取环境中的重要线索或元素；理解定义为整合感知到的数据和信息，分析其相关性；预测就是基于对环境信息的感知和理解，预测相关知识的未来发展趋势。由于这部分技术复杂，仅在此处列出相关线性逻辑进程，其中多维进程、先后线性关系及第一层感知、第二层结构化、第三层传输到第四层面的预测与决策并不是泾渭分明的，中间有反复与重叠。

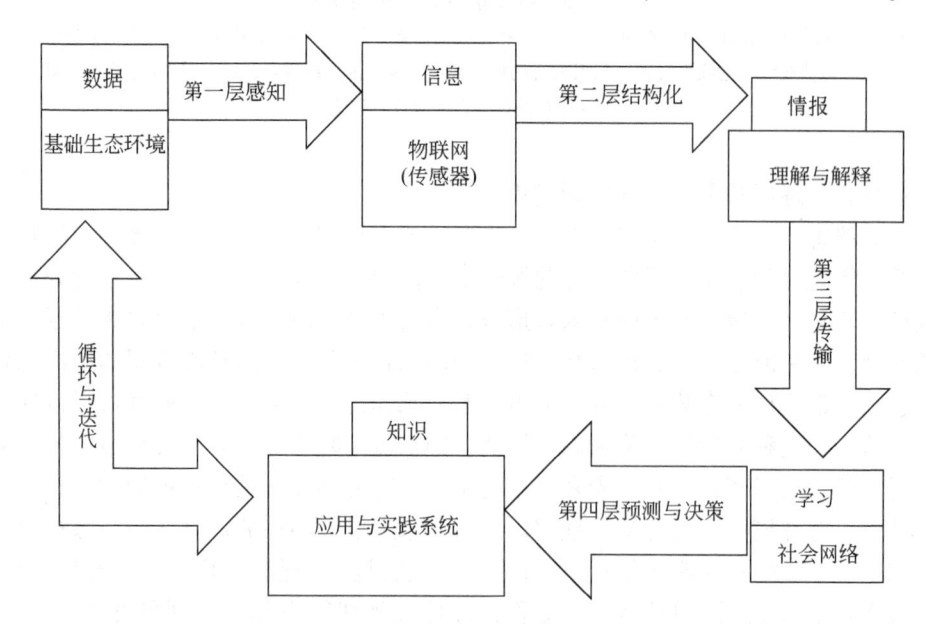

图 3-3　信息生态系统中的完整态势感知信息与知识供应链过程
由于完整态势评估与多源信息融合及感知并不是线性进程，特别是知识供应链的迭代进程，
因而此图仅提供一个简略的态势评估及知识管理的信息架构图示

态势感知研究面临着环境的全局性、复杂性、动态性、高负荷性，催生了新的功能需求或研究：具有多源数据融合与可视化、异质性、自动化、实时处理特

点的风险评估、决策、预测系统。其中，具有代表性的研究热点是数据融合与可视化。数据融合技术是指利用计算机对按时序获得的若干观测信息，在一定准则下加以自动分析、综合，以完成所需的决策和评估任务而进行的信息处理技术。网络安全态势是指由各种网络设备运行状况、网络行为以及用户行为等因素所构成的整个网络当前状态和变化趋势，是一个整体和全局的概念，任何单一的情况或状态都不能称之为态势。网络安全态势感知是在大规模网络环境中，对能够引起网络态势发生变化的所有安全要素进行获取、理解、显示，以及预测未来的发展趋势，并不拘泥于单一的安全要素。态势感知技术首先对各种影响系统安全性的要素进行检测获取，安全要素来源比较广泛，包括时间和空间两个维度上的安全信息；然后，对安全信息采用分类、归并、关联分析等手段进行融合；接着，对融合的信息进行综合分析，得到网络的整体安全状况及其应对措施；最后，对网络安全状况的发展趋势进行预测。态势感知是一种基于环境的、动态的、整体洞悉安全风险的能力，是以安全大数据为基础，从全局视角提升对安全威胁的发现识别、理解分析、响应处置能力的一种方式，最终是为了决策与行动，是安全能力的落地。态势感知已经由军事领域的感知、理解和预测三个层次的数据加工、信息应用、知识抽取，发展到目前的网络态势感知，并随着人工智能与机器人技术的发展，向全面智能化决策转变。当前信息环境下，社交网络、移动设备、互联传感器等爆炸式涌现出海量数据，开启了各个领域的量化分析、挖掘和应用的进程，作为态势感知系统的关键模块，大数据、物联网、云计算技术通过深层次数据挖掘、信息预警和信息描述，对于信息治理与预警的系统性和科学性、预测制定和决策支持的简易性和快捷性具有积极作用。区域信息生态系统可持续发展状态的态势评估，是信息治理与预警的核心与基本功能之一。

区域信息态势评估是指感知和获取区域信息生态系统在一定时间、空间环境中的信息态势元素，对获取的数据和信息进行整合和分析，并基于分析结果来预测未来的发展趋势。其中，对区域信息生态系统的观察数据称为特征，对当前可持续发展形势的描述称为态势。对区域信息生态系统态势的评估，需要专家提供从"类到特征"形式的知识，这种知识用态势类模式和特征的条件概率来表示，其中哪一层的类模式就是哪一层的特征，从而形成层次结构。这样区域态势评估可看作一个分类问题，其求解过程就是从结果到原因的逐层推理过程。

目前，国内外对网络安全态势感知的研究越来越多，但是对网络安全态势感知含义的理解还存在诸多分歧，相应的技术框架尚不完善，对具体评估模型和评估算法的研究还在起步阶段，并缺乏系统化的量化分析工具和支撑平台，因此有必要对这些问题进行深入研究。

3.3 突发事件中信息融合与信息评判模型实施方法

基于信息治理环进程的循环迭代螺旋模型（图 3-4），信息融合技术利用新信息技术，对按时序获得的若干传感器的观测信息，在一定算法准则下加以自动分析、综合处理，同时完成所需的决策和评估任务而对信息进行处理。多源传感器系统是信息融合的硬件基础，多源信息是信息融合的加工对象，协调优化和综合处理是信息融合的核心。信息预警与治理的技术基础就是信息融合，可以理解为对来自多源的信息和数据进行检测、关联、相关、评估和综合等多级、多方面的处理，以得到精确的状态和类别判定，以及进行快速完整的态势和威胁评估。突发事件应急信息融合便作为应急信息平台建设的首要问题被提出。

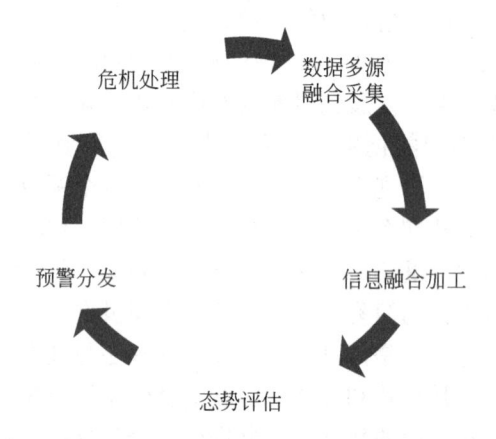

图 3-4 应急管理中加入信息多源融合的预警治理环进程

信息治理环理论就是将加入多源信息融合与态势评估的信息治理进程的迭代循环作为一个完整的环状结构来进行，它包括数据多源融合采集、信息融合加工、态势评估、预警分发、危机处理五个阶段及相应的循环进程。数据多源融合采集包括多源传感器和人工信息源等的初始情报数据收集汇聚；信息融合加工是关联并集合相关的情报报告，在此阶段会进行一些数据合并和压缩处理，并将得到的结果进行简单的打包，以便在信息融合的下一阶段使用；态势评估是将前期信息融合后进行信息分析，同时分析者还直接启动新的目标信息采集分派任务；预警分发是把态势评估结果及预警发送给区域决策层等相关用户，以便为下一步的危机处理提供决策行动；最后的危机处理还包括为高级信息治理环的启动提供目标依据。信息治理环包括信息处理和信息融合，目前已有许多信息治理原则、云数据中心的信息安全与控制原则，其包括决策信息避免被复制、保护信息源不受破坏、信息与数据的实时性与决策效率应用。信息治理环是重复反馈过程的活动，每一次循环的基础是前次迭代的数据评估结论，必须为下一次循环提供进入的目的，即每一次迭代得到的结果会作为下一次迭代的初始值，并逐步逼近所需目标及治理结果。这样可以保证多维数据传感器源和融合处理方式的客观性与信息传输可达性，当信息需求改变时，能够按系统标准及时作出响应，算法对处理进程和信息收集策略能够不断回顾，并随时加以修正。

突发事件应急决策过程中的信息融合与态势评估同样需要在基本功能级融合、数据结构级融合和战略决策级融合三大层面展开。目前我国大数据环境下的应急信息融合基本处于初步实施阶段，我国几十年的信息社会与电子政府建设过程中，各部门与社会企业组织等各类型信息网络与数据平台异常庞杂，条块化、压力型治理体制与信息共享问题突出，部分大数据及相应技术应用中的数据失真、信息孤岛、数字鸿沟等基础信息生态问题突出，现实应用的电子政务无法满足包括应急管理在内的区域大数据治理需求，迫切需要能整合各种信息与资源的应急信息平台。

从顶层架构设计出发，建议成立国家层面的信息治理与预警指导委员会，发布统一的信息架构与技术实施标准，建立系统设计和算法选择的工程指导方针，编撰信息融合与态势评估知识辞典及语义库，规范领域术语和定义。同时，发展并完善各类信息治理模型，以解决现有信息治理模型不能处理的多图像融合、合成传感器等问题。基本功能级融合主要整合基础数据层不同来源的突发事件状态信息，构建统一的多源信息融合顶层设计标准，统一目前社会中上百万计的各类型系统互通标准，制订一致的基础数据信息资源描述，如元数据标准等，统一生产企业中软硬件调配的系统化体系标准、接口标准、底层芯片设计标准、基础数据源格式标准等，成立统一的技术和组织标准化战略委员会等组织。突发事件数据结构级融合主要从突发事件数据结构特征提取、事件语义划分和语义融合规则三个方面展开。

在数据结构级融合的实施中，突发事件特征提取环节多关注技术和方法先进性与标准化，因此需要制订统一的基础数据录入与采集格式标准。针对多媒体数据，采用多媒体解译、注释索引和语义关联提取等方式识别与突发事件相关的特征信息。灾害监测中不同类型多源传感器的选择与管理、应急信息感知内容、数据采集和识别方法、海量数据的存储限制和传感器间的操作障碍等，均需要相应统一的顶层条例与技术标准解决方案，包括建立统一的元数据标准，如传感器建模语言（Sensor ML）的统一标准化应用，统一制订通信传输系统接口协议。

Python作为一种跨平台的程序设计语言，是一个高层次的结合了解释性、编译性、互动性和面向对象的脚本语言，随着版本的不断更新和语言新功能的添加，越来越多地被用于独立的大型信息治理项目开发。实践中，Python语言可通过事件要素抽取、主题分析、关键词抽取和主题索引等方式提取文本内容中的语义。事件语义划分则重点关注融合粒度的选取，涉及突发事件特征、突发事件发生情景、本体（事件实体、属性和关系）、事件知识模型等。通过构建统一的语义融合规则，从突发事件的庞杂信息中理清其中的语义关系，如事件关系、本体关系、要素关系等，以及相应的一致语义类型，以此为基础制定对应的推理规则或融合策略，实现语义层信息融合。

战略决策级融合则需要构建决策需求识别、全局决策和局部决策的功能条例与软硬件技术架构标准，包括数据输出与信息安全的管理。

3.4　区域应急管理中信息融合与态势评估的技术结构分析

依据应急管理决策流程，从信息内容和信息特征两个方面归纳突发事件应急决策信息需求，与大数据环境下可获得的应急信息进行对比，识别出应急信息融合的具体目标及问题，进而基于不同时代、不同信息架构、不同通信网络平台等多类型标准、多协议与异质性环境，进行多类型标准体系、不同网络环境、多传感器信息融合技术等多源信息自动融合处理，在信息预警与决策层面，构建面向全流程信息需求的大数据融合框架及融合路径，如以灾害的应急数据模型为桥梁，设计面向应急决策服务的信息融合服务整体框架，从数据层、语义层和服务层，逐层剖析应急信息融合中的具体问题，构建突发事件大数据融合系统与应用于决策的信息分析系统。

在区域物联网多传感器系统中，由于信息表现形式的多样性、信息数量的巨大性、信息关系的复杂性，以及信息处理所要求的实时性，政府决策与组织信息治理已经由过去个体模糊性人脑信息决策模式，向群体性、多学科、多种网络类型平台等信息融合与信息综合处理转变，因而基于信息融合与态势评估的区域信息承载力发展显得至关重要。在现实研究与应用中，信息融合与态势评估同样是信息预警与信息治理过程中密不可分、相辅相成的两个部分。

在信息使能器设计层面，信息融合也可以称为传感器信息融合或多传感器信息融合，是一个对从单个或多个信息源获取的数据或信息进行关联、相关和综合，以获得精确的位置和身份评估，进而对态势和威胁及其重要程度进行全面及时评估的信息处理过程。该过程是对评估和额外信息源需求评价的一个持续精练的过程，同时也是信息处理过程不断自我修正的过程，从而获得结果的改善。态势评估是信息融合理论的高层功能模型。信息融合及数据融合的过程与目标是通过对来自多传感器和信息源的数据或信息进行检测、联合、关联、评价及合并的知识管理与融合，然后进行多级、多方面的信息治理与数据分析处理，从决策的层面获得可应用状态，并进行及时、全面的目标评估和对全体局势及威胁的评价。态势评估是建立关于顶层的决策活动、事件分析，伴随时间、位置和各类型治理要素形成可视化分析与理解，所有信息经过信息采集、数据挖掘、数据清洗等处理后，形成基本信息态势分布及活动和区域基础环境，同时加入应急管理中的危机分析、评估与预兆、迹象等胁迫与威胁，进行事件关联与算法分析后确定危机事件发生的原因，通过信息预警与预测形成综合态势结论。在态势评估中，尤其强调关系信息，如实体间的自然亲近关系、通信拓扑关系、因果关系和隶属关系等。态势评估根据实体和被观察事件的关系，通过信息融合系统中态势评估技术研究信息的先验模型得出态势评估，结合先验知识和多源实施观察数据来确定实体的意义。信息操纵使信息的流动按组织整体的意图加以信息治理与引导并向预定方向发展。目前为止，态势评估还没有统一的定义，只有大量对态势评估的功能描述。

基于区域多源信息融合与态势评估模型，可以进行区域信息治理与预警的技术模型设计。数据融合功能按信息承载递阶结构设计由低到高分为三层：第一层通过处理结构化、半结构化及完全非结构化数据完成信息治理的目标识别、定位和目标优化；第二层开始态势评估的功能设计，根据第一层多源信息融合处理提供的目标数据与基础分析数据构建初级态势图；第三层为威胁评估的应急管理的战略预警层面，根据对策设计来解释前两层的处理结果。整个信息融合与态势评估过程是一个不断优化、迭代、循环的反复进程，整个三级进程不断循环递阶与优化完善，通过机器学习、知识管理等监控整体系统性能进程，完善潜在的目标信息源与传感器的最优部署。其他的辅助支持系统包括云数据平台、数据湖的存储和各类型数据检索等。按照处理信息的抽象程度与识别精度由低到高，信息融合分为不同级别的处理功能，包括针对不同对象与不同数据类型的信号层处理、状态及属性层的初级处理、态势评估层的二级处理和威胁识别层的高级处理，完成多源数据融合过程的迭代与高阶循环，达到战略级的态势评估、威胁识别与对策设计。

初级融合的技术已相对成熟，主要是在像素级和特征级上进行，采用的数学方法主要有检测理论、评估理论、关联技术、不确定性推理方法及智能理论（如专家系统、神经网络等）。二级、三级融合与评估子系统即态势评估和威胁评估部分，作为区域高层次战略信息处理进程，需要机器学习的介入。目前所实现的部分算法主要有专家系统、模式识别、计划识别和基于对策论与决策论的评估等。

3.5 基于信息治理与援助及预警的区域态势感知

信息融合的发展非常迅速，信息融合技术与态势预警成为国内外重点研究的核心关键技术。国外对态势评估从理论体系和系统实现方法等方面进行了研究和开发，对信息融合研究的内容、应用和公共基础作了全面系统的阐述，并取得了较大的进展（图3-5）。信息融合与态势评估技术解决如何协同利用多源信息的问题，以获得对同一事物或目标更客观、更本质的认识，这是基于新信息网络与通信技术发展形成的综合信息处理技术。如区域应急管理中指挥自动化系统中的信息融合，是指对来自多个传感器的数据与信息进行多层次、多方面的检测、关联、相关、估值和综合等处理，以达到精确的状态与身份评估，以及完整、及时的态势和威胁评估。在实际的智慧管理指挥平台中，由于各类传感器的性能差别很大，所测物理量各不相同，存在互补性，它们协同动作可获取比单个传感器更多、更有效的信息，从而提高了区域信息治理水平及预警系统的可靠性，信息治理可以在更大的空间和时间范围内进行，预警结果具备良好的置信度、精准定位和高分辨率，在探测层面上增加了测量空间的维数，拓宽了监测范围，整个区域信息治理系统的应用效能得到倍增。军事作战领域成熟的联合作战态势评估系统已经成为智能城市、智慧社会等大区域信息治理系统的模板，如面向多源信息融合及态势评估的群体决策支持系统及全源分析系统。随着传感器技术等信息通信与物联网技术的飞速发展，以及远程通信、卫星等新信息网络技术的发展，信息融合与信息治理系统的信息处理方式从根本上发生了改变，国内外均成立了相应的信息治理与预警专家部门及组织。以信息融合为主要信息治理与预警技术的研究在应急管理、智慧城市、全球环境监控等大尺度信息治理领域得以开展，相应的多维动态全域传感器在无人机与智能环境感知等领域得到广泛普及。

区域态势评估技术是信息融合中十分活跃的研究领域。信息预警的基础是信息生态系统中的信息融合与信息生态系统的态势评估，特别是信息生态系统可持续发展状态的定量评价、时间融合和空间融合技术应用。时间融合是指按时间先后顺序，对目标在不同时间的观测值进行融合，主要用于单传感器的信息融合；空间融合指对同一时刻不同位置传感器的观测值进行融合，适用于多维度、多结构类型的传感器信息融合处理。各类物联网平台中使用多个分布在不同位置上的传感器对运动目标进行观测时，各传感器在不同时间和不同空间的观测值不同，

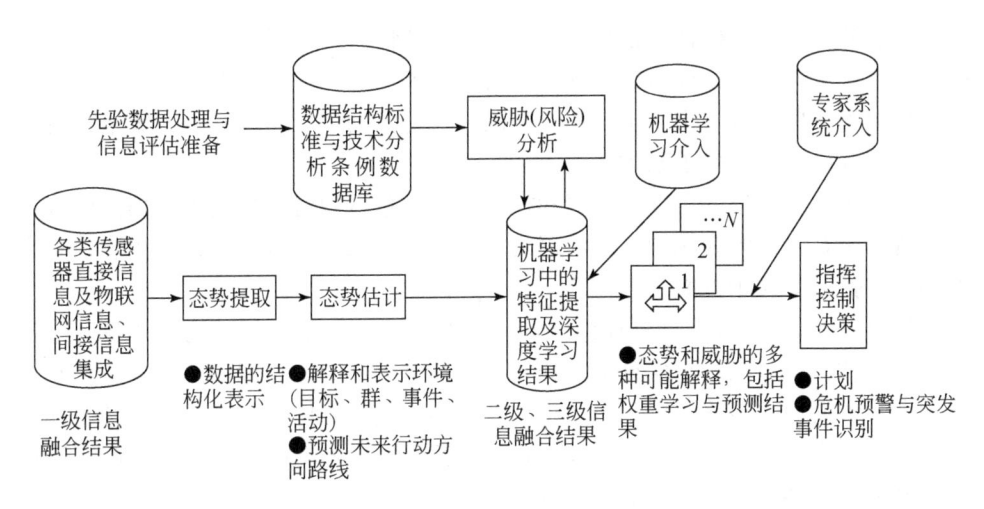

图 3-5　通过区域态势评估进行信息援助及预警的数据架构模型

这些数据通过时间融合与空间融合形成一个观测值集合，从这些观测值得出对目标运动状态的综合评估与精确预估。目前比较成熟的方案是基于多 Agent 技术的工业级应用系统、商业系统及政务平台。多源网络信息融合借鉴人脑的工作原理，利用计算平台对具有相似或不同数据结构特征的多源数据和信息进行处理，为用户提供统一的信息视图和可综合利用的信息。这在传统互联网领域为网络信息处理提供了新的途径，但其处理对象主要针对结构化数据，而随着新媒体技术、5G 等新信息技术的推广，大量半结构化、非结构化数据形成的数据湖，特别是大量图片、视频及物联网海量大数据随着云平台的普及，数据融合、信息融合与态势评估面临着巨大的技术迭代压力。

描述一个态势问题的解决过程及信息治理工作可分为两步：第一步是信息收集与信息治理；第二步就是态势分析和态势理解。在态势分析中，信息收集与信息治理实施人员将收集到的初步数据融合结论与区域定位、区域目标特征信息、环境信息（如气象和地形等信息）进行融合，以提供下一级的态势分析。在态势理解中，用前一层面的态势评估循环作为下一次迭代的基础，进一步识别目标或事件的趋势与发展方向。

现有技术主要关注突发灾害信息本身的汇总集成，缺少面向应急决策需求的整合应用，同时较多地讨论单层级融合中的技术和方法，缺少跨层级和系统性整合研究。在大数据背景下，建立一套自底向上的以突发事件信息为基础、以服务应急决策全流程为目标的信息融合框架，将有助于快速全面搜集和处理突发事件相关信息，为突发事件应急响应提供可靠的情报支撑。大数据环境是海量数据增长和信息分析理念转变的综合体现。从内容上看，大数据具有规模海量性、样本全面性、数据结构多样性及数据关系非显性等特性。从信息分析理念来看，大数据强调全体数据而非抽样数据，在分析方法上更注重相关分析而不是因果分析，在分析效果上更追求效率而不是绝对精确。在这样的大数据环境下，灾情信息的获取渠道及内容均发生了较大变化。

从区域应急管理的角度，政府和社会专业信息机构将不再是灾情信息的最大保有者与所有者，因为区域信息治理的态势评估要求区域涉及灾害的主要信息来源渠道包括以下几个方面。

1) 监测区域的各类型物理传感器。各类传感设备采集到的物理信息会通过网络传输和转换，汇聚到信息空间的计算处理单元。这些物理传感数据由传感器自动记录和处理，能够提供正在发生的灾害的相关实时信息，支持应急预警和应急响应。这类数据通常由不同的部门收集，数据虽联网但并不都开放访问，因此具有价值密度高但难以获取的特征。

2) 互联网及各类型媒体。区域应急管理组织通常会在政府网站、机构官网等传统网络媒体上发布灾害报道和公告，这些人工报道提供了更为完整和权威的合成信息。而论坛、博客和微博等社交媒体，则是一种新的突发事件信息获取渠道，能够支持更为及时、合适的应急服务和响应。

3) 基于区域应急管理构建的政产学研云数据平台，包括共享知识库、专家系统及人工智能网络数据支撑中心。为支持应急管理决策，需要在危机事件及灾害分析和响应中加入更多的知识管理内容（如救援机构和医院的应急案例等，均可用于相似灾害场景分析），这有助于快速组织应急反应。这些知识通常存储在可共享的知识库、联机数据或知识仓库中。

以上每一类渠道均能提供突发事件预警和决策所需的信息碎片，但差异性较大，无法直接使用。态势评估是一个多层次、多角度和多成员的模式识别问题，其任务就是确定特征关于给定类的相关性。态势评估是对智慧平台获得数据流的多源、多层次关系的提取与处理，模拟了人的思维过程与决策习惯，涉及众多的数据结构因素、标准、参数、态势样式、条例和观点，比初级融合处理更复杂，所进行的各类运算都是基于区域信息治理领域的知识管理结果。此外，态势评估的人工智能部分还模拟了人脑思维的符号推理，在实际应用中，由于实际社会环境复杂，特别是社会文化差异、网络数据失真及粗糙、社会网络对象庞杂、现实社会协同关系复杂、自然环境与社会环境双重交叠下变异剧烈，实际的操作中要想给出一个置信度较高的评估模型不太现实。目前在态势评估中，主要是应用认知模型的方法，如人工智能、专家系统、原型模型、逻辑模式匹配等作为实现技术，较为典型的有模式类态势识别和基于专家系统的态势模型框架。

3.6 大数据在数据融合与态势评估中的应用

大数据技术特有的海量存储、并行计算、高效查询等特点，为大规模网络安全态势感知技术的突破创造了机遇。大数据环境中存在海量散布在不同信息渠道中的可获取应急信息，特别是人工智能算法的处理与运用。但在应急管理中，这些信息并不能直接满足突发事件应急决策的信息融合功能需求与直接的信息治理需求，特别是目标选择与危机管理及突发事件的特征，两者在信息内容和信息特性方面存在着较强的联系，可以作为基础的数据湖建设。

表 3-1 从应急管理及信息预警的层面进行了决策需求信息与实际环境信息获取的区别整理及分类管理。事实上，目前此类工作亟须从全球层面进行一体化知识管理及结构化系统建设。

表 3-1 应急决策需求信息与大数据环境中可获取的应急信息的对比

项目	应急决策需求信息		大数据环境中可获取的应急信息	
	分类	具体内容	来源	具体内容
内容	事件状态信息	事件描述信息，如事件类型、涉及主体和对象、发生时间、发生地点、危害等级和发展状态等	各类型物理传感器及网络信息等多模态、多格式汇聚	基于 GPRS 与 5G 网络等信息汇聚，包括各类型介质、监测数据，形成如气候、土壤、化学成分等报告的动力型预警信息源，形成开始时间和持续时间、突发事件地点、交通信息等动态细节
	环境信息	突发事件的环境状态，如震区的居民数量、防震建设、地质情况等	网络传感器——事件报道	新闻报道、公告、政府灾害情况报告（伤亡、财产损失等）
	资源信息	应急过程中需要的人力、物力、财力、物流和机构等信息	网络传感器——社交媒体	灾害描述信息、公众观点和情绪
	专家信息	应急决策涉及领域的专家信息，包括专家姓名、联系方式、擅长领域、应急参与经验等	知识库/知识仓库	历史灾害报道、救援机构和医院的应急案例、应急组织及其职责、地点和联系方式等知识
	经验知识	包括相关科学知识、历史突发事件档案、现有的应急计划和应对案例等	长时间尺度的组织培训与学习	结构化、多格式、多文档等

续表

项目	应急决策需求信息		大数据环境中可获取的应急信息	
	分类	具体内容	来源	具体内容
特征	可获取性	获取渠道通畅，容易获取	多源、多模、杂凑集成	由不同的用户、不同的网站、不同的来源渠道产生
	可理解性	信息方便识别和解读	异形异构	类型包括文本、图片、音频、视频、超媒体等；结构涵盖非结构化、半结构化、结构化数据
	可依赖性	信息内容可靠可信，质量要求高	价值密度低	海量数据中存在大量无关和非真实信息
	可延伸性	信息内容关联便捷、信息内容记录完整	多媒体源	单一来源数据均只描述了事件的部分信息而非全面信息

对于多层面、异质性社会与自然网络系统及多传感器系统来说，数据及信息具有多样性和复杂性，特别是面临危机决策时，信息治理目标对信息源融合结构管理与算法的基本要求非常严格，精确度与实时性是普通大数据任务无法完成的，特别是数据融合中信息的可靠采集、分析和资源保护安全技术等，而且普通云平台的指挥接入权、算法鲁棒性和数据并行处理能力，无法实现政府、企业、科研、学校等各类型组织的协作与信息治理。除了社会运行体制层面，目前实现人工智能的关键是研究并完善实用的算法分类和层次划分方法。随着我国北斗及其他卫星监测系统的发展，遥感（Remote Sensing，RS）、GPS、地理信息系统（Geographic Information System，GIS）等全面应用于军事、社会应急管理、科研、民用导航等信息治理范畴。以5G为代表的新信息通信技术，包括物联网技术，均是区域态势评估的关键技术。例如，多探测器不完全测量数据融合的算法研究，其中的算法分类与基础网络层面划分，与相应的突发事件特征信息和知识模型融合，可以提供应急决策预案。例如，基于定位服务能力，可实时实现人力调配、应急资源传输路径设置和人群应急疏散路径等。通过合理的信息融合与态势评估算法，可以利用多个传感器获取关于对象和环境的全面、完整的信息，为下一级高阶循环打下基础。同样，多维数据融合与态势评估方法的运算速度和精度，需要制定国家层面的战略标准，包括与前续预处理系统和后续信息识别系统的接口性能标准、与不同技术和方法的协调能力标准以及对数据与信息样本的采集标准等。

3.7 基于信息治理、援助及预警的信息融合与态势评估技术发展

随着系统的复杂性日益提高，依靠单个传感器对某一行业或单位物理量进行多源、多维信息融合技术监测显然限制颇多。因此，在态势评估及事件诊断系统中，使用多传感器技术进行多种特征量监测，并对这些传感器的信息进行融合。此外，大量的动态信息，如视频、各类型非结构化信号，特别是区域人工观测及社区感知信息也是态势评估的重要信息源，这类型信息来源往往由于数据结构类型、格式等标准化问题不便量化及不够精确而被人们忽略。

一般情况下，基于非线性的数学方法，如果具有容错性、自适应性、联想记忆和并行处理能力，都可以作为信息融合方法。实际区域多维信息融合与态势评估中，为获得区域监测目标状态，通常通过新信息通信技术与物联网平台，将时间融合与空间融合两种技术联合使用。

以人工智能为代表的新信息融合技术的出现为解决这些问题提供了选择。通过信息融合，将大量由多个传感器检测的信息与人工观测事实等进行科学、合理的综合处理，在这个过程中应用专家系统、机器学习系统等，可以提高状态监测和事件诊断的智能化程度。面对不断增加的多层面网络安全威胁和安全风险，区域政府及各类型组织需要及时发现区域信息生态系统中的异常事件，实时掌握信息网络安全状态，由过去的"应急管理""危机应对"，转向事前自动评估，从而降低信息安全风险，提高信息安全防护能力。在区域信息安全领域，安全大数据态势感知方案、安全大数据态势感知预警平台等的构建是当务之急。利用大数据技术，对本地全量数据进行采集和存储，以信息与数据治理为驱动，可实现对网络的持续监控、安全分析与威胁溯源。基于云计算的大数据平台，以软件即服务（Software as a Service，SaaS）的方式提供网络态势感知服务。网络安全态势感知技术能够综合各方面的安全要素，通过各安全要素的获取、理解、评估与可视，从总体上反映网络安全状况，并对网络安全的发展趋势进行预测和预警。作为前沿应用技术，并行处理技术与专家系统在数据融合中得到广泛应用。在态势评估中，目标自动识别方法的应用包括实用的系统融合测试和评估技术。未来随着我国区域信息生态系统建设的逐步完善，多源数据融合与态势评估或将彻底解决目前的应急管理问题。

第 4 章　区域信息援助及系统测度

信息援助又称信息救济,指从社会保障体系、法律法规建设的层面,由政府和社会力量免费或以较低的费用,为信息弱势群体提供信息产品与服务。信息援助体现在已有的医疗救助、法律援助体系等中,并且通过提升弱势群体的信息承载力,最终形成一个公平、公正、公开且高效率的全方位社会保障网络与服务体系。

信息与通讯技术(ICT)的迅猛发展及以互联网为核心的各类信息网络在人类社会的广泛运用,提升社会成员的信息承载力并对日益扩张的信息生态系统进行信息治理日益重要,其中的关键问题是区域信息承载力的评价与测度。区域信息承载力评价与测度的核心,并不取决于信息生态系统中信息量的多少或信息化水平的高低,而在于该区域人类活动是否处于人类自身的信息承载力范围之内,更关键的是该区域信息承载力是否适应面临的信息生态系统压力水平的发展。归纳起来就是,信息承载力具有地域性、时间性,以及与经济、技术和社会发展及信息生态系统内外部环境的关联性和互动性的特征。影响信息治理的主要因素有:信息组织或信息人、信息资源的数量和质量、信息制度、信息系统软硬件设施、社会环境状态、信息消费水平与结构和区际交流等。因此,基于信息承载力的信息治理实施要从区域社会发展的现实出发,同时结合理论研究与实证评价,这样信息承载力评价才能反映所研究区域信息生态系统可持续发展的现状与动态趋势,才能在信息治理实施过程中构建完成预警标识并进行决策支持。因此,我们可以选择信息承载递阶结构系统来进行多源信息融合与态势评估的具体实施,如通过定量测度信息承载力的需求和供给(信息生态系统压力)及其二者的差距,明确区域信息生态系统的可持续发展状况,可以为制订区域信息援助、应急管理预警并实施信息治理战略提供科学依据。

4.1　以大数据为核心的新信息技术介入

目前我国在突发事件预警及管控中广泛应用了大数据技术,包括信息治理计划与企业援助的干预及介入、应用信息扶贫以减少区域民营经济脆弱性等,以此来针对性解决区域自然灾害和信息压力特殊种类的冲击,同时提升区域信息生态系统从崩溃到恢复的柔韧性及修复能力，进行信息治理与信息援助的干预措施，已取得了显著成果。

通过使用以大数据为核心的多源信息融合技术，从采集、传递、清洗到分类入库等方面实现了各类危机事件数据的准确、有效采集与决策应用。全面、真实地识别与采集事件数据是信息预测与预警的前提，也是决策的依据，这与我国全面的新信息技术进步与超前发展意识是相关的。

区域信息援助与系统测度中最新的技术发展将以机器学习、图像识别等为代表的技术应用于事件预防和管控系统，并深度分析突发事件信息。整合数据采集、挖掘和人工智能分析，对多源、多态、多类型事件数据成功进行后续的数据库分类、聚类、分析和决策，同时构建政府、企业、学术部门及民间组织的统一平台，为各类型用户提供事件监测、预警和管控等服务，形成各类型分析结果，包括舆情事件中公众当时的关注点与兴趣点、移动路径、性格情绪、社会行为、社会关系链等特征，通过强大的数据关联分析能力及表征界定等，实现事件预警、危机事件防治与管控行动。

区域信息援助与系统测度中具体的技术实施环境也非常重要，尤其是突发事件预警及管控相关的部门统筹协作。网络事件生命周期越来越短，留给事件管控部门的时间也越来越少，自然灾害等引发的突发事件处理不当，容易引起各类性质恶劣的社会危机，需要采取科学、有效的突发事件管控与信息治理方法，借助传统和新媒体平台向社会公众传递正面的信息，引导公众掌握正确的资讯，构建公开、公平、公正的社会信息环境。信息承载力需要强调信息治理的成本，建设更有成本效益与效率的可持续发展。现实的应急管理中，由于我国应急管理数据资源建设历史欠账较多，许多领域缺乏信息承载力建设活动成本效益的证据，其经济评估及定量评价存在一定困难，这就需要更多相关研究之间的互补性，加强抗灾能力，提升区域其他发展目标和信息治理投资的成本效益，还需要更多的工作，建立更广泛的经济和金融协作，支持区域合作政府、多边机构和执行机构的参与。但在实践中，与突发事件预警及管控相关的部门有很多，如应急、宣传、公安等部门，他们在制订与实施统一的突发事件导控方案时，很难进行统一的沟通协调。涉及突发事件预警及管控的多个部门在制订和实施统一的对策方案时，需要一起沟通协商，及时采取行动进行干预与抑制。在突发事件治理过程中，上下级部门之间的关系不是简单的命令和服从关系，同时，部门之间也需要通过及时的、平等的协商，实现部门之间的横向协调。

我国的信息援助项目和实施方案的范围已经覆盖了区域社会的各个方面，从农村精准扶贫支持到区域灾难保险机制，再从灾前家庭资产保护到住房升级等。干预措施在规模上也有所不同，从全球和区域层面到社区和家庭层面。信息援助与介入，也可以专注于建立灾难的时间点及节奏，这是应急管理及危机治理成功的前提与关键，在灾难响应或突发事件后，事实上提高抵御灾害项目覆盖范围。

国家政策及扶贫知识的信息传播与适用性推广，是基于最简单的可理解事实计划，如由于数字鸿沟及信息茧房问题，妇女、儿童、老年人和残疾人等在政治上被边缘化的群体，属于典型的信息弱势群体，是不成比例的受保护对象与信息援助的重点。采取多平台、多群体、多专业信息介入的方法，汇集人道主义支持，可建立扶助信息弱势群体制度，保护社会各阶层之间的共同发展，确保社会的整体干预或响应不破坏原有的信息传播、交流机制。

4.2 信息治理与预警分析中的定量模型

在全面的区域数字化社会建设环境下，如何构建基于突发事件和危机表征环境信息治理与预警分析的数据定量模型是科学决策的基础。如何从区域信息生态系统各平台的日常面板数据、事件数据流、信息供应链等海量大数据中挖掘并标识异常数据，是信息治理与预警的基础功能。区域信息治理与预警的核心是预测，预测的关键是基于区域信息生态系统可持续发展条件下的建模与决策分析。所有形成危机的事件均符合信息生命周期理论，一般都要经历源头、萌生、发酵、扩散、裂变、爆发、平息的演化过程，基本符合自然科学中稳定生态系统条件下，事件或生物生长全过程中萌芽、增长、消亡的生长过程及生态系统演化机理。借鉴描述事件的生长过程与危机的生长曲线及演化时间进程，基于可持续发展原理的生态进程及时间演化模型有 Logistic 回归模型、Gompertz 曲线、Usher 模型、Knothe 模型以及公共政策中的 Smith 模型等。

事实上，在可持续发展的信息系统治理与预警环境条件下，基于大数据的异常数据监测模型是一个复杂的过程，可分为数据进程预测、信息异常感知、异常数据过滤及态势评估与预警决策等多个步骤。这就需要首先在区域多源信息平台基础上构建建模变量，选择定量评价模型作为基础模型开展区间预测；然后通过异常感知建模，构建时间序列的数据资源积累平台；接下来在监测过程中动态输入基于多源、多维度等基础监测数据，构建异常感知评价与分析模型；最后，实施并发现异常数据及事件烈度等程度评级，对区域生态系统中正常波动数据和异常数据进行区分并动态更新数据平台资源。

Logistic 回归模型作为广义的线性回归分析模型在信息预测中较为常见，常用于数据挖掘预测、危机及突发事件自动诊断判别、经济预测预警等领域，通过探讨引发危机的各类型危险因素，根据危险因素预测危机发生的概率等。基本信息生态系统全生命周期的统计模型以 Gompertz 曲线最为著名（Gompertz 曲线以英国统计学家和数学家 B. Gompertz 命名）。Gompertz 曲线所描述现象的特点是可持续发展生态系统运行的基本外在表征，用于描述事物的发展由萌芽、成长到饱和的周期过程，即事件或危机初期增长缓慢，之后逐渐加快，当达到一定程度后，增长率又逐渐下降，最后接近一条水平线。现实中有许多现象符合 Gompertz 曲线，如区域经济运行、某类社会现象、企业产品的寿命周期、一定时期内的人口增长等，Gompertz 曲线广泛应用于现象的趋势变动研究。

基于可持续发展的信息治理与预警基本上基于三个进程：首先是寻找产生危机的核心因素或事件信息源；其次，应用各类型数据结构方法构建模型预测，如通过 Logistic 回归模型可以预测在有不同自变量的情况下，发生某类型危机或具体情况的概率；最后是态势评估及决策判别，实际上与统计学中的预测有些类似，如根据 Logistic 回归模型或 Gompertz 曲线，判断属于某类型危机、灾害或属于某种类型状态及表征的概率有多大。而区域信息生态系统正常实施预测与预警的前提是可持续发展的信息承载力治理。

信息承载力量化的关键是要确立承载基体（信息人）与承载对象（社会资源）之间复杂的作用关系。具体指标体系的建立有以下基本原则：集中代表性原则、系统全面性原则、稳定可比性原则、简明科学性原则、定量指标与定性指标相结合的原则、指标可得性原则。构建科学的突发事件指标体系，运用大数据技术来采集事件信息，以科学、有效的方法对其进行分类，然后用大数据挖掘技术对事件大数据进行数据加工、数据挖掘和数据处理等。在此基础上，对事件信息采用不同的方法进行客观和主观分类，最后将客观得分与主观得分的加权之和作为量化的最后得分，与制订好的事件预警指标进行比对，得到不同的事件预警等级。指标的分值及加权值是经过综合测试后得到的，必须具有可操作性。通过提升信息弱势群体的信息承载力，构建应急管理介入的新型信用体系，特别是在巨灾等危机情况下，建设新的风险融资机制使信息援助计划在灾害及危机时期得以扩大，可以增加个人接收传输的时间（如超出正常系统设计的六个月）或增加更多的人或项目到管理信息系统中。这种信息援助机制是不可分割的，实际的信息援助过程中，为了保护重资产基础的家庭在被灾害毁灭或面临生产建设等系统休克的时候，援助计划被稀释，而应急管理信息共享系统中通过受益人分享他们的精确信息，使得非援助家庭也能通过信息承载力提高后的社会化服务网络，提高抗灾与救济能力。

信息承载力数据指标的创新原则，应遵循测算结果的可比性、转换数据的简便性、统计数据的直观性、获取数据的容易性及可测度未来的预测性。信息承载力指标的创新框架，总体应包括信息活动水平评估、信息传播结构评估、信息需求满足程度评估三方面内容。此外，信用环境指标体系设置不仅应该描述静态状况，而且应与动态刻画相结合，还应具有评价现状的功能，兼有体现发展潜力、前瞻预警的作用。

信息承载力的基本评价指标按其属性可分为四大基本类型：基础数据类、动态变量类、社会能力类、综合结构类。本书应用层次分析法进行了信息承载力指数体系的构建（图4-1）。不同类型的指标通过信息承载递阶结构，在社会影响、生产发展和科学进步等方面起着不同的作用。信息承载力的指标涉及信息与职能（组织业务）的匹配管理、信息价值贡献管理、信息风险管理、信息绩效管理等，确保组织的信息承载力建设持续并扩展组织的战略和目标。指标体系构建中，无形社会资源的资产统计问题难度最大，在信息消化、吸收与自主创造能力中，许多指标通过比较容易收集的间接指标进行表达（如经济发展能力、技术开发水平）。信息承载力定量评价指标的特点分析如下。

目标层：信息承载力指数体系

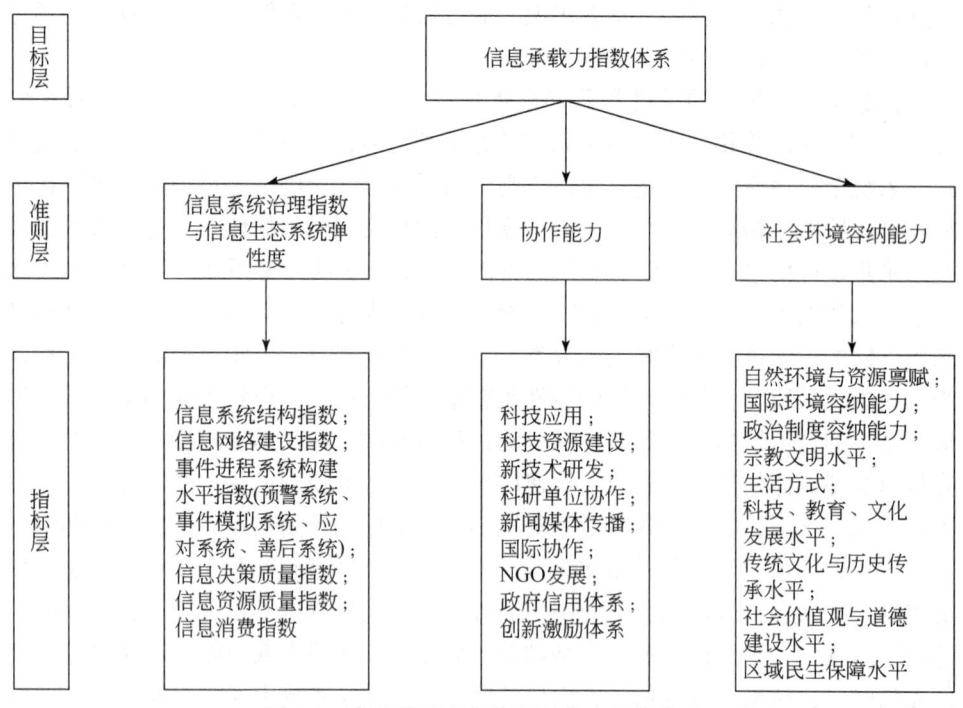

准则层：信息系统治理指数与信息生态系统弹性度；协作能力；社会环境容纳能力

指标层：
- 信息系统结构指数；信息网络建设指数；事件进程系统构建水平指数（预警系统、事件模拟系统、应对系统、善后系统）；信息决策质量指数；信息资源质量指数；信息消费指数
- 科技应用；科技资源建设；新技术研发；科研单位协作；新闻媒体传播；国际协作；NGO发展；政府信用体系；创新激励体系
- 自然环境与资源禀赋；国际环境容纳能力；政治制度容纳能力；宗教文明水平；生活方式；科技、教育、文化发展水平；传统文化与历史传承水平；社会价值观与道德建设水平；区域民生保障水平

图4-1　应急管理中的信息承载力指数体系

1）评价工作的目的性。区域信息承载力指标体系的构建及其评价，主要在于从宏观上让政府了解区域信息生态系统的实际发展情况和问题，并进行相应的宏观决策（信息治理）；从微观上提高相关组织的信息服务能力，引导区域组织利用信息治理的手段，进一步增强区域信息承载力。

2）评价指标的可操作性。我们在评价中选取的指标应尽量与区域组织已有的各种数据相衔接，各项指标应当概念明确，相应数据易于采集和整理。

3）评价效果的全面性。所选指标应能对区域信息承载力具有综合、全面的评价。指标之间不应有重复性，尽量选取较少的指标反映较全面的情况，指标之间具有一定的逻辑关联性。区域信息援助中还需要正确处理规模与效益的关系，适当偏重效益的原则；正确处理定性与定量的关系，坚持定性分析和定量评价相结合的原则；正确处理投入与产出的关系，实行二者兼顾的原则。

4）评价对象的差异性。我国幅员辽阔，各地气候、环境、文化、生活方式等存在显著差异，地区经济发展不平衡，而且同一区域不同行业、不同组织信息化发展程度也不均衡，因此对信息承载力的评价应该针对具体的情况给予不同考虑，坚持分类评价，对不同类型的区域或区域组织评价时，应对指标及权重进行适当调整。

信息生态系统的承载能力主要取决于信息生态系统的特征状况，根据以上分析和信息承载力基本理论，信息生态系统的承载力支持指标体系可分为三大部分，分别为信息生态系统弹性度、信息资源供给能力和信息生态环境对人类活动的容纳能力。信息生态系统弹性度反映了信息生态系统对信息安全的人为活动和外界作用的承受与缓冲能力，信息资源系统主要反映信息生态系统的资源供给能力，信息环境系统则主要反映信息生态系统对信息生态环境均衡性破坏的承受能力。如图4-1所示，指标层中的能力指标内容对应区域社会环境（社会、自然），其中社会包括政治、经济、文化三个结构。从对区域信息承载力综合评价的角度出发，结合层次分析法，将区域信息承载力评价模型分为三个层次，完整的信息承载力指标体系由具有结构层次的一系列指标组成。信息承载力指标体系从信息承载关系的角度可笼统分成支持指标与压力指标两大类，支持指标主要由可反映信息生态系统可持续发展状况的指标构成，而压力指标主要由可反映社会发展状况与需求的指标构成。具体可以通过选取几种主要信息资源环境限制因子作为承载分量，表征区域信息环境系统在应急管理中所能承受的人类各种社会经济活动的能力，它可看作区域信息环境系统结构与区域社会经济活动适宜程度的一种表示，从而应用于社会信息环境系统开发规划与信息治理决策。这里，社会信息环境根据其相应的信息承载层次划分为五大类，分别是：①资源环境（包括资源物理空间和资源吸引力）；②社会现实生态环境；③服务、管理环境；④基础设施环境；⑤传统历史文化环境。

信息承载力是一个动态的变化指标，强调信息环境、信息资源、信息技术、信息政策等结构要素的均衡发展，同时考虑区域信息生态系统在整体社会发展过程中的动态均衡，因而信息承载力的信息治理关键不在于信息主体本身，而在于对信息流、行为、关系和过程的治理。具体要素有：信息生态均衡意识（发展与均衡意识、消化与应用观念、合作与竞争意识等）、信息承载力建设制度、信息治理流程、相关技术工具和方法、基于信息承载力构建的数据基础平台（如信息处理的网络通信平台）等。例如，从定量分析的角度，我们可以应用层次分析法构建应急管理中的信息承载力指数体系（图4-1）与信息生态系统压力指标体系（图4-2）。

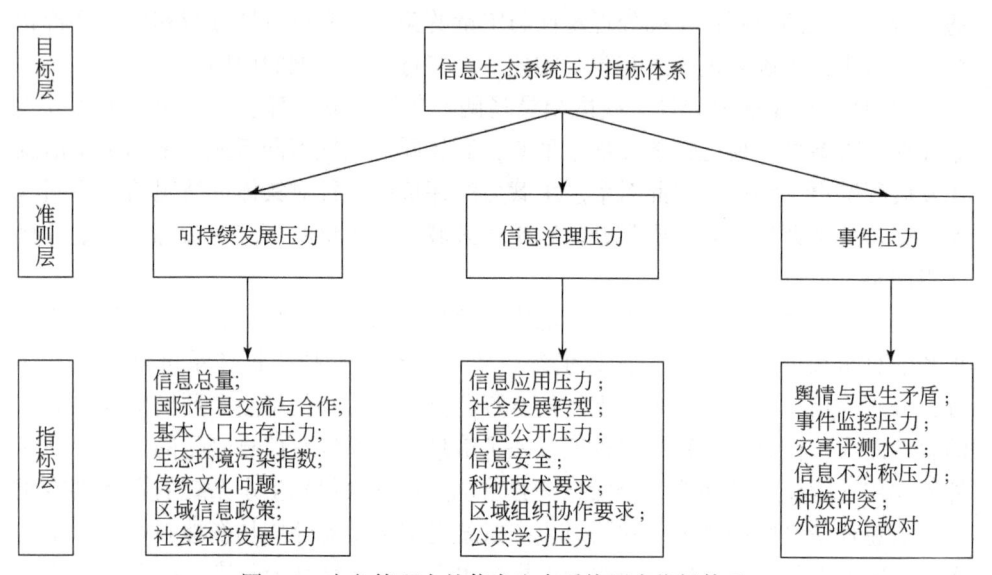

图4-2 应急管理中的信息生态系统压力指标体系

具体操作中可以用信息产能或社会总信息量（Information Productive Resource，IPR）度量一个区域确定人口或经济规模的信息资源消费和信息安全水平的账户工具，用该区域能够提供的结构化信息产能或结构化、有序化总信息量表征信息承载力，即针对信息供给的消费能力，通过对IPR与信息承载力进行比较，来衡量和分析区域信息系统发展的可持续状况与使能器建设水平。信息承载力评价的主要核心指标有：信息组织或信息人、信息资源的数量和质量、信息制度、信息系统软硬件设施、社会环境状态、信息消费水平与结构和区际交流等。

最后我们可以从信息治理的能力、意识、体制三个维度构建信息承载力使能器的三维定量评价体系，并提出相应治理对策。其中，能力指标包括信息技术（成熟）、技术创新、科研水平、研发支撑、平台建设等；意识指标包括资源共享、网络文化、信用体系、社会文明等；体制指标包括民主治理、组织协同、文明发展、法治建设、公共财政等。

4.3 信息承载递阶结构定量评价

信息承载力概念可通俗地理解为信息承载媒体——信息人对承载对象——信息的支持能力，所以要想确定信息治理水平发生时应急管理过程中信息生态系统的承载情况，首先必须知道信息承载媒体的客观承载能力大小和承载对象的压力大小，然后才能了解该信息生态系统是否超载或低载，才能相应进行信息预警与信息治理。

针对区域信息生态系统，其组成要素可简单地分为两部分：一部分为承载媒体，另一部分为承载对象。信息生态系统的基本承载媒体结构层面如下：在信息承载递阶结构系统中，基本承载媒体为社会基本竞争环境（包括政治、历史、文化、生活行为、风俗、经济市场、科学技术等）与自然基本竞争环境（包括生存区域环境、水土资源、社会经济发展的自然资源，受人类政治影响主导的地理区位等）；次级承载媒体指由信息资源（数据库）、互联网资源集聚与发布操控、档案库、交流汇集模（各类政府会议、研讨会、市民集聚会）与各类教育实体（大学、科学院等学术单位）、社会信息发布与汇集节点（如网吧、通信汇集中心、政治经济消息集聚区等）；三级承载媒体由位于信息供应链末端用户的人与组织构成的知识、信息、数据集聚中心，如以大学为代表的教育机构与学生组织、科研机构团队与信息中介机构。承载对象即知识、信息、数据，或者三者的混合体。就承载对象本身的关系而言，数据承载信息，信息承载知识，知识在不断流动中产生数据，形成完整的信息传递供应链。承载媒体与承载对象的相对性是指承载与被承载是相对而言的，不是固定不变的，在信息承载递阶结构中，三级承载媒体为承载对象的介质，次级承载媒体为三级承载媒体的介质，基本承载媒体为次级承载媒体的介质。

在实际的区域评价过程中，需要考虑新信息技术带来的信息架构变化。20世纪90年代之前，由于互联网等新信息技术未得到普遍应用，是信息资源发展低于人类需求的时代，而此后随着新信息技术的推广，进入了信息爆炸时代，信息承载力的三个层面需要具体分析评价其中的变化。区域地理与自然资源因素对区域社会经济与信息生态系统的可持续发展影响较大，信息承载力中社会-自然耦合因素相对于其他因素较为典型与突出，以西部区域的信息治理为例，需要考虑自然因素对社会的压力作用，特别是信息基础设施、多民族文化结构、宗教活动、地理区位等方面与中、东部地区差别较大。因此，需要明确定量评价指标体系中需要哪些复合指标及相关数据，同时本书将研究信息生态系统中社会性指标的数据定量问题，确定数据的校正与计量提取方法。

信息承载力是以信息人为核心的信息生态系统中所构成的社会体系调节能力的客观反映。它由两层内容构成，低层为自然能力，即信息环境承载力是信息人处于某一环境状态和结构时，在不发生对人类生存发展有害的变化的前提下，对所能承受的人类社会作用在规模、强度和速度上的限制，反映的是信息系统的基本属性——信息弹性力，是对信息系统有限的自我维持与自我调节能力的量度。另一层信息能力部分则强调信息人的主观能动性，通过信息治理引入竞争与创新机制，带来信息承载力的提升，即强调发展信息人通过信息治理之后形成的信息能力，指一个国家、地区、单位和个人通过与外部环境建立良好的信息交流机制和通道，综合利用自有的和外部的信息，促进信息生态系统可持续发展，增强创新实力的生产能力。可见，形成信息承载能力的前提条件是，在自我开放的同时，与外部环境建立良好的信息输入与反馈机制，在保障信息流畅通无阻的基础上，强化对自有信息和外部信息进行集成处理和综合利用的能力。而促进信息生态系统良性循环的基础是提升信息承载力水平。

从信息资源系统与社会经济系统耦合机制的可持续发展战略架构出发，区域信息治理与信息援助需要综合考虑信息资源对地区社会、资源、环境和经济协调发展的支撑能力。首先，探讨信息生态系统可持续发展的均衡机制，探索信息生态系统内部各因子的相互作用规律，确立信息资源在国民经济各部门的优化配置理论等；其次，构建设计信息承载力与信息压力的各项定量指标体系，提出相应的动态评价方法与定量模型，以人类对信息资源的利用为基础，综合运用结构方程、层次分析法、模糊数学和信息经济学等多学科交叉的研究方法，结合信息生态系统的生命周期与信息供应链循环结构，提出多维动态评价指标体系、评价方法和定量模型；最后，利用信息网络技术开发出信息使能技术应用软件包，完成相关动态网站的建设与成果发布，揭示不同区域、不同时段等多种尺度的发展动态趋势，为将来构建社会化电子政务平台打好基础。

概括而言，应急管理状态下信息承载力状态的基本评价指标应包括信息承载力供给、信息承载力需求和信息承载压力度。为此，我们在具体操作中分别提出了承载力指数、压力指数和承压度，试图通过定量的指标统计与分别比较，描述特定的区域信息生态系统的可持续发展状况。

4.4　信息生态系统的发展状态及信息援助介入状况判定

通常情况下，信息生态系统承载媒体的承载能力取决于多方面的因素，我们据此构建评价模型。假设某区域信息生态系统承载媒体的承载能力是客观存在的，其承载力大小为 ICC，又设定区域信息压力为 P，则可构建信息生态系统承载指数的评判模式（图4-3），即 ICC 水平与 P 值相接近时，信息生态系统处于均衡承载状态；ICC 水平大于 P 值时，信息生态系统处于低承载状态；ICC 水平小于 P 值时，信息生态系统处于超承载状态。

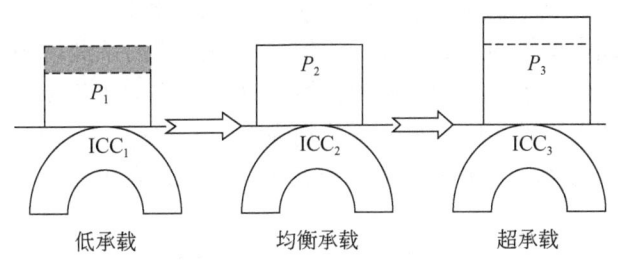

图 4-3 信息生态系统中信息承载力与信息压力的三种典型状态

在具体的区域信息生态系统信息承载递阶结构实证应用中，信息弹性力、信息能力均为正向指标，且数值越大越好，而信息承载力由信息弹性力与信息能力构成。这三个指标指数越高，表明区域信息生态系统的信息化发展状况越好，三个指标指数的最高值为1，最低值为0。鉴于信息指标的社会属性，将信息弹性力、信息能力、信息承载力指数值划分为七个等级，即Ⅰ（0.9~1）为极端发达、Ⅱ（0.8~0.9）为发达、Ⅲ（0.7~0.8）为高度发展、Ⅳ（0.6~0.7）为中度发展、Ⅴ（0.5~0.6）为低度发展、Ⅵ（0.25~0.4）为不发展、Ⅶ（≤0.25）为贫穷。

信息压力指数越大，说明区域信息生态系统承载的信息压力越大，相应的区域信息治理风险也呈现严重趋势；信息压力指数越小，说明区域信息生态系统的发展环境越好，面临的发展阻力与压力越小。信息压力指数的最高值为1，最低值为0。同样，鉴于信息压力指标的社会属性，将信息压力指数值划分为七等级，即Ⅰ（0.85~1）为极端恶化、Ⅱ（0.7~0.85）为恶化、Ⅲ（0.55~0.7）为危险、Ⅳ（0.4~0.55）为严峻、Ⅴ（0.3~0.4）为风险、Ⅵ（0.25~0.3）为正常压力、Ⅶ（≤0.25）为安全水平。

信息承压度是区域信息生态系统中信息压力与信息承载力的比值，可以较为全面地反映区域信息生态系统的可持续发展状况。该指标清晰地标定出区域人与组织面临信息生态系统的信息压力发展状况，即信息承载力是否足以负荷目前区域信息生态系统面临的信息压力。信息承压度为反向指标，数值越小说明区域信息生态系统的均衡程度越高，整体的良性循环状态越稳定。信息承压度为1，说明区域信息生态系统中信息承载力与信息压力基本相匹配；信息承压度大于1时，信息压力超过信息承载力。信息承压度指标的社会属性是最强烈的，直接描述了区域社会组织的生存状况与发展状况。在实际的人类社会发展历史过程中，信息压力往往高于信息承载力，这也正是人类不断发展的原动力所在，即旧问题的解决往往伴随着新问题的产生。将信息承压度划分为五级，即 Ⅰ（≥3.5）为极端危险水平、Ⅱ（2～3.5）为不承载水平、Ⅲ（1.5～2）为低承载水平、Ⅳ（1～1.5）为均衡承载水平、Ⅴ（<1）为高承载水平。

在信息承载力供给的定量设计中，信息生态系统的承载能力取决于多因素。假设一特定信息生态系统 S 的承载力供给为 ICC_S，它取决于 x_1，x_2，x_3，$\cdots$，x_n 共 n 个因子，各因素的相应承载分量分别为 S_1，S_2，S_3，$\cdots$，S_n，每个因子所占的权重为 W_i，则该系统的信息承载力指数可用数学式表达为

$$\mathrm{ICC}_S = f(x_1, x_2, x_3, \cdots, x_n) = \sum_{i=1}^{n} S_i \times W_i \tag{4-1}$$

通过最后的指标收集与加权定量计算，ICC_S 越大，表示该信息生态系统的信息承载能力越大。

在信息承载力需求的定量设计中，信息承载力需求即信息压力，指信息生态系统面临的各种压力与干扰，如信息治理水平、信息爆炸、社会发展危机、自然环境危机等对信息生态系统可持续发展造成的压力，它是客观存在的。假设信息压力指数为 ICC_P，压力大小取决于 y_1，y_2，y_3，$\cdots$，y_n 共 n 个因素，各因素相应的压力分量为 P_1，P_2，P_3，$\cdots$，P_n，每个因子所占的权重为 W_i，则

$$\mathrm{ICC}_P = f(y_1, y_2, y_3, \cdots, y_n) = \sum_{i=1}^{n} P_i \times W_i \tag{4-2}$$

ICC_P 越大，表示该信息生态系统面临的可持续发展压力和危机影响越大。

在信息生态系统信息承压度的定量设计中，信息承压度表示该信息生态系统信息承载力供给与需求的相对大小，可反映信息生态系统的可持续发展状况。设信息承压度为 ICPI，则供给与需求两个方向的力分别为 ECCs、ECCd：

$$\mathrm{ICPI} = \frac{\mathrm{ECCs}}{\mathrm{ECCd}}$$

当 ICPI 小于 1 时，该信息生态系统处于低负荷承载状况；

当 ICPI 等于 1 时，该信息生态系统处于平衡状态；

当 ICPI 大于 1 时，该信息生态系统处于超负荷承载状况。

以上我们概要地分析了生态承载力的一般判定模式，对于具体的生态承载力评价方法，用什么指标来度量生态承载力、如何建模，还需更详细的指标体系、参数和数学模型。由于信息承载力特殊的社会压力驱动型因素，现实信息生态系统中，信息压力往往远大于信息承载力，这也是人类科技进步、社会发展的原动力，信息承载力大于信息压力只是一种理想状态。因而，在具体的指标定量化评价过程中，我们制订的评价标准往往会更加详细与精确。

信息承载力指标的确定可以利用目前已经较成熟的有关信息资源及社会资源的理论与计算方法，借鉴自然资源承载力的手段。不仅考虑正向的信息能力指标，还要重点测评负向的信息压力指标，在具体的量化方法上，可采用系统动力学的非线性方法进行模型构建，统计地域、种族、经济状况、教育状况、性别和身体状况等基础性客观条件，将社会经济要素纳入承载体系中，同时强调教育体系、文化建设、历史发展、制度建设、人文种族等软性要素，不但考虑量的约束，还考虑质的影响。此外，还可引入时间、空间的变量，从时空不同尺度分析信息承载力的变化趋势，区域信息承载力各项指标精确反映了区域信息治理与信息预警的基础水平。

第 5 章　区域生态治理信息架构与模型设计

信息架构最早是信息系统设计中针对系统应用面向实践的战略规划与内容框架设计，由专业的信息架构设计师按照用户需求与应用，针对信息系统、用户网站、大型数据平台等进行的统筹、规划、设计、安排等一系列有机处理的标准与技术规则。信息架构的设计是一个标准的信息治理过程，区域信息架构就是针对区域信息生态系统设计相应产生的。区域信息承载能力是区域信息治理及相关使能技术实施的基础，信息治理要充分考虑社会经济活动产生的信息压力和对危机发展过程的信息干预，也要考虑信息资源规模的动态发展以及区域信息生态系统内、外部环境的剧烈变异与螺旋式发展。信息超载是由于接收与应用错误信息和无关信息形成的，大量无组织信息远远超出人们的信息承载能力，加剧了区域数字鸿沟与信息社会应用中的不平等问题。

近年来，发达国家不仅从国家信息架构的战略角度进行了信息使能技术的规划与布局，还从微观的 ICT 技术治理与应用角度进行了资金、技术与研究的大规模投入，使现有科技与社会发展出现了重大进步，并在区域政治和经济层面产生了深远影响。国内外有关信息治理与信息架构的实证研究在 20 世纪 70 年代就已开展，其中社会信息治理与信息架构技术的理论与实证一直走在其他研究领域主体的前面，研究视野从最初的经济层面逐渐拓展到更为广阔的社会治理层面，学者从信息生态架构的角度阐述了信息生态系统可持续发展的总体战略。国外学者公认信息治理与架构技术以改变产业结构、支持新产业的诞生以及为区域社会治理、经济发展产生竞争优势三种方式影响社会发展，推出了以移动互联网、物联网、大数据、云计算、智慧城市等为依托的整体社会信息使能技术解决方案。由于人、信息资源、社会环境相互依从共同构成了信息生态系统的主体，区域信息生态系统可持续发展的同时，还受到自然生态系统与区域外部综合环境的激烈影响与扰动。目前，对信息化发展水平或信息生态系统的单个因子以及局部问题的研究工作较多，缺乏对信息生态系统整体的定量评价和区别性的信息使能技术设计等。

5.1　区域信息治理与预警的顶层架构建设

从区域信息架构构建的角度分析，信息治理要达到效用最大化，仍需解决很多主客观的问题。基于信息承载力的信息治理，可通过预警、实时意识、实时反馈等多种方式支持区域发展。目前的数据普遍呈现信息超载与无法利用状态，而传统社会的权利意识与统治方式形成的信息资本与金融资本破坏了开放、共享、兼容的发展环境，国际上基于信息生态系统可持续发展的信息治理理论研究发展较快，已从 ICT 科学扩展到社会科学的各个领域，并体现了可持续发展研究从关注自然生态系统，逐步向关注生态-经济-社会复合巨系统转变的趋势。信息治理具有驱动社会创新与可持续发展的使能技术作用，推动了现有科技研发与社会发展模式出现重大的进步。从公共危机网络信息扩散等层面，信息架构决定了未来国家和社会信息竞争与治理的模式与方式，电商企业与组织最先从信息生态系统的组织生态动力学模型出发，构建完成了基于当前全球电子商务环境的电子商务生态模型及相应信息架构。在公共管理领域，专家通过构建信息传播与权利博弈协同演化的信息架构模型，分析环境污染导致的群体性突发事件，发现暗箱操作与信息匮乏会导致群体性事件恶性化演变。在信息治理的实践中，以 Cyber-infrastructure 等具体信息承载力实施平台为基础构建的多学科、跨领域、多平台的综合信息治理系统，已经得到应用。在公共管理领域，应急管理、危机治理等公共治理应用也得以开展。

区域信息援助以 2006 年穆罕默德·尤努斯（Muhammad Yunus）成立小额贷款信息支撑互助组织并大获成功为标志，政府、社会、科研共同关注信息援助的作用，从最落后的信息弱势群体与社会底层着手，应用先进的信息网络技术，设计以小额贷款等信息援助架构，推动了不发达区域底层弱势群体脱贫。这些成功的尝试与相关的实例引起了世界瞩目与学术界的重点关注。根据世界经济合作与发展组织的统计数据，信息承载力使能技术在孟加拉国、印度、南非等内部信息分化较大的区域，对于解决民族问题、消除政治动乱的整体良性化发展有较大功效，通过区域政府与组织实施信息治理，对消除阶层贫困问题、抑制贪污受贿、扶助妇女与弱势群体有着较为明显的效率与作用。欧盟、世界银行等组织资助的科学研究则从网络信息使能器设计的角度出发，强调以 ICT 为核心的信息承载能力的提高，对发展中国家及相关区域的经济促进与社会进步有巨大作用，特别是在减少公共等待时间、公共交通费用、贪污腐败等公共治理方面有巨大绩效。总体来说，基于信息承载力提升的社会信息架构与互联网信息架构，在电子商务领域的应用最为典型；在有关信息生态发展指标的定量研究方法中，针对信息化水平测度的方法比较成熟。而体现自然-社会耦合作用的信息生态研究及信息生态系统的信息架构标准与风险管控模式设计尚未见报道，这也说明目前环境治理、信息管理、ICT 技术等领域的研究各有兴趣点和所关注的问题，且大多属于孤立、单一的问题研究，缺乏相互间的交流和整体的社会应用技术集成与信息架构设计。

在经济全球化和知识经济时代的大背景下，目前区域信息生态系统的基础建设与应用服务尚处于起步阶段，可以利用数字社会优势，以信息生态系统可持续发展为目标，重点实施信息承载力提升与信息压力治理方案。针对区域信息承载力发展的现状以及信息生态系统可持续发展的目标，信息承载力在发展层次上可以依次划分为区域政府、企业组织、个人三个层面。区域的信息承载力可持续管理应逐渐从经济领域向社会生活领域不断拓展，形成政府、企业、个人三者信息承载力可持续发展的良性循环态势。

顶层架构设计的整体原则就是要把危机后救援的观念转变为危机前预防的方针，使人们懂得如何避免危机的发生，以及减少危机损失的重要性。用信息生态系统可持续发展的思想建立和完善信息预警与治理机制，其核心与前提是信息预警系统的建设。预警系统为预警管理过程的建立和实施提供了一个通用原则，包括确定预警范围、预警数据收集、数据处理、预警准则确定、预警对策库的建立和安全管理工具的提供等，由数据采集层、数据预处理层、数据存储与管理层、数据智能分析与挖掘层等部分构成。

数据采集层数据是指通过物联网 RFID 射频数据、物联网传感器数据、社交网络交互数据及移动互联网数据等方式获得的各种类型的结构化、半结构化及完全非结构化的海量数据，是大数据知识服务模型的根本。数据采集层还可继续分为基础支撑层与智能感知层，基础支撑层提供信息预警平台所需的虚拟服务器，以及结构化、半结构化及非结构化数据的数据库及物联网络资源等基础支撑环境；智能感知层主要包括网络数据传感、网络通信、传感适配、智能识别及软硬件资源接入系统。目前我国应急管理与危机治理层面需要解决如下技术问题与难题：①必须着重攻克针对大数据源的智能识别、感知、适配、传输、接入等技术；②大数据预处理层完成对已采集、接收数据的辨析、抽取、清洗等操作；③大数据存储及管理层要用存储器把采集到的数据存储起来，建立相应的数据库，主要解决大数据的存储、表示、处理、质量及有效传输等几个关键问题；④数据智能分析与挖掘层通过改进已有数据挖掘和机器学习技术，开发数据网络挖掘、特异群组挖掘、图挖掘等新型数据挖掘技术，突破基于对象的大数据融合技术，由目前的用户兴趣分析、网络行为分析、情感语义分析等面向领域的大数据挖掘技术向人工智能分析方向发展。

区域突发事件分类启动体系设计是目前的重点与难点。传统预警系统依据其机制可以分为五类：黑色预警系统是根据警情指标的时间序列变化规律，不借助于警兆直接预警；红色预警系统是根据警兆以及各种环境社会因素进行预警，其特点是重视定性分析；绿色预警系统是依据警情的生长态势，特别是农作物生长的绿色程度预测农业的未来状况；白色预警系统在基本掌握警因的条件下用计量经济进行预测；黄色预警系统根据警兆进行预警。这五种预警系统中，黄色预警系统是最基本的预警系统，它根据警兆的警级预报警情的警度，形成信息供应链的完整结构。

5.2 区域信息治理与预警的使能器设计

区域信息使能技术及相应信息架构设计，是一个超越政治体制、社会文化、传统行政方式的全新信息治理理论与技术规范。在区域信息治理框架下，信息使能技术就是信息生态系统中的组织与群体通过明确信息生态系统中所有权力、利益与责任的归属，制订明确的决策权归属和责任担当框架结构，促进信息应用中的公平行为，通过更广泛的信息公开制度、信用体系建设、信息技术等信息使能技术应用，提升信息生态系统中信息弱势群体的信息承载力，实现信息生态系统的可持续发展。信息承载力作为信息治理的基本手段与使能技术方法，既不会破坏现有的管理体制与政治文化，又可以较快地实现社会转型期的稳定目标。国家政府组织、资本力量、科研团队等全部的新信息社会成分需要研究如何扶助并提升区域中处于劣势与弱势群体的信息承载力，通过各类型组织的治理行为与信息技术的绩效提升，实现组织信息生态系统的可持续管理与发展。针对区域信息社会所具备的社会发展模式化、社会组织结构化再变异过程，通过多学科、多领域专家的协作研究与政产学研区域管理的实证应用，克服区域经济增长、社会发展中简单的数字化增长行为与简单的信息化建设问题，针对各区域的信息承载力特色结构，设计信息使能技术发展道路。一方面，针对地域分布广泛、文化素质不同的信息弱势用户，开发、引进低成本、分散型用户的信息传播技术与信息网络选型，设计并选择利用新媒体等低成本、分散型用户的信息传播技术及多种媒体互联互通的信息传播平台，比较信息弱势区域现有的传统信息网络与新型通信网络技术的结合方案。具体的信息架构设计应该包括面向区域特色不同需求水平的信息服务体系，构建包括信息服务责任体系、人员体系和设施体系的完整技术服务标准；在地域行政结构层面，通过建立贯穿于省-市-县-镇-村的纵向和联合各地域级别社会信息系统的政产学研多层横向信息资源协作、交换和管理架构的商务与政务平台，进行相应级别的信息资源建设、信息分析、信息援助等全流程技术迭代，形成可持续发展的良性循环状态。

基于区域信息承载力提升的信息治理理论与信息使能技术的应用，对落后区域的社会经济发展起到了至关重要的基础支撑作用，区域信息承载力已成为社会信息生态系统可持续发展的基础与区域信息治理及信息架构设计的创新源泉。由区域信息生态系统内多主体单元形成信息承载力治理结构任务承担者，组织、指导、控制、提供信息技术应用与信息资源共享、信息保障等信息治理行为或过程中，通过设计区域信息架构与信息应用技术，信息被当作贯穿于整个区域的核心资源，实施包括解决信息冲突、信息扶贫、危机预警管控等多目标的有效决策与管理进程。

从信息资源建设、信息文化发展、信息技术集成等全球信息网络一体化角度分析，区域处于以互联网为代表的信息供应链下游，战略机遇和社会发展矛盾凸显的并存因素使得区域信息生态系统呈现脆弱化、碎片化的不均衡状态。由于缺乏整体的区域信息治理理论与使能技术，许多政府决策行为没有多学科专家群的实时参与，形成社会成本投入巨大而收效甚微的局面。区域信息生态系统区域环境条件中先天不足的自然地理环境与自然生态资源，再加上落后的产业经济与复杂的区域社会文化状态，形成了区域信息区位的天然劣势。而从信息架构角度分析，由于我国信息网络技术及互联网发展是通过美国、日本引进接入，包括互联网根服务器、主辅根服务架构模式、技术协议、软硬件体系等，从历史进程及区域技术布局等技术演进进程分析，我国信息网络的核心节点与信息交换中心全部位于东部与南部发达区域，欠发达区域的区域信息化建设与网络技术应用成本远高于发达区域。区域内部经济发展差距、区域生态治理等区域信息生态系统内部信息压力各因素互动关联，呈螺旋式发展，形成信息承载力与信息压力对比失衡并陷入"马太效应"的恶性循环怪圈。

区域信息生态系统失衡的本质，不是落后地区的信息资源系统或组织不愿意拥有更多的信息与知识，而是其无法承载并利用更多的信息与知识资源。区域信息生态系统失衡会使得区域自然与社会信息生态环境问题的解决成本与难度越来越高。区域低下的信息承载力与不断增长的信息压力结构会对区域政治稳定和社会发展产生巨大的威胁，特别是新媒体等信息网络传播广泛存在的信息失控与信息干涉问题等，使得信息生态系统中敌对势力的渗透与破坏愈演愈烈。另外，我国部分地方政府缺乏针对信息生态系统失衡的信息管控预警与危机处理的信息使能技术解决预案，导致在实际的区域政府公共管理中无法有效激发事件监测度量、战略预警和信息管控的应急管理流程，使得组织间信息共享与处理产生混乱，极易在事件或灾难初期形成信息洪流与无效决策。近年来，自然灾害、网络舆情等突发性事件发生时区域信息治理失效而演变的社会问题频发，而政府管理部门往往依靠救火的策略或人海战术十分被动。

信息治理及预警引入以区域信息承载力提升为核心的信息使能与治理技术的研究内容，具体以改革开放以来区域信息使能技术应用的实证分析与信息治理效用评价为主线，充分考虑人类活动与区域自然环境对社会信息生态系统结构的干预和发展进程的影响，从人与社会–自然耦合系统的动态发展因素及定量化评价角度，研究社会经济发展与信息资源规模动态扩展对区域信息生态系统的影响及动态变异，同时进行风险演化模拟仿真、信息治理路径选择与风险管控模式设计。相关研究不仅包括区域自然生态环境、社会组织结构、信息资源建设、信息区位、信息架构等信息治理内容，还关注区域整体的信息安全、政府治理对策和"一带一路"的发展倡议。

由于我国区域信息生态系统存在自然生态环境脆弱、区域多民族广泛杂居、社会文化分异等历史与制度上的障碍，而地方政府关于社会网络建设、网络经济发展中的信息治理缺乏清楚、明确和简明的信息架构设计标准与应用技术选型。区域信息网络建设与治理不仅取决于区域内组织的意愿与实际的信息危机状态，还取决于区域内基于社会经济发展水平、政府的决策与信息治理能力等信息架构下的信息承载力发展水平，信息治理的成败最终取决于区域组织的信息交流模式、政府内部的信息生态架构、信息导引和业务流程变革等区域信息生态系统的总体设计。

当前区域有关信息生态系统可持续发展的信息治理实践先于理论研究进展，如针对区域内信息弱势群体的农村信息服务已从单一的传统媒体向多元化的方式发展，形成了各具地方特色的农村信息服务模式，而各级政府电子政务平台及信息公开也方兴未艾。然而区域弱势群体获取政府信息资源的能力有限，这已成为区域信息架构设计的突出问题。由地区之间整体实力的差距所形成的区域信息生态系统的失衡不仅仅是一个政策问题，还牵扯到包括区域自然地理环境对社会发展提供的基础支撑条件，地区之间的经济与社会文化质地，信息资源建设与相应的资金、族群文化，以及就业、生活质量等与地区整体社会信息分化相关联的典型区域信息承载力发展问题，因而在人与自然–社会耦合系统的信息架构基础上展开信息治理与信息使能技术的应用研究显得重要且急迫。

5.3 信息架构中区域阶层信息分化、信息弱势群体等结构分析

由于信息公共产品的供给与共享不对称，支持区域信息承载力可持续提高的公共基础设施、资源建设、制度结构与信息供应等不对称状况更为严重，信息资源由于其特有的公共产权性质，不仅存在着被过度利用的情况，更多情况下还存在着低效利用、无效利用甚至根本没有被利用的情况。区域信息生态系统如果不进行治理就会导致信息生态失衡，向信息匮乏与信息无效利用两个方向极端发

展，最终导致公地悲剧（信息低载）与反公地悲剧（信息超载）。从体制、技术、环境、主体信息能力等诸多信息生态系统发展不对称的角度来分析区域阶层信息分化、信息弱势的原因，作为典型的公地资源，信息资源更容易被污染与破坏，而且由于新信息技术与网络的高强度渗透，往往出现信息资源从数量与规模等应用型压力远远超出当地信息承载力水平的普遍现象，即由于以互联网、通信、社会媒体等政府信息的需求与政府信息所需处理的数量均呈指数增长，而政府通过信息网络处理后的可用信息量与信息利用能力仅仅呈线性增长，信息生态系统中信息承载力发展水平远远地落后于原始信息量、系统加工信息量与各类信息需求，这就是区域信息生态系统中信息压力增长的问题。在信息社会框架下，研究信息不仅作为一种经济资源属性，而且还作为重要的权力资源属性，特别是区域内信息控制和信息垄断等权力支配导致普通民众在信息获取和占有上的不平等问题，这不仅要从经济财政资源角度分析，更要从社会经济系统甚至是社会公平结构的制度角度分析，研究信息生态系统中信息资源获得与应用中的失衡与不公平，进而分析信息强势群体富者愈富而信息弱势群体贫者愈贫的信息分化与冲突演化严重的社会危机及趋势。

从区域信息架构层面分析造成区域信息能力弱势的原因，除区域区位等本身的客观自然环境因素外，还需从外部环境因素，包括制度环境、市场结构、技术条件等后天的信息生态环境条件入手。以区域为例，作为信息分化的弱势区域需要研究信息化发展模式问题和如何设计被动型的后发追赶模式。目前区域信息化建设与投入主要以政府为主导，尽管国家在区域信息化建设中采取了扶持措施，但由于观念落后、人才流失、所处地理位置偏远、信息系统的基础设施建设与资源管理落后等因素，部分区域整体的信息搜寻与获取成本更高，如西部地区远高于中部、东部地区，区域信息架构设计中存在着更为严重的信息扶贫技术缺位与制度设计问题，特别是部分区域地处信息供应链的下游与社会发展的信息区位劣势，形成信息生态系统中持续封闭、孤立与隔绝的信息弱势局面。此外，还要研究日益扩大的信息贫富差距导致区域弱势群体的生存与发展不平等及基本人文关怀和伦理道德丧失的问题。

5.4 区域信息架构原则技术设计与标准

5.4.1 原则技术设计与标准选择

基于区域信息承载力提升与区域分层定位治理策略，我国目前的原则技术设计与标准选择关键是需要研发具备区域特色的风险预警监测平台及相应的信息管控对策，如西北地区可以通过运用针对性的信息弱势群体与区域的信息支持网络设计，具体研究灾害多发的自然环境、干旱荒漠化的生态环境等自然生态系统问题形成的社会信息文化与信息资源建设等信息生态与环境异质性问题，以及研究相关因子如何构成区域公共信息危机的重要治理因素，研究艰险的地质、地理状况形成的地域隔绝与区域的信息孤岛、信息弱势问题的关联分析，应用数据挖掘等信息集聚技术增加事件分析的决策信息量，监测监控事件源，同时应用建模软件进行信息治理平台建设的成本及路径选择的仿真模拟实验。研究信息弱势区域社会利益诉求机制及舆情诉求出口问题，以及如何对民众公平意识、社会参与意识等进行信息导引，而国外信息架构设计在媒体与信息传播等系统设计中有许多值得我们借鉴的经验与技术，如"沉默的螺旋"理论与信息治理技术结合，研究区域突发事件构型的基本关系和发展态势。

我国改革开放以来的信息架构设计与信息治理有着非常成功的操作经验与实践，但理论研究较为滞后，因此，区域信息生态系统可持续发展定量评价与对应的治理政策分析是目前急需的工作。例如，可以通过收集整理改革开放以来区域信息生态系统建设中典型且关键的区域性数据集聚工程，应用长时数据积累方法，在大规模、多类型区域尺度上验证数据变异与相应的政策治理分析，探究区域特色的信息生态系统演变规律与动态发展机制；通过信息承载递阶结构模型完成区域信息生态系统可持续发展定量评价，并应用于信息治理及预警。目前我们需要从区域社会中人与社会-自然耦合形成多因素相互关联、相互作用的角度来进行区域信息应急管理架构的设计，加入体制、技术、环境、主体信息能力等诸多信息生态系统关键结构要素，从构建组织内信息供应链的部门及人员配置到决策信息的采集模式，通过组织信息、设计信息环境、信息空间和信息应用体系结构，完成信息治理平台中整体决策信息的标识系统、导引系统、搜索系统的体系架构设计与流程变革设计，进行区域各阶层信息分化的实证调研，融入新媒体终端技术，实施信息危机模拟仿真、信息预警与决策管控的信息治理进程。

5.4.2 信息使能技术选型

目前区域所应用的信息使能技术如电子政务、物联网改造、智慧城市等方案全部来自区域外部，其验证经验及技术标准全部来源于自然环境不同的经济与技术密集型及发达型区域。而区域信息治理实践需要加入区域自然环境、宗教文化、区域技术效率、经济成本等关键要素进行技术改造与适用性修正开发，研发具备区域地域特质型信息使能技术与信息治理架构，提出并验证适合区域的信息使能技术选型与信息治理架构。

5.4.3　建立区域全面的社会资产目录和社会资源账户

在行政或区域类型尺度上建立一个社会资产目录与社会资源账户是信息治理与信息预警的重要研究目标。一个国家和地区全面、详细的资产目录是信息承载力计算的基础与信息使能技术选型的依据，并通过相关资源持续建设与资产积累，促使国家和地方政府的统计部门每年都要跟踪并计算本国、本地区的社会资源建设、社会文化变异、信息供应链结构发展、经济生产情况和社会危机变化等详细数据并进行信息分析，还可实现区域特色社会文化资源的保护开发与数据经济应用。

5.5　区域信息架构中的实验技术

针对不同区域的信息治理，需要引入环境管理、信息生态学、危机管理等前沿学科理论进行数据挖掘、信息检索、知识抽取与技术分析，同时结合机器学习、数据搜索技术。而历年来累积的国家统计局、工业和信息化部、商务部等国家部门统计数据等重要基础数据及统计分析技术标准体系是有益的实验技术基础与标准积累，特别是目前我国以 BAT[①] 为主的传统数据供应商、以字节跳动为代表的新媒体运营商业企业等商业性信息架构技术研发，在人工智能、大数据、物联网等基础数据平台上，运用指标数据采集、网络搜索引擎、数据集成与装填、数据实验手段与处理技术等多种数据挖掘与网络采集技术，获得所有涉及区域 ICT 建设与信息化应用数据，再将二级指标数据进行集中统计与后处理。应用先进的实验手段与关键数据处理技术，解决部分统计数据的缺失与校准问题，运用数据挖掘与数据仓库的实验技术手段来完成定量评价所需的部分原始数据收集与整理，获得评价区域不同尺度的信息生态系统多维动态变化的定量分析和短期预测结果。部分数据在有辅助数据参考的基础上，应用时间序列分析法和趋势外推法，在前述综合评价数据的基础上，引入时间变量，分析区域信息社会系统的发展趋势和变化速率，并进行短期预测。下面列几个关键的核心实验技术选型。

---

① BAT 是百度公司（Baidu）、阿里巴巴集团（Alibaba）、腾讯公司（Tencent）首字母的缩写。

5.5.1 针对物联网、基础监测数据、移动终端监控等系统平台下政产学研的云计算模拟仿真实验

在具体的实证数据操作过程中，首先利用数据企业在区域信息治理实践现有的数据整理，通过与区域地质环境监测、应急指挥中心等合作，利用各类政府机构和科研组织已有的物联网体系，适当比较现存的政府统计相关客观数据，并针对区域信息承载系统指标进行现状实证调查，最后集中于实验室云计算平台下，统一进行数据验证与模拟仿真实验。

5.5.2 实验数据积累与关键指标数据库建设

我国目前缺乏开放型的大数据协作中心，而研究机构只能运用数据挖掘与数据仓库的实验技术手段来完成定量评价所需实验数据的收集与整理。针对国家区域信息治理实践积累的区域信息生态系统调查数据及评价数据、区域各地州县的信息资源建设数据与相关的绩效数据和各级企事业单位的信息资源消费状况、信息生产力等统计数据，均需要建设信息承载力评价指标的元数据库，重点制订相关数据源的数据采集质量标准，即在确定数据需求、数据格式设计、操作数据的提取、数据的装填、最终应用的评价数据等一系列数据处理过程中，不仅要注重数据的更新，要考虑不同数据库中同类型数据的功能差别，还要与外部的公开统计数据及实际调查数据相结合，尤其注重不相容数据的最终处理。

5.5.3 人工智能等新信息技术的导入与仿真技术

应用多指标综合评价法与综合评判模型、信息治理设计与多目标分析模型、系统分析方法、动态模拟递推算法等方法构建信息治理定量评价模型，对信息承载力各指标体系进行计算，特别是对难以采集的历史数据，要进行具体分析与数值模拟，可以运用人工智能仿真软件等对政府的信息治理进程进行模拟仿真。

5.5.4 区域信息生态系统的基础标准

大数据应用的数据清洗与基础标准需要在国家层面进行统一的信息架构战略设计，如区域信息生态系统与网络事件的仿真设计、监测预警与管控设计，以及数据采集与相关区域的数据拟合及短期预测等。因此，我国基础的 ICT 硬件与应用软件的独立平台标准及技术发展类型的基础区域信息生态系统设计最为关键。

5.6 区域信息架构设计中急需解决的关键科学问题

信息治理及信息预警要完善区域信息治理的理论体系与相应的信息使能技术应用模式，同时还要进行国外信息治理理论与技术的引进及消化吸收，拟解决的关键问题如下。

1）区域信息弱势地位的因子分析与风险模拟仿真。从区域信息生态系统可持续发展角度来看，区域落后的根本原因除自然、社会、经济禀赋差异外，还有信息技术革新与新媒体带来的经济文化影响，以及促成信息弱势群体阶层化的信息压力、制度建构、社会文化影响等诸多因素影响。解决该问题需要进行理论与方法创新，其中信息承载力动态评价指标体系、定量评价方法和数学模型，是信息治理及信息预警的核心研究内容和关键技术问题，而如何运用多学科交叉融合的研究方法，在模型中引入时间、空间等变量，是信息治理及信息预警必须解决的技术难题。

2）基于区域的信息生态特质，设计相适应的电子商务与电子政务平台的区域信息架构。区域信息终端建设方案中，如何解决信息服务"入户难"问题，如何从区域整体、制度层面、组织架构、信息服务本身等不同的视角，设计区域信息服务与治理体制，特别是新媒体等新信息技术的应用及相应治理机制建设问题等，此类信息终端建设及技术服务问题均亟待解决。

3）目前的基础统计数据大多为信息化建设基础投入数据，信息基础设施、数据资源的物理存储等固定资产数据较多，而反映区域信息承载力中自然生态环境、信息地理区位、传统文化差异、等级制度、阶层分裂等区域信息生态禀赋问题的数据较难采集。另外，信息政策投入与信息获得权力的不对称、信息时效的不平等、信息传递中的破坏隔离等信息政治因素的定量化也是一个难题。因而，数据挖掘、数据采集与清洗难度较大。

4）区域信息生态系统中涉及信息安全的理论拓展与区域风险预警管控技术的设计。信息治理及信息预警中引进的国外先进信息治理思想及技术，如沉默的螺旋理论等，需要进行实用性技术设计，参考国内外已有的信息治理与风险预警管控指标体系，遴选社会生态、自然环境、网络舆情等脆弱性、灾害性风险分析指标，设计监测、预警和管控突发事件与群体性事件信息治理预案。由于目前有关信息安全与风险管理的理论与技术仅局限于商业信息技术领域，而对于社会管理与涉及政府信息公开、公共信息安全等宏观层面的理论与应用研究尚处于起步阶段，特别是社会信息危机的界定及相应的治理与管制技术，如社会管控、体制创新、法制建设等理论研究问题。而新媒体、云计算、物联网、大数据等在电子政务平台中的应用，数值模拟、危机事件机制与扩散进程仿真等技术开发，以及构建成熟合理的预警和管控等级指标体系与应急治理预案设计，是信息治理及预警拟解决的重要问题。

5.7 区域突发事件信息预警与信息治理的顶层设计

大数据、云计算等新信息平台的应用技术已逐步发展成熟，立足于大数据环境下危机信息的特点，大数据时代危机信息监控和预警模式的系统构建主要包括信息架构设计、系统集成、信息源汇聚、大数据分析与决策等主要过程。区域突发事件信息预警与信息治理的信息架构设计经过了基于 Map Reduce 到 hadoop 大数据处理的转变，逐步过渡到全社会的人工智能管理阶段。Map Reduce 是面向大数据分析和处理的并行计算模型，是用于实现大数据背景下突发事件分析的工具。Map Reduce 把计算过程分解为两个主要阶段，即 Map 阶段和 Reduce 阶段。Map 阶段，Map 函数处理键值对，并产生一系列的中间键值对；Reduce 阶段，Reduce 函数合并所有具有相同 Key 值的中间键值对，计算最终结果。Map 和 Reduce 是两个可定义函数，定义了任务本身，在此基础上，Map Reduce 才能并行计算。通过 Map 函数和 Reduce 函数的定义，事件中杂乱无章的数据得到有效整理，得到含有突发事件属性及属性值列表的有效数据，使之可以与突发事件知识库中的知识进行匹配，匹配一旦成功则向有关部门发布预警，等待处理。另外，随着 5G 等新信息技术及物联网技术发展，需要设计基于卫星、移动终端等匹配服务的多源大数据分析。采用移动 5G 服务中的请求和响应来描述大数据分析过程，即从整理后的事件大数据中得到相关预警信息，将对象和属性封装发送到服务器，服务器将其与知识库中的知识进行匹配，通过智能决策系统给出决策，得出是否需要关注或预警的结论。

由于信息系统全部的软硬件技术架构、平台协议、各类型文档标准、源代码开发与测试等全部呈现开发与构建全封闭的特点，因而社会层面的信息操纵与信息预警问题更加突出。政府突发事件信息预警与治理系统可以为政府部门在突发事件管理过程中提供快速、准确、科学分析的信息，为突发事件管理决策提供支持，在突发事件处理体系中处于举足轻重的地位，是危机管理的核心内容。作为大数据四大特征之一的"数据信息的实时性处理与传播"，危机信息会在第一时间向极其广泛的范围扩散，这就要求相关管理部门在极短时间内对事件加以研判，并需要采用最新的信息技术与顶层信息架构。由于中文文本处理及自然语言处理的技术落后，目前的网络信息治理主要以人海战术及人肉搜索方式为主，机器处理为辅。传统信息治理中的人工导控由于新媒体本身"短平快"的特点，使得消息的审核与把关流程大幅缩减，这在某种程度上为谣言、假新闻以及色情淫秽等不良信息的传播提供了可乘之机。数据处理是对纷繁复杂的海量数据价值的提炼，而其中最有价值的地方在于预测性分析，即可以通过数据可视化、统计模式识别、数据描述等数据挖掘形式，帮助相关专家更好地理解数据，根据数据挖掘及算法结果得出预测性决策。自然灾害与社会性突发事件的发生属于难以预测及治理的难题，但也是必须要进行应急管理与危机治理的。而建立预警管理系统与信息治理体系就是有效地降低损失并进行灾害防治的可行措施，其核心是及时感知灾害发生的信息并进行相应的信息治理与危机应对，使其能够依靠整个顶层架构的系统设计，在灾害发生后，尽量减少生命财产损失和衍生灾害的发生。

5.8 突发事件信息预警系统构建

突发事件信息预警系统构建的目的是运用先进的大数据、云计算、人工智能等新信息技术，通过集成化的大数据信息网络平台，从各个维度整合社会所有突发事件信息资源，实现信息公开与共享，同时快速高效地进行危机信息的传递，构建融合全区域各类型组织、各学科体系的智能化突发事件决策平台，并提供相应的信息预警与决策分析方法，为各级政府有效地监测突发事件的状况并及时进行突发事件的预警等提供顶层战略决策与底层技术支持，提高政府应对突发事件的反应能力和预防及决策水平。突发事件本身具有复杂性、多样性及难以应对的特征，所以有关危机发生前的征兆信息具有高度的隐蔽性、不确定性以及出现频度极低的特性，并且极难获得。为了有效提高政府对各种突发事件的预防、预警以及处置效率，最大限度地减少和消除各类突发事件对社会和经济发展所造成的危害和损失，必须通过突发事件信息预警系统及其响应机制，实现危机信息的有效治理与决策处理。而信息治理最大的作用是通过提前对危机发生的风险源、危机征兆进行不间断地监测，在各种信号显示危机来临时，及时地发出警报，采取行动，将危机扼杀在萌芽状态；对于无法控制的危机则做好预防准备，以降低危害和损失；对已经发生的突发事件进行妥善的处理，整合社会的所有力量和资源进行危机控制和处理，将损失和危害降到最低，维护社会秩序和稳定。

基于信息预测与信息预警的顶层架构设计如下：①在突发事件发生的事前阶段，首先，通过突发事件信息预警系统，对突发事件有关的信息进行收集、加工、处理、存储，形成突发事件信息资源数据库；然后，通过危机决策支持系统进行分析，及时捕捉到有关突发事件将要发生的征兆信息并进行处理，为突发事件的管理提供决策，采取必要的控制和管理行动，及时化解突发事件发生的矛盾，排除潜在的危机风险，达到预防危机、规避危机和阻止危机发生的目的。如果可能，则消除突发事件的发生，将危机消灭在萌芽状态，尽量减少其造成的损失，达到防患于未然的目的；如果不能消除突发事件的发生，那么就对即将发生的突发事件进行危机风险识别、确认和测评，进而排除隐患，进行危机监测、预警、预控等预警措施，以期获得公众的支持和理解，为突发事件的管理提供相应及时的决策支持，采取必要的控制和管理行动，从而降低突发事件在爆发时对公众心理造成的影响，维护社会正常的秩序，消除突发事件对社会和经济发展造成的影响。②在突发事件发生的事中阶段，通过突发事件信息预警系统中的信息管理系统，对发生的突发事件的相关信息进行收集、加工、处理、存储，结合原有的突发事件信息数据库和突发事件处理案例，在突发事件决策支持系统的辅助下，获得相应的突发事件处理和管理方案，从而对突发事件进行有效的控制和管理，整合社会现有的所有资源投入到突发事件的管理过程中，缩小事件所波及的范围。同时，通过信息预警系统的信息发布和传播机制，及时向社会公布和传播有关突发事件处理和控制的结果，满足公众对于突发事件的相关信息的需求，降低公众获得突发事件信息的成本，以期获得公众的支持和理解，共同来维护社会的秩序，将突发事件造成的损失降至最低。③在突发事件发生的事后阶段，该阶段需要有效的指挥和调度，突发事件信息预警系统中的危机信息数据库、危机决策支持系统、信息管理系统等可以为突发事件的事后处理提供信息、决策等的支持，为突发事件的扩散控制、信息发布、社会秩序的恢复以及突发事件的善后处理等各项管理活动进行信息治理及各项决策，最大限度地减少突发事件对区域社会经济发展造成的影响。

区域突发事件信息预测与预警系统还应该包括事件信息的收集、整理和分析三个方面的信息处理功能。收集突发事件的相关信息是信息预警系统的关键，对收集到的事件信息进行加工、清洗，存储在数据库中供预警系统调用，并运用专家系统通过云计算等平台进行有序的预警决策。

5.9 基于爬坡模型的区域大数据治理设计对策

大数据治理的顶层架构可以应用于信息治理、信息共享、信息使能技术的低成本扩散模式及多学科专家群的信息决策模式。在外部营力的作用下，信息生态系统内营力各要素（信息资源、信息人才、信息使能技术、信息产业、信息区位等）发生相应变化并通过系统承载递阶结构内各要素之间的相互作用进行相对运动和重构之后，又反作用于外部环境的各营力系统。通过定量化分析信息生态系统不可持续发展的原因，可以挖掘潜在的信息治理解决方案并反映在爬坡模型上。通过测定某时期内信息承载力相对于信息压力变化弹性可表现为三种状态，即模型坡度的变化夹角大于0°、等于0°和小于0°，分别对应治理的三种状态，进行相应对策选择。由于区域内各类型组织主体及第三方数据服务形成无处不在的信息孤岛与治理壁垒，因此需要从自然环境与社会环境耦合角度进行信息治理创新，拓展大数据资源及相关产业，并进行相关大数据资产的目录集聚与资源建设，为地区大数据治理提供基本的生态环境容纳与信息治理空间。

从信息核心驱动力分析，根据2019年CNNIC互联网报告，截至2018年6月，我国网民规模为8.02亿，互联网普及率约达57.7%，手机网民数量接近7.88亿，占网民数量的98.3%，而即时通信、网络新闻成为互联网的基础应用，使用率接近或超过90%，说明我国世界第一的互联网用户资源与新信息技术驱动力相结合，成为最主要的信息生态系统驱动力；同时我国手机支付、手机网购、手机网络娱乐等移动电子商务用户规模占比均超过70%，说明信息经济中移动电子商务作为关键信息使能器的驱动力最大。

当前自然环境与社会环境融合的态势及趋势特征明显，根据自然环境信息压力的数据，基本生态环境与社会经济发展的矛盾也在加剧，如根据国家统计局2008~2017年数据，危机及灾害频发区域万元GDP能耗比全国平均水平高出的数据从74%上升到83.6%，区位劣势、人才短缺等压力因素也困扰着区域大数据中心建设的发展。有意思的是，我们发现形成基于胡焕庸所发现的瑷珲—腾冲社会经济发展的人口地理分界线（简称胡焕庸线），在某种程度上也成为目前信息化发展水平与信息治理实施的区域分割线。年降水量400mm是树木能够生存的最基本条件，同时气候变化、生态环境变化会导致区域信息承载力潜力波动，这条线的东南各省区市，绝大多数信息化发展水平高于全国平均水平，而这条线的西北各省区，绝大多数低于全国平均水平。通过爬坡模型中的支撑力因子分析，胡焕庸线东南侧以占全国43.18%的土地面积，集聚了全国93.77%的人口和95.70%的GDP，压倒性地显示出高密度的经济、社会与信息文化功能，这条区域分割线与气象上的降水线、地貌区域分割线、文化转换的分割线以及民族界线均存在某种程度的重合。同样，网络经济统计、云计算服务器分布、微信城市服务、网络同时在线人数、.gov和cn域名数量、电子商务物流运输密度等关键的区域信息承载因子统计也与这条线基本重合，显示出胡焕庸线的生态环境划分线也是标准的区域信息承载力水平标识界线。

在信息承载力小于信息压力的情况下，阻力大于驱动力，区域信息生态系统会由可持续发展的均衡状态向不可持续发展的状态演变。相应地，从信息生态系统发展角度可描述为，当其夹角大于0°时，限制因子逐渐占据有利生态位，系统发展处于爬坡状态；当其夹角等于0°时，信息承载因子与限制因子作用平衡，系统稳定发展，为平地模型；当其夹角小于0°时，信息承载因子逐步占据有利生态位，系统趋向快速发展，为下坡模型。现实发展状态中，下坡模型与平地模型是一种理想状态，真实的区域或组织信息生态系统大部分时间中信息承载力低于信息压力，处于标准的爬坡状态。我国不发达区域大数据治理的使能技术分类中，新信息网络技术、大科学发现与经济发展、民族文化拓展相结合的标准信息使能器阻力最小，实施效率最高，因而更应关注在大数据爬坡模型条件下信息支撑力与阻滞力的比较水平测度，并以此作为实际的大数据治理目标。从消除或减弱针对信息生态系统可持续发展形成的阻力与反作用力出发，通过分析区域信息承载力的阻力因素，将其具体划分为很难改变、可以改变、容易改变三个类别，然后按先后次序排列，制订具体措施，着手去削弱这些阻力因素。针对各类型驱动力与信息承载力提升中的各类正向促进、驱动因素，也将其具体划分为很难实施、可以实施、容易实施三个类别，按先后次序排列，制订具体战略对策与实施方案，增强这些促进因素，消除或减弱其中的关键阻力与摩擦因子，从而找到区域大数据治理的创新路径与对策。

根据爬坡模型的治理路径分析，社会资源与资产大数据中心建设属于地区信息生态系统改造的主导因子，是信息生态系统改造中"看得见的手"。其作为一种政策与市场驱动力，属于关键的可选择因子，包括涉及治理的理念、治理的路线、治理的方法以及使能技术设计的正确与否等问题。大数据治理中，由政府主导的二元体制（即政府是信息治理的主体与主导方，缺乏第三方参与）是区域信息生态系统形成的制度层面的原因，也是地区信息生态系统改造发展（地区信息生态系统的区域或组织信息化与区域或组织生态化）要克服的症结。而区域组织功能（信息功能、经济功能、社会功能、环境资源功能）和区域组织信息生态及其治理架构，区域组织信息承载力中，信息能力和信息生态的消化力、同化力与灾变恢复能力是地区大数据治理的基本条件和实施基础。地区信息生态系统的形成、改造、发展如区域组织信息化与生态化，既是驱动力又是约束因子，其改造发展的基本动力产生于组织信息生态系统可持续发展的需要，政府主导下的大数据治理决定了地区信息生态系统在什么时候改造（即改造的拐点）以及治理的模式，甚至是治理的成败。大数据治理依赖的移动互联网、物联网、云计算及人工智能等顶层信息架构，需要信息生态系统中各级政府、各类型区域或组织大数据中心基本的信息承载能力为核心支撑，家庭、个人汇集的智能物联网终端产生的在线数据，需要大数据中心存储和交互，通过应用各类型语言、各类型数据、各类型应用服务平台的融合体系，设计爬坡模型的整体信息架构，联结、汇聚、融合多学科、多业务等类型大数据中心，形成基于现代新智能技术产业、智能互联网、智能物联网、智能计算、智慧社会等各类型组织信息治理的基础。我国区域大数据中心的建设成果典型体现并验证了当地政府大数据治理政策与路径选择结果，其作为重要的主动性与驱动力因子，对模型中的其余各因子会产生极大的作用和影响。因而区域要立足区域自然资源与信息资源优势，大数据治理路径选择与政策实施必须与当地区域信息化进程及区域社会经济、自然环境、文化发展水平相适应，从而实现自然生态环境与社会信息生态系统建设的双重可持续发展目标。

5.10　区域治理路径设计

现实中，行政区划是基本信息治理与预警的目标单元及管理体系。我国具有多样性的区域自然环境与社会环境，这使得目前大数据建设处于信息碎片化状态，目前尚无可行的公共政府层面的信息治理模型与区域治理路径，亟待新信息使能器技术与信息治理驱动战略的引入，非常适合依据爬坡模型进行大数据使能器设计与治理路径分析。因此，需要增加区域信息外营支撑力与驱动力供养源，提升系统整体信息承载力，建设区域科学大数据中心，以实现低成本驱动、注重前沿科学技术扩散等包括政产学研大数据源融合的目标。因而，如何构建区域大数据中心，使其成为国家与地区层面最重要的战略性基础设施，是信息治理使能器建设的首要任务。

从社会信息驱动力角度，我国的大数据组织基本形成了企业、政府、社会第三方组织三大阵营。其中，大数据信息承载力最高的无疑是以 BAT 等为代表的互联网企业，其主要依托信息治理、商务运营、技术创新和流量驱动优势，将积累的社交数据、搜索数据、电商数据通过治理转化为我国电子商务发展的各类创新素材，业务遍及云架构中的 IaaS、PaaS、SaaS 各层。据 IDC 数据，在 2016 年，市场排名第一的阿里云市场份额已高达 40.67%。而相对照的是，尽管真正拥有大数据建设资源及上游通信用户的电信运营商，如中国移动、中国联通、中国电信，在基础网络、数据中心、国际出口带宽等业务资源方面都拥有巨大的自然优势，其网络、数据中心也提供了 IaaS、解决方案等业务，却因没有找到真正的信息驱动力与数据服务支撑点而在大数据治理中处于被动跟随的地位。

地区大数据治理必须以当地的生态环境及自然灾害等基础生态条件为核心。从目前社会经济发展的大数据分析，自然环境仍然是决定区域发展水平的核心因素，如胡焕庸线，既是自然生态优势环境与劣势环境区位分界线，也是经济发展与社会文化分界线，同时也成为信息治理的区域分界线。

以行政区域为单元构建的大数据源是信息治理的基础与前提，是所有公共资源中最重要的战略资源。大数据的基本应用架构如异构多元数据之间的关联、挖掘分析技术等所有的大数据应用产品背后最根本的前提在于掌握数据源，而政府数据源的真实性、完整性、连续性及结构化程度均是商业数据源无法相比的。贵州天文 FAST 项目就是一个标准的大数据治理使能器的典型案例，从原先南仁东教授启动天文信息学中心、科学大数据中心源的单纯国家大科技设施建设层面，通过23年的建设与国家重点投入，逐步成为多学科专家群与政府全面参与的区域大数据治理中心，而其中自然生态环境与社会发展的耦合因素治理也成为大数据治理的关键路径选择，如涉及自然天坑与原始地质环境，加入后期的社会扶贫、人口迁移、环境保护及电磁环境治理，包括"电磁静默区"的特殊通信与大数据传输能力建设，而贵州省政府也以 FAST 为契机，大力引进大数据人才并扶植大数据企业，将多年来的大数据产业及大数据经济落到了实处。以西北五省区区域治理路径分析为例，作为爬坡模型中关键的大数据治理政策及其所决定的改造模式和路径，是地区信息生态系统改造的主动性因子，而电子政务中代表性的 .gov 和 cn 域名数量的前三名为山东、浙江、江苏，而西北五省区电子政务、电子商务等新经济与新公共管理使能器应用、新媒体中心建设等地区的全国总占比均不到12%，说明西北五省区为我国大数据供应链的下游落后区域，信息承载力统计结果具有极强的改造效果对照性与改造上升空间。同时，大数据治理与大数据中心建设属于地区信息生态系统改造的主导因子，是地区信息生态系统改造中"看得见的手"，作为一种政策与市场驱动力，属于关键的可选择因子，涉及治理的理念、治理的路线、治理的方法以及使能技术设计的正确与否等问题。

目前地区政府、行业、企业、互联网、物联网、移动通信以及第三方数据形成的信息孤岛与治理壁垒，只有国家战略层面的大数据治理才能解决。而区域组织功能（信息功能、经济功能、社会功能、环境资源功能）和区域组织信息生态及其治理架构，区域组织信息承载力中信息能力和信息生态的消化力、同化力与灾变恢复能力，是地区大数据治理的基本条件和实施基础，地区信息生态系统的形成、改造、发展，如区域组织信息化与生态化，既是驱动力又是约束因子，其改造发展的基本动力产生于组织信息生态系统可持续发展的需要，政府主导下的大数据治理决定了地区信息生态系统在什么时候改造（即改造的拐点）以及治理的模式，甚至是治理的成败。

地区信息压力中的自重力是地区信息生态系统作为区域或组织发展和自身发展负担的力学表示，主要由信息治理中落后的组织功能、信息区位劣势、无信息服务意识和恶劣的自然生态环境等因子构成。其营力系统中的内营驱动力主要由地区信息生态系统自身改造发展的需求和其自身的资源（如信息资源及其区位劣势）等因子构成，和外营力中的区域组织信息化、生态化需求的拉力方向一致，是改造的正向驱动力因子，共同推动地区信息生态系统的改造和发展。同时，信息资源及其区位劣势等因子和外营力系统中的支撑力相结合，决定着大数据治理改造的方向和改造的先后顺序，包括重大拐点与改造启动后的改造排序。

在以上分析构成区域大数据治理的三个约束因子中，区域信息社会基础环境因子作为一种自然力，如胡焕庸线，属于很难改变的固定常量；信息社会发展需求因子为系统只能适应与接受的前行社会经济力，唯有信息治理路径选择因子，如科学大数据中心的内容建设选择，属于仅有的在爬坡模型中决定斜坡与斜率的可调控、可选择的制度力或政策力，并决定了信息治理过程的阻滞力；随着社会经济发展，信息压力呈现超出信息能力的规模化指数增长态势，基于信息治理形成的支撑力与驱动力，维持了区域信息生态系统的可持续发展。改革开放以来，以我国社会主义举国体制的治理模式典型体现并验证了上述国家大数据治理政策与路径的正确与否。区域大数据中心的建设及相关分析，对地区信息生态系统的改造具有极为重要的意义。区域大数据中心的建设及相关大数据治理政策的制定、模式的确定、路径的选择，作为重要的主动性与驱动力因子，对模型中的其余各因子会产生极大的作用和影响。我国不发达区域大数据治理的使能技术分类中，新信息网络技术、大科学发现与经济发展、民族文化拓展相结合的标准信息使能器阻力最小、实施效率最高。作为爬坡模型中信息治理驱动力最强的主动因子及核心信息使能技术，大数据政策、模式、路径是地区信息生态系统改造动力模型内营力和外营力及其诸因子相互作用、相互影响的最核心体现，应与区域经济、社会、资源、环境相适应，即大数据治理发展要立足区域自然资源与信息资源优势，与区域信息化进程及区域社会经济、自然环境、文化发展水平相适应，在此基础上，为我国社会经济发展落后区域实施大数据可持续发展战略提供路径构建和战略安排。

5.11　区域信息援助路径设计

信息承载力对风险的预测可以通过信息评估的危机或风险的幅度和频率的冲击或应力的程度来进行。以落后区域信息援助路径设计的地理分异特点分析，与中、东部区域相比，我国西部地区的地理环境、资源禀赋、文化传统差异较大，而区域内部的社会发展定位也会直接影响其在社会整体信息生态系统中的利益及格局，使其不能直接沿用发达社会环境下形成的网络信息治理理念、技术及应用建设。区域信息治理中，其本身固有的信息理念与共识之间存在数字鸿沟，加上历史文化发展落差与地理隔绝，使得外在信息压力较大。我国政府信息承载力立足于中国国情，虽然有其历史渊源与现实局限，但也必须对国际通用的信息治理规则与潜在规则，如政府行为透明度的要求，做出回应，这种回应与要求之间即使并非一一对应，但在方向上应该趋向一致，从而在客观上形成推动区域政府信息承载力提升的动力之一。一个有效率的、法治的、负责任的政府必定是公民能够参与决策的政府，政府能够公开除了法律规定为例外信息的所有数据，这也是信息治理的最大价值，即信息治理的标准归为基本要素合法性、透明性、责任性、法治、回应性和有效性。其中，透明性指的就是政治信息的公开性，每一个公民都有权利获得与自己的利益相关的政府政策的信息，包括立法活动、政策制定、法律条款、政策实施、行政预算、公共开支以及其他有关的政治信息。这可以保持公共政策的稳定性与连续性，促进社会进步，维护社会安定。信息公开、数据共享也是政府职责，政府信息治理的实质就是维护国家及公民的权益不被侵害，防止一些个人或组织为谋取超额经济利益，垄断信息资源。

当信息只有有能力支付费用或有权利获得的人才能获取时，信息就成为稀缺资源，这种情况不仅会阻碍社会进步和知识创新，形成数字鸿沟，也将扩大贫富差距，破坏社会公平和稳定。随着信息治理的深入，政府的职责也在改变，由过去的"管制型政府"向"服务型政府"转变。政府信息治理的权威来源于政府和人民之间制度化的信息沟通与交流，其职责不在于控制和管制，而在于掌舵和服务，政府的行为不应该以其自身需要为导向，而应该以公民或者消费者的需要为导向，政府信息治理的职责在于为企业和公众提供高质量的公共信息产品及信息服务。而公开政府活动及有关信息，自觉接受人民群众监督，既是政府的法定义务，也是其职责所在。以信息公开为例，在法律规定的范围内，自然人和法人享有获得政府信息的权利，政府有提供信息的义务。但因为没有明确的享有公开申请权的权利主体，政府信息公开就失去了根本的动力，没有明确的赋有公开信息的义务主体，政府信息治理就不可能真正有效地运作，特别是权利主体，公众信息权利与主体意识淡漠。其中，权利主体是指有权请求政府公开其拥有的政府信息的任何组织与个人。

信息承载力落后区域民众由于地域的封闭特点及文化习俗等，造成公众自身信息承载力低下，对政府信息表现出漠然和无知，习惯了被动地接受政府信息，缺乏主动获取和利用政府信息的意识。相应，区域政府没有摆脱传统的管理意识，影响和阻碍了政府信息承载力的提升。如果通过信息治理引入全社会力量参与，如政府与企业层面各类型社会组织支持的学校儿童营养与健康发展和贫穷家庭的拯救儿童及其他复苏计划，可直接减少灾害风险的主流因子，而教育与技术援助包括在学校发展安全风险防范及应对灾害的学习和培训、对落后区域进行健康护理和医疗机构的技术合作等。目前落后区域的信息援助路径与技术路线设计仍然是我国亟待解决的核心问题。

第 6 章　区域应急管理中基于信息生态架构的定量评价及分析方法

应急管理与信息预警的技术基础及实施准备的前提是区域信息生态系统的可持续发展状态,而通过对区域进行不同尺度的信息生态评价与预估,可以得出基本区域信息评价的基础数据,并通过信息治理完成应急管理与风险预警的基本信息架构建设及技术实施过程。风险预警包括明确警意、查找并识别警源、预报风险级别、构建危机显示与定量评价系统等信息供应链与治理递进过程,需要加入区域信息生态系统可持续发展的顶层架构设计与信息定量评价与测度。危机管理系统中的分类启动体系研究是目前的重点,而预警监控机制是在事故发生之前,对风险事件进行的一系列监视和控制方法。它融合了风险的识别、监测、诊断与评价、风险事件发展规律的预测、预警信号与阈值的确定以及对风险源的连续性或阶段性监视与风险源控制。基于信息系统规划与相关的大数据定量评价技术,目前主要有如下研究进展及应用设计。

基于基本信息治理理论进行区域应急管理设计指标预警系统,这种方式在公共安全及舆情治理等危机管理系统设计中较为常见,通常利用信息预警警兆的某种反映及相关警级指标来进行预警。现实中,对应某一信息预警警情往往有若干个警兆指标,因此就需要对警兆进行综合,并进行态势评估,常用的应用指标定量评价综合形式有扩散指数与综合指数两种。信息标识与显示指标预警系统不仅可以独立作为预警系统使用,而且还可以为统计和模型预警系统提供变量选择基础,类似西方经济危机或金融分析中的景气或行业指数预警法。

针对突发风险事件的特征,对监控与启动机制流程建立不同事故类型的分类启动体系,包括事件发生过程中的监控与启动机制、监控流程。监控机制的环节和流程为:首先按照风险源进行识别,然后进行风险初步评估,接着启动风险预警,并分级建立启动阈值。

目前比较成熟的技术应用还有基于传统统计学思想与数据分析技术的预警系统。这种信息预警方式是对警兆与警情的相关关系进行统计处理,然后根据警兆警级预测警情警度。首先,对警兆和警情进行时差分析,确定其先导长度和相关程度;其次,依据警兆变动情况,运用区间分析确定警兆的警级,结合警兆的重要性进行警级综合;最后,定量评价并预测警度。在预警过程中,通过统计方法确定诸多定量评价及预测参数，此类型预警系统是应用危机管理理论与信息治理中的定量评价指标，构建合乎逻辑的精确和深化决策系统。

此外，还有人工智能、基于大数据与物联网的多源信息融合等新信息分析技术及模型的应用，该类方法目前主要通过建立数学模型来评价监测对象所处的状态，因而此类技术主要应用在物联网体系中，监测点比较多、网络结构复杂时适用。新信息技术融合模型分为线性模型和非线性模型，并加入了机器学习等先进技术成果。当主要测度变量之间有明确的数量对应关系时，就可用线性模型预警。非线性模型则在处理复杂的非线性系统方面具有较大的优势。但基于新信息技术融合的分析模型如何对监测对象的复杂表现状况进行有效预警评价，目前在预警方法领域中仍是难点。

6.1 应急管理中信息承载力治理的测度与定量评价

在应急管理中，信息承载力使能器的评价内容包括技术管理、网络基础设施、管理与应用、技术标准的协调与匹配、关键基础设施的发展与操作、公共政策问题、管理对象的调整、法律与法规体系保障等。指标操作上主要涉及信息与职能（治理业务）的匹配管理、治理价值贡献管理、风险管理、治理绩效管理等。在确保组织的信息生态系统可持续发展基础上，扩展组织在应急管理中的治理战略和目标。通过构建应急管理中的资源环境禀赋、风险评估、预警、协同、事件模拟仿真五个本底指标，与征兆识别与预防、信息探测与预警、快速反应与损失控制、善后治理与转换发展四个进程判别指标体系，另外再应用信息承载模型中的压力度与承载力进行定量评价（徐晓锋和曹文玉，2013），得出区域应急管理中系统整体的全局评价，同时定量反映信息治理的状态及信息使能技术的水平。在指标体系构建中，无形的社会资源资产统计问题难度最大。由于信息消化、吸收与自主创新能力总是通过间接指标进行表达（如协作发展能力、技术开发水平），因此信息承载力量化的关键是要确立承载基体（信息人）与承载对象（社会资源）之间复杂的动力作用关系，特别是区域信息压力的测度及分析。

社会环境子系统实则是压力指标体系，是反映人民生活质量与社会进步的指标，所以压力层实际上是信息生态系统中的表现层，是作为系统主体的人与同一生态系统中资源、环境与社会经济各类型因子相互作用、共同运行的表现结果。从人类需求与社会进步的特点来看，表现层的指标体系应该包括信息资源总量、相应的信息资源质量、信息生态系统的多样性、经济发展水平和社会文明发展指标四部分。

信息承载递阶结构三层模型中，由于治理层直接决定应用层信息供应的数量与质量，其关键因子有信息公开程度、社会稳定性水平、当地文化结构评级、经济发展水平，还需要加入区域信息报道内容分析、重大事件倾向、区域政府决策能力、区域政府信息分析能力、区域政府组织管理能力、区域政府宣传能力、社会整体目标针对性科技水平等。

6.2 区域信息治理中关键信息承载力构建与分析

区域信息治理中关键的区域信息承载力由信息弹性力与信息能力构成。

6.2.1 信息弹性力评价指标的选择与理论解释

信息弹性力由社会条件支撑类与自然条件支撑类本底指标组成（表6-1）。

表6-1 信息弹性力指标陈列

子准则层	一级指标	二级指标
社会条件支撑类指标 B_1	信息基础设施 S_1	信息硬件设施水平、信息网络装备与结构网络基础水平、通信设施结构、网络传输结构与基本分布
	组织人力资源与信息素质本底 S_2	反映该区域信息化进程中领导人员、技术人员、相关从业人员的素质、规模和水平，以及科研机构数量与质地的指标，如①信息人本底（每万人大学生数、每万人科技人员数、信息从业与产业人口比例、科研机构数量与质地）、信息人收入水平、教育水平等组织成员基础素质；②ICT业与服务咨询业从业人员的关键结构性素质指标；③科研人才配置；④信息技术培训率（信息人员数量比，信息技术人才职称机构比例）；⑤组织整体信息技术人才配置、信息人才结构等信息人力资源建设指标
	地域文化本底与基本政治质地 S_3	信息社会文化、信息应用文化、历史传承、民族文化、地域文化本底，还涉及政治体制、制度沿革、地区科技文化综合进步环境等
	传统信息资源建设本底 S_4	传统信息资源本底指标，反映区域信息资源的丰富程度和加工水平，指标的选择还要考虑互联网、电视、广播、报刊等传播式流通型信息资源的种类与数量，关键指标包括公共图书馆藏书量、传播媒体的信息量等易于量化的指标
	区域经济条件与信息产业条件本底 S_5	第三产业发展水平、信息产业对社会基础建设的渗透指标等
	社会信用体系本底 S_6	信息公开、社会保障、社会公平等决定社会信用发展的信息政治促进指标，另外还包括群体信用文化、公益发展水平、中介组织质量与数量、非政府组织发展以及信仰指标等

续表

子准则层	一级指标	二级指标
自然条件支撑类指标 B_2	社会地理区位 Z_1	社会经济发展的地理优势区位与国家区域政策关注水平、区域交通地理位置优势、环境污染治理等
	自然环境条件 Z_2	自然环境中森林、水资源等对区域地区社会发展最重要的天然成分与质量状况
	交通条件 Z_3	区域交通建设、公共交通等针对区域恶劣的自然交通环境的流通量指标

注：由于数据采集过程中的实际困难及操作，正文中部分指标解释与实际指标有互相替代、指标数据适当转换及保密处理。后同

社会条件支撑类指标包括信息基础设施、组织人力资源与信息素质本底、地域文化本底与基本政治质地、传统信息资源建设本底、区域经济条件与信息产业条件本底、社会信用体系本底。

自然条件支撑类指标包括社会地理区位、自然环境条件、交通条件、区域等。

信息基础设施指标用来反映该区域在发展信息化建设方面的硬件基础设施水平与 ICT 基础技术应用状况。信息化建设硬件基础设施的发展直接决定了地区信息化发展的进程，是制约区域信息弹性力水平的重要因素，信息技术指标是变化最快的，这里仅列出最常见的指标，如信息传输通道状况、家庭接入带宽、国际互联网出口带宽。ICT 基础信息技术普及与应用指标反映国家（或地区）信息技术在人们社会工作与生活中的普及应用程度与基础建设。

组织人力资源与信息素质本底指标显示了区域作为一个抽象的整体系统，其中最关键的人与环境的微观交织部分，这里仅列出组织人力资源在信息环境与技术条件下的因子与成分及相关解释。组织人力资源与信息素质本底指标包括信息人力资源储备、信息技术培训率、信息人才结构、信息人本底（大学生等高学历比例数、科技人员比例数、信息从业人员百分比、科研机构数量等）。信息人本底包括：①信息人基本素质；②信息技术培训率，即接受信息技术教育培训的信息人员与组织成员总数之比；③信息人员数量比，即信息技术相关专业技术人员与组织成员总数之比，可以用信息技术相关专业技术人员或信息从业人员与区域的员工总数之比表示。信息人力资源指标反映区域信息生态系统中技术人员、相关从业人员的素质、规模和水平，区域信息人力资源越丰富，技术水平越高，总体素质越高，该地区使用信息技术获取信息的本底能力就越强。人力资源储备指标包括在校大学生数量、劳动者平均年龄等具备储备水平与教育特色的数据指标。其中，教育水平指标是人力资源储备项中最关键的指标，几乎所有研究学者

都认为教育水平、信息交流与学习能力三者之间具有显著的正相关关系。低教育水平和识字率代表一国的人力资本水平较低,是阻碍信息承载能力提升的主要因素;较高的教育水平可以促进信息承载能力水平的提高,可以逐渐降低信息吸收与利用过程中的学习成本,增加信息产品的社会价值与经济价值。更重要的是,作为对知识技能有偏向侧重的信息挖掘与应用技术,往往需要极严格的训练水平与技能和知识吸收能力,信息承载力的扩散溢出效应也需要针对区域组织与信息人不断地进行学习与培训才可以获得,而且教育水平与培训人才直接引导了社会信息生态系统的可持续发展方向。国外的经验表明,教育水平受到信息承载力水平的影响,在一个低信息承载力水平的社会,人们没有条件与环境接受更高层次的教育。另外,在中国绝大多数地区,人们对教育的期待比较高,高教育水平的人具有较高水平的信息弹性力。

地域文化在信息承载力计算中主要指区域信息科技应用文化及技术对区域文明如信用体系、生活方式、治理文化等形成的文化与政治双重结果,地域文化本底与基本政治质地指标体现了社会文化与政治体制的信息弹性力特质,包括信息社会文化、信息应用文化、历史传承、民族文化和地域文化本底,还涉及政治体制、制度沿革、科技进步环境等综合性指标。

传统信息资源建设本底指标可以反映区域信息资源的丰富程度和加工水平,指标的选择主要考虑传统的公共图书馆分布、电视、广播、报刊等信息资源的种类与数量,关键指标包括公共图书馆藏书量、传播媒体的信息量等易于量化的指标。

区域经济条件与信息产业条件本底指标包括第三产业发展水平、信息产业对社会经济发展层面的渗透指标等,主要评价国家(或地区)信息产业上投入与发展的经济产业效果。人均GDP、可支配收入和信息技术与设备的普及水平与扩散速度之间存在正相关,人均收入水平较高的国家会投资更多经费在研发上,因此更加能够获取和使用先进的信息技术与设备。另外,信息弹性力与人均GDP、可支配收入有紧密的互相促进的关系,信息弹性力越高的地区,分工和交易越发达,地区优势越容易发挥,经济增长越快。同样,经济越发达的地区,信息承载力水平越高,因为信息承载力在高收入地区比在低收入地区有更高的效用,高收入地区的个人和企业更注重信息承载的效用。其中,信息承载力中关键的术语及指标定义主要有:计算机装备率(企业计算机总数与企业员工总数之比)、网络装备率(企业联网计算机总数与企业计算机总数之比)、信息化软件应用水平(信息化软件主要包括办公自动化系统(OA)、管理信息系统(MIS)、制造资源计划系统(MRP Ⅱ)、计算机辅助设计系统(CAD)、计算机辅助工艺设计系统(CAPP)、计算机辅助制造系统(CAM)、柔性制造系统(FMS)等,指系统的应用水平与比例)等。

以区域信用体系为代表的社会资本积累指标是信息弹性力中最关键的本底指标,属于区域长期发展历史的遗产积累,区域信用体系的内容及数据值来自长期区域社会文明与信息文化的积淀。区域信用体系除直接测定外,还可以加入信仰指标、群体文化发展水平、中介组织质量与数量、电子政务建设状况、非政府组织发展等具体指标。其中,电子政务可直接提升社会信用体系的发展水平;宗教或者群体文化也直接影响社会信用体系,人们出于对惩罚的恐惧,会对现状守信,并且这种文化导致的信任度差异将因为文化的差异而长期存在,难以改变。大量的中介组织与非政府组织有助于信息承载体系的完善与发展,因为作为个体的人如果不加入到组织中,其信息承载体系会处于极低的水平,而且中介组织最大的生命力在于消除信息不对称的影响,维护并构建社会公用价值体系与信用体系。同时,作为一个组织中的个体,采取机会主义行为的成本较低,因而组织在某种程度上延续并扩展了个体的信息承载力;而且中介组织会将一次性博弈行为变成学习性、重复性博弈,这种类型的博弈带来的长期利益追求,会促使社会信息承载体系中信用体系的完善与提高。

自然条件对信息弹性力水平具有极大的支撑作用,社会地理区位与国家区域政策关注水平、自然环境资质以及交通条件在区域地区区位与自然环境中主导了区域的社会发展方向。传统交通设施及基础建设对信息交流的作用是显而易见的,如打破地域隔绝与自然区域划分,包括光缆等基础建设也是同铁路网、公路网紧密相关的。此外,区域的交通设施受制于自然地理条件,因而将交通设施归入自然条件的控制指标范畴。一个地区交通设施的便利程度会直接影响信息交流的广度以及重复的可能性,其也是影响人们信息交流的重要因素,特别对于目前的区域人际交流、信息基础设施建设、区域经济发展影响重大。

6.2.2 信息能力评价指标的选择与解释

信息能力主要是指区域组织与信息人在对信息资源进行获取、识别、接收、储存、利用和创造的基础上发展而来的综合治理能力与创新能力,包括信息资源整合与发布能力、信息基础管理能力、信息咨询与决策支撑能力、信息创新能力、信息协作能力、区域信息投入发展水平、信息文化发展能力、信息效益、社会信息服务与信息使能技术集成能力等,其核心是信息治理能力、信息利用与创造能力。另外,组织的信息能力还要加入区域或组织的信息生态系统生存发展能力、信用指标体系、信息文化发展能力、区域信息人才发展能力、信息价值贡献能力、信息效益等组织发展与企业贡献指标(表6-2)。

表 6-2　信息能力具体指标陈列

一级指标	二级指标
信息资源整合与发布能力 I_1	广播、电视、图书、期刊、报纸、互联网等信息源与媒体的整合发布与传播水平能力
信息基础管理能力 I_2	区域信息化进程对社会生活与经济政治发展的渗透水平，信息人与组织的信息获取与接收、信息识别与选择、信息加工与存储、信息应用交流等基础管理能力
信息咨询与决策支撑能力 I_3	社会基本生活、科研需求、学术研究、基本服务、科技素质教育、国防、社会服务、应急管理等专业性极强的情报与基础监测数据收集能力指标，还包括政策与战略发展、公众与领导层面的决策服务要求等策略型能力指标
信息创新能力 I_4	主要涉及电子商务、专利与国家高新科技水平的信息综合创新能力，指标要反映其中信息转化能力、信息导向能力与信息竞争能力的创新部分
信息协作能力 I_5	基于信息资源共享能力、信息交流与学习能力、区域全面协作与响应的各类型社会组织合作与共享社会资源的平台结构指标，最典型的如 Cyber-infrastructure 建设成果与应用成果，还可以通过高新技术进步速度、劳动生产率、区域信息协作共享政策、国际国内高新技术推广、外向型经济发展等成果指标进行定量测度
信息文化发展能力 I_6	针对大众文化、科技知识、社会文明建设等涉及信息服务的标志性、战略性、推动性竞争指标，直接的指标有公共图书馆分布、信息启蒙教育以及互联网接入服务企业质地等网络文化组织指标，间接指标有专利申请量、科技论文发表数量等
信息使能技术集成能力 I_7	组织战略执行力、电子商务发展、基于 Cyber-infrastructure 平台的具体使能技术构建能力等指标
区域信息投入发展水平 I_8	组织针对信息业务的资金投入能力、科技信息服务从业人员收入增加水平、针对信息服务的支撑能力投入等指标
信息效益 I_9	区域信息组织与信息人直接创造的经济效益与社会效益、高新技术的产出能力，信息服务的社会政治效益，信息技术的贡献率、信息化社会效益等合成指标与间接指标
信息治理水平 I_{10}	信息检查水平、领导信息意识、信息维稳能力等，还包括高新技术的社会经济水平、政府应急管理中的信息主导能力等间接指标

信息资源整合与发布能力是指区域信息组织与信息人对各种信息源和信息媒体的整合发布及传播水平能力。信息资源管理的最终目的是促进社会和经济的全面发展，其关键在于信息资源的应用，而信息社会面临着以互联网为主导地位的媒体变异与整合发布的能力转换。区域由于处于信息网络的下游，信息资源整合

发布会尤其重要，因而区域信息资源整合与发布能力直接与和谐社会建设、国家支柱产业发展、科教文卫发展、国家基础设施建设、国家安全以及每一个人的发展密切相关。此外，区域信息资源整合与发布能力是信息承载能力的另一项关键指标，其主要是在信息资源的交互式、集成化开发的基础上，将监管及信息资源的国际化开发与发布结合起来，构建主流信息发布渠道与媒体传播网络，把国内外的信息资源具体应用到区域社会发展与本地信息资源建设过程中，同时，也把产生于本地的信息资源通过国际化和全球化加入到信息生态系统的循环体系中，进而获得相对应的国际化信息来源与渠道。信息资源整合与发布能力可以由广播、电视、图书、期刊、报纸、互联网等信息源与媒体的整合发布与传播水平能力等指标构成。

互联网覆盖率、信息基础管理能力包括信息人与组织的信息获取与接收、信息识别与选择、信息加工与存储、信息应用交流等基础管理能力，代表了信息人与信息组织的信息吸收数量实际能力。信息获取与接收能力是指通过不同的信息渠道进行广泛数据收集，完成信息生态系统目标建设与管理任务的能力。信息识别与选择能力是指根据一定的目的和要求，对收集的大量信息进行分析、比较和筛选的能力。信息加工与存储能力是指对选择后的信息进行科学研究、处理、加工和存储的能力。信息消化与吸收能力是指将加工处理的信息或存储的信息资源通过学习、培训等方式有效地转化为可用信息生态系统活动的具体能力。由于具体计算时指标采集数据可得性问题及实际困难，表 6-2 中具体指标有所变化。信息基础管理体现了信息承载力的流量水平，一方面，信息资源管理机构要根据区域管理决策和行动的需要从国际社会、国内各类组织和个人处获取信息资源；另一方面，信息资源管理机构要为执行区域服务任务的组织或个人以及获得授权的国内外组织或个人提供信息资源和相关服务，这样就产生了信息的传输与流量的规模和服务范围，其可以通过信息人每天主动利用计算机工作小时数、人均年主动使用互联网、邮政、电信进行的信息交流量，以及 ICT 服务覆盖率、区域网站数量、广播与电视覆盖人口等相对指标，体现信息流量水平。

信息咨询与决策支撑能力的具体定量指标包括社会基本生活、科研需求、学术研究、基本服务、科技素质教育、国防、社会服务、应急管理等专业性极强的情报与基础监测数据收集能力指标，还包括政策与战略发展、公众与领导层面的决策服务要求等策略型能力指标。可以说，区域信息咨询与决策支撑能力代表了信息服务的最高层次，即为进行组织的战略咨询与宏观发展方向提供决策指导。

信息创新能力包括信息综合创新能力、信息转化能力、信息导向能力和信息竞争能力。

信息协作能力包括信息交流与学习能力、信息共享与合作等能力，涉及电子商务、专利与国家高新科技水平的信息综合创新能力。基于信息承载力的信息治理中，信息协作能力最大的优势就是将原本孤立的各个信息孤岛联结成为有效的决策与实施系统，使得信息治理具备了先天的效能倍增优势，其可以通过基于评价与治理的信息供应链过程顺序实施。为了让事件信息与相关基础数据得到有效而快速的汇集与应用，需要社会各层面信息平台的全面协作与合作，并从立法的角度进行组织配备与资源动员，如基于 Cyber-infrastructure 的信息协作基础体系与集成能力。其中的关键指标是信息资源共享能力、信息交流与学习能力、区域全面协作与响应平台、区域信息协作文化、国际市场开放度或者外向型经济发展等，这些指标是信息协作的典型体现。信息交流能力是指具体的实践活动中，与外界进行信息交流与数据交换的能力。

区域层面的信息协作包括三个方面的定量指标测算：一是区域内管理机构与资源机构之间的协作；二是管理机构、资源机构与其他组织或个人之间的协作；三是管理机构、资源机构与区域外部管理机构、资源机构的协作。国际市场开放度或者外向型经济发展也是信息协作能力的直接体现指标，信息承载力对外资引进有明显的影响，作为利润最大化的组织，外商的决策有着充分的信息收集与信息处理过程，他们会选择具备高水平信息承载力的发达地区。另外，国际化水平越高，以信息交流、信息协作为代表的信息承载力水平就越高。国际化（引进外资）水平通过市场开放和出口导向性投资，可以促进高质量信息流动，提升高水平技术与管理知识的引进与生产，因此国际贸易成为促进信息硬软件技术普及和扩散的渠道。正如斯蒂格利茨提出的"信息不对称导致经济贸易量减少"，一方面，信息网络和通信技术可以缩小全球贸易在空间的距离和时间的限制，从而降低信息的不对称性和市场的不完全性；另一方面，通过国际贸易，也可以在产品贸易和技术转移过程中实现知识和技术的溢出。

信息文化发展能力是信息承载递阶结构系统中，区域中人、组织接收数据转换成信息，然后形成区域整体的知识能力，体现了区域信息文化发展能力，由数据到信息再成为知识这一信息供应链过程的末端发展，信息文化体现了人类社会文明的最终结果。信息文化发展能力指标中既有针对大众文化、科技知识、社会文明建设等涉及信息服务的标志性、战略性、推动性竞争指标（这部分组成中直接的指标有公共图书馆分布、信息启蒙教育以及 ISP 服务企业质地等网络文化组织指标）。另外，为了统计方便与定量分析可行性，考虑可以采用专利申请量、科技论文发表数量等间接定量评价指标。科技论文发表数量是信息文化发展能力的一个关键指标，科技论文作为科技活动产出的文化形式，从侧面反映了一个区域基础研究、应用研究等方面的情况，在一定程度上反映了区域的科技水平和国

第6章 区域应急管理中基于信息生态架构的定量评价及分析方法

际竞争力水平。

信息使能技术集成能力的关键指标有组织战略执行力、电子商务发展、基于Cyber-infrastructure 平台的具体使能技术构建能力等指标。从宏观的角度来解构信息服务与信息技术等职能，所有与信息能力有关的技术与服务都是天然的使能器，即信息通过对所有组织业务或流程采取推动、促进、成全、治理、保障的科学系统技术或管理策略，进而完成信息的作用过程。这里主要是从微观层次提供国家宏观战略层面无法实现的分区域信息定量层面的治理效果分析，可以在具体操作中针对区域国家战略目标管理、地方政府长远规划水平等区域战略层面的所有业务实施水平、变革水平与策略选择水平的具体指标，如组织战略执行力、电子商务发展，其涉及组织执行战略、信息服务战略等关键效能提升指标进行相应的信息承载力定量评价。

区域信息服务发展水平由组织针对信息业务的资金投入能力、信息人收入水平、针对信息服务的资金投入等指标组成。此外，还包括信息人的个体信息消费投入，在参考了国内外信息化指标体系的基础上，听取有关专家提出的建议，具体统计按个人消费中除衣食住行外的杂费比例，包括通信与上网投入、学习投入、区域科研投入、信息资源建设投入等。

信息效益由网络营销水平、电子商务发展水平、信息技术产值、信息贡献率等组成。信息效益主要由区域信息组织与信息人直接创造的经济效益与社会效益产出能力构成，包括信息服务的社会经济效益，由信息技术的贡献率、信息化社会效益等合成指标与间接指标体现。信息效益包括网络营销水平、信息技术的贡献率、信息化社会效益等合成指标：①网络营销水平：由网络信息服务替代实体营销而提升的效益，如企业对企业、政府对企业、企业对用户等，利用先进的网络管理与网络实体营销的方式产生的利润等。②信息技术的贡献率：信息技术对企业经营收入、产值利润的贡献率，指采用信息技术后产生的企业经营收入、产值、利润的增加值与经济效益的增加值。③信息化社会效益：顾客对信息化产品和服务的满意度。关键指标有科技开发实力（科研成果件数、科技人员比例、专利批准量、科研经费量、科研机构质量）与信息产业总产值等。区域信息生态系统的产出能力是指区域信息资源管理和治理活动所得到的结果，可以从人力资源、物质资源和无形资源三个方面来衡量。如可以从以下三个方面进行分析：①人力资源产出。信息资源管理对人力资源发展的贡献主要体现在区域人口及民族整体素质的提高、人才队伍的发展、领导队伍的建设等方面，这些是信息资源管理的直接产出。②知识转化为物质效益水平产出。信息资源管理通过改造物质资源和提高物质资源的开发与利用效率，从产业、企业、文化、科技、教育、环境等方面提升区域竞争力，这些是信息效益的间接体现。③信息产业是标准的清洁生产，采用高新技术可以降低能耗，因而知识生产率、综合能耗产出率同样可以表征信息效益。

信息治理水平包括信息检查水平、领导信息意识、信息维稳能力等。另外，信息治理的社会经济效益可以通过高新技术的社会经济水平、政府应急管理中的信息主导能力等间接指标定量化测定。由于信息能力指标的动态性较强，而且在具体数据收集过程中主要以调研与数据挖掘为主，因而特别加设了信息治理指标。区域信息治理工作由于其显而易见的竞争性，更加需要人的理解、判断和预见力——治理智慧，特别是组织领导者的信息能力，即管理者有效地评价和使用信息，反映组织对信息化的重视程度和信息化战略落实情况，一般表现为领导者对信息部门的权限设置、人才投入与资金支撑等。信息能力在定量指标方面不如信息弹性力直接，但即使信息弹性力指标水平再高（如计算机网络的建设等也可以有后发优势，直接一步到位，其包括引进先进的信息治理软件等系统与资金投入），区域信息承载力也需要区域文化、区域组织、区域政策、法律制度的保证，需要信息人的素养、技能的配合，需要保障其有效运作的良好区域信息生态环境，特别是具有强烈信息治理意识的领导者，其是区域信息承载递阶体系的主要推动力量。信息维稳能力是信息治理中最突出的指标，包括媒体报道与网络报道中正面事件的显现状况、突发事件中的信息稳定能力等。此外，区域信息治理指标还包括区域信息治理意识、沟通观念和规范、信息工作制度、信息工作流程、信息收集处理工具、信息处理环境和平台、区域电子政务水平、竞争信息（知识、情报、数据）系统基础在内的信息治理工作体系。其中，信息检查水平是信息治理指标体系中政府信息治理能力的直接体现，高水平的信息承载力会产生规范的政府行为。规范、透明的政府行为能够提供一个稳定的社会信息承载结构体系，包括政策环境、信用生活环境等，通俗的解释是可以降低信息不对称的风险，使政府管理在较低的行政成本基础上增加效率与效能，从而提高社会运行水平。政府的行为规范应包括司法独立和对行政权力的法定限制，减少政府的赢利性交易活动有助于消除信息不对称，事前信息的披露有利于降低事前的不确定性，减少封闭和垄断有利于提高区域信息承载力水平，能够让市场自动发现犯规者，并实施惩罚，甚至将其淘汰出局。

6.3 信息生态系统可持续发展压力关键指标的组成与理论解释

信息生态系统可持续发展压力主要体现了信息生态系统的外部发展环境对信息组织与信息人的压力及信息生态系统可持续发展对信息数量与质量的要

第 6 章 | 区域应急管理中基于信息生态架构的定量评价及分析方法

求,反映区域信息生态系统内部需求指标及外界环境的社会发展压力,具体可以分为信息资源压力、人才资源压力、信息成本压力、信息治理与决策压力、信息安全压力、社会发展压力、社会环境压力、信息咨询与服务压力、信息文化压力、自然环境压力、信息创新压力、信息公开压力等。详细的定量指标可以分为财政、人才、资源、社会、心理、管理、服务、形象、安全、突发事件等压力测算指标。

一般在进行信息承载力的指标构建时,信息生态系统的外部压力就是针对前述的信息能力构建的反方向指标,要从反方向进行信息压力的指标构建,我们通过层次分析法进行了相关指标的构建(图 6-1)。其中,信息生态系统的内部压力可以相对信息承载力中的信息弹性力指标进行反方向构建,其包括人才资源压力、资源压力、信息治理与决策压力、信息咨询与服务压力等,在实际的操作过程中,将上述指标进行压缩整合为十大类。

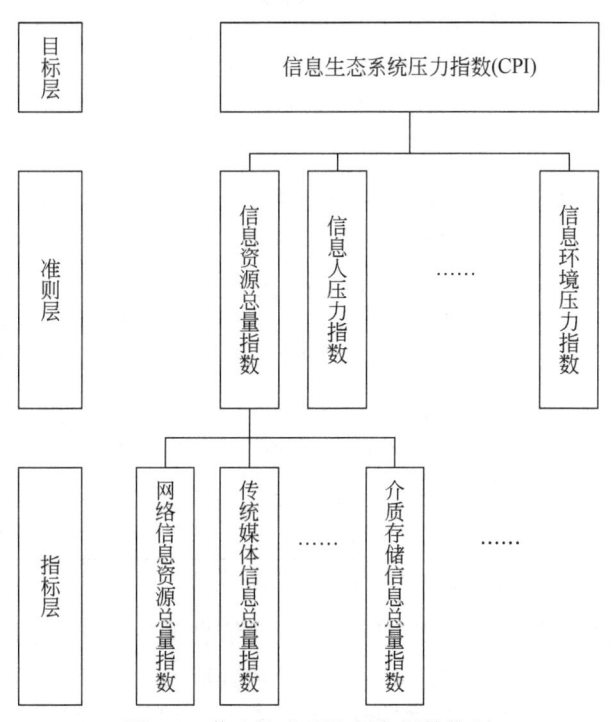

图 6-1 信息生态系统压力指数模型

如表 6-3 所示,信息压力指标按照准则层可大致分为十类,具体如下。

表 6-3 信息压力指标陈列

准则层（一级指标）	指标层（二级指标）
信息接收总量与信息成本压力 P1	信息资源处理与加工压力、ICT 建设成本、人才配置压力、财政压力等，包括信息接收总量压力、组织与信息人被动接收的信息服务资源数量与相关质量要求
人才资源压力 P2	信息人的队伍建设缺口与素质要求压力指标
信息治理与决策压力 P3	各类社会管理、危机类治理成本压力，可以用社会经济指标定量测定
信息安全压力 P4	信息泄露与失窃风险、网络安全与防护、灾害压力、国内外政治经济安全压力、社会安全类压力等
信息创新压力 P5	区域技术咨询与服务流进当量、高新技术引进当量、社会开放的信息服务变革压力等
社会环境与自然环境压力 P6	区域社会环境压力包括政治环境、法律环境，社会环境压力包括社会竞争、科技进步要求、社会突发事件、社会分化、政治经济发展等，自然环境压力包括自然环境污染、可持续发展矛盾、环境类突发事件（自然灾害、形成危害的环境类突发事件）等
信息咨询与服务压力 P7	求职需求、信息基本服务、科研需求、社会服务、应急管理等专业性极强的情报与数据收集压力，以及政策与战略发展、公众与领导层面的决策服务要求等策略型压力
社会发展压力 P8	涉及信息组织与信息人日益提高与膨胀的信息质量与时效性要求、生存压力、社会治理复杂水平、文明冲突、民族文化分异、科技进步要求、培训与学习压力、体制压力（包括区域政策法规限制）等指标
信息公开与非对称性信息需求压力 P9	新闻媒体督导压力、公众关注压力、信任障碍度、沟通阻碍程度、组织内外部信息不对称性程度信息选择与战略决策机遇非丰满度
区域内部分化水平 P10	城乡之间、内部区域之间、高低收入之间、不同文化分类与社会各类型之间等存在的教育、收入、民族、自然地理、政治分化水平

注：表中内容（包括本书案例部分）基于实际操作进行了微调

1）信息接收总量与信息成本压力：包含信息服务资源数量压力、时效性与质量要求、信息资源处理与加工压力、ICT 建设成本、人才配置压力、财政压力等，其中包括组织与信息人被动接收的信息数量与相关质量要求；信息资源建设与发展压力指标主要有信息服务资源数量、时效性与质量要求、信息处理与加工压力等。信息总量与 ICT 建设投入从正反两方面揭示了信息量压力，区域信息专业服务机构没有进行区域信息资源的整合与本地化工作，以政府为代表的公共服务机构没有建立完整的信息资源保障体系，导致数据库资源不足，特别是我国整体处于信息供应链的后发区域，被动接收信息与信息滞后问题严重。财政压力指由于经费紧张，导致信息服务专业机构投入不足，形成经费短缺。具体的指标构建方式可以从三个层面（政府、组织、个人）由拥有者、制造者、反馈者形成网状结构方式的压力指标，如信息服务资源数量、时效性与质量要求、信息处理与加工压力，还包括组织与信息人被动接收的信息服务资源数量与相关质量要求指标，如信息资源供给类指标、信息资源被动负荷与接收压力指标等，其以信息资源被动供给为主，如人均年被动使用函件数、年被动通话次数、广告与指令性信息接收量、垃圾信息接收量、信息人被动发送电子邮件数量、被动应用计算机小时数、上网小时数、加班小时数、开会小时数等指标。

2）人才资源压力：包含信息人的队伍建设标准与素质要求压力指标。由于信息社会日益增长的信息危机与信息生态系统的建设维护压力，信息人才淘汰加快，供应不足。区域信息人才队伍建设方面缺乏高水平的专业技术人员，致使相对于区域文化、经济等的建设发展需要，无法开展深层次的信息治理与服务活动。

3）信息治理与决策压力：各类社会管理、危机类治理成本压力，可以用社会经济指标定量测定，具体现象包括区域信息管理机构的管理思想落后、缺乏创新意识、管理体制不健全、信息服务的责任权利不明确、缺乏激励机制和竞争机制等。

4）信息安全压力：包含信息泄露与失窃风险、网络安全与防护、灾害压力、国内外政治经济安全压力、社会安全类压力等。信息安全压力指标主要由危机类治理与管理指标、安全防护指标构成。

5）信息创新压力：由于信息生态系统的动态性极强，信息机遇、发展环境、信息组织与信息人的不确定性风险极大，可以用区域技术咨询与服务流进当量、高新技术引进当量、社会开放的信息服务变革压力等表示。

6）社会环境与自然环境压力：区域社会环境压力主要包括政治环境、法律环境，其中社会环境压力包括社会竞争、科技进步要求、社会突发事件、社会分化、政治经济发展等；自然环境压力则主要包含自然环境污染、可持续发展矛盾、环境类突发事件（自然灾害、形成危害的环境类突发事件）等。由于政府机构设置的变化以及管理体制的变动，或者与区域相关法律法规的制定、颁布及修订，本区域信息服务依赖于区域外信息与检索机构，区域整体科技、教育落后等原因会形成环境压力。广义环境压力包括了由自然与社会耦合形成的所有信息生态环境供养需求、发展需求与资源补给等，有先天的成分（如自然环境、地理区位等），更多的则是后天的因素（如污染、突发事件、灾害等），如由于地理位置等自然环境形成的压力。ICT投入成本较高等成本压力列入前述的信息成本压力指标中。

7）信息咨询与服务压力：由工作业务、科研需求、学术研究、信息基本服务、科技素质教育、国防、社会服务、应急管理等专业性极强的情报与数据收集压力组成，另外还包括政策与战略发展、公众与领导层面的决策服务要求等策略型压力。信息咨询与服务压力可以具体用求职需求等信息基本咨询服务，科研需求、社会发展需求等社会高端服务需求来表征。

6.4 区域信息预警与治理架构下信息生态系统信息压力及可持续发展状况评价

在区域信息预警与治理架构下，区域信息生态系统定量评价注重政府的管理与决策主体角色，政府在区域信息生态系统的信息预警与治理架构中承担首要任务，政府是区域信息资源的集大成者，不仅掌握了全部的信息源与信息传输渠道，而且是信息治理的主体角色，还负责战略对策的实施。特别是考量互联网时代导致的信息承载力等社会结构性变化，区域信息生态系统可持续发展不仅体现在突发事件与危机灾害中的可持续发展水平上，或者是区域信息生态系统的内部结构性适应能力与信息承载递阶结构的稳定性上，区域信息承载力水平还体现在区域政府及当地各类型组织处理应对系统的干扰能力上，而且还体现在对突发性事件的预警与感知水平上。这类型能力具体体现在如何处理与解决内部的信息压力或外部的敌对性破坏与竞争性压力。在社会群体、社会经济或政治系统、环境或制度中，信息承载力可以被识别和加强。在自然或人为灾害发生时，这些系统将显示出更大或更小的信息承载力。因此，需要加强研究并区分不同的社会群体、资源和机构在信息承载力结构中不同的内容及能力水平。

第 7 章　区域大数据治理与信息预警

当前各类型区域信息资源量与质的分布及增长不对称性非常严重，进入大数据治理时代后，这一现象更加突出，指数式增长的大数据资源与大数据存储、加工、应用压力远远超出了人类的信息承载能力。以大数据、物联网、人工智能等为代表的新信息技术使得人类社会、物联网世界、自然环境融合成为完整大生态系统。大数据治理已经扩展到国家治理、自然环境治理和社会治理的各个层面，大数据及信息化研究方法虽然在情报理论界达成了共识，然而目前的研究，包括各自的大数据治理总结与问题发现，孤立于各自的社会信息生态系统或自然生态系统内部，信息生态系统由于缺乏关键的整体信息资源建设与信息共享能力提升等治理对策，区域社会与组织正常的信息生产与消费环境受到破坏，导致社会信息生态恶化的结构性危机已经从组织与区域微观层面的信息技术效益与信息网络安全管理等技术性问题，扩展到人类社会发展的信息生态战略层面，这样基于信息承载力的信息治理与预警也同时成为区域管理者要解决的核心问题。

我国区域信息生态系统建设中，存在着分布广泛的区域差异及信息供应链结构中的信用体系建设碎片化及信息孤岛结构问题，缺乏基础层面的信息资源共享及长时大尺度的区域大数据中心。据统计，政府各级部门拥有的信息资源占社会信息资源总量的 80% 以上，然而这部分资源利用率极低，当突发事件发生时，类似问题会导致各类型治理失能，信息流动也是一样的。金字塔形自上而下的管治体制导致政府各部门之间的信息在传输中被条块分割及信息内容碎片化，无法形成扁平化的自下而上的信息供应链机制及有效信息源共享。在一个多层次、多区域的复杂大系统内，危机信息流在垂直方向的多层次传递，不可避免地会导致信息供应从内容到时间等结构上出现缺失或失效，降低了组织内危机信息流的有效性和可靠性。

随着我国信息治理技术与建设的投入，完善的基于政产学研的信息治理架构形成，无论从横向上还是纵向上，都有完备的社会信息治理网络及最基层的网络化管理。但过去传统思维与决策的惯性仍然导致各类型信息治理问题，形成各行政区划横向上与大部门纵向上的信息供应壁垒，使得政府各部门、区域各类型治理系统、社会组织、科研部门及学校等整体信息网络的信息资源共享、信息交流、信息治理与预警失能。在类似大型的流行性、扩展扩散及扩散性极强的灾害与危机事件爆发时，区域政府及各类型组织会形成极高的信息治理成本。

信息技术与信息网络的发展将人类社会与自然界综合成为一个统一的信息治理结构系统，应急管理作为信息治理中信息承载力与社会民主化、公共治理结合最为典型的领域，相关的信息承载力使能技术如大数据、云计算、多源数据融合及智能决策技术等得到广泛应用。然而世界范围内信息生态系统中出现的信息操纵与信息暴力等信息危机问题表明，最关键的信息使能技术建设所出现的结构性危机已经从组织与企业等微观层面的信息技术效益与信息网络安全管理等技术性问题，扩展到人类社会战略发展层面的信息使能技术构建。单纯的扩张型信息化建设已经无法解决信息生态系统可持续发展与应用的问题，区域信息治理与预警已取代传统社会的信息服务，成为应急管理的核心内容。

大数据管理机制分为事前预警机制、事中控制机制、事后评估机制及区域信息治理的引导机制。将大数据与社会事件、社会危机预警和导控结合起来，首先要营造和改进大数据应用的环境，发挥大数据推进应急管理治理体系和治理能力现代化作用；其次要完善应急管理的大数据管理机制；最后区域信息治理的引导包括舆论引导，应依靠大数据挖掘，掌握信息分析的战略制高点，提高区域政府危机管控的信息能力，最终达到掌握危机发展过程并进行有效应对的目的。

7.1　区域信息治理与预警技术分析

以大数据、物联网、人工智能等为代表的新信息治理技术普及，使得人类社会、物联网世界、自然环境融合成为完整的大生态系统。大数据治理已经扩展到国家治理、自然环境治理和社会治理的各个层面。一方面，信息生态系统由于缺乏关键整体信息资源建设与信息共享能力提升等的治理对策，区域社会与组织正常的信息生产与消费环境受到破坏，导致社会信息生态恶化的结构性危机已经从组织与区域等的信息技术治理与信息网络安全管理等微观层面的技术性问题，扩展到人类社会战略发展的基本层面。另一方面，人们无法阻止这些问题的恶化与发展，没有任何一个企业、组织、国家或者其他社会个体能够管控、运营以互联网为代表的大数据网络实体，这些典型问题代表了当前信息治理过程中有关大数据发展面临的矛盾与困惑。

过去往往采用统计学方法和人工经验方法，降低了研判信息预警与治理结果的科学性与决策的有效性。在数据处理方面，突发事件信息预警及管控系统如果将采集的数据经过简单整理后直接进行人工经验判断，或者借助统计学方法进行研判，大量的非结构化数据将无法处理。事实上，人类目前科学研究水平与灾害处理的技术仍然处于信息不对称阶段，且大量真正决定灾害发生的知识信息是未知的，而正是这些未知的半结构化和非结构化的数据决定了灾害发生与事件发展的烈度。与区域信息治理水平相比，突发事件及相应危机信息的爆发周期短、传播速度快、应对难度大，使得区域管理部门丧失了信息治理中监控、处理、预警的时间，导致危机发生时的次生灾害及事件舆情会快速蔓延、爆发。

信息预警与治理系统面临的较大结构性问题从信息融合与态势评估的技术角度分析，主要包括信息生态系统中的信息资源共享、信息供应链建设、危机预警能力等。政府危机决策的信息治理过程中，信息承载力处于基础和核心的地位，并贯穿于感知危机、危机预警和准备与危机决策全过程，其中每一个环节，都需要相应信息能力支持。因此，需要实现不同部门、不同地域预警信息的互联互通和共享，建立区域层面适合区域实际的信息预警与治理平台体系，从信息治理层面实现对不同学科、不同部门、不同地域来源的突发事件的监测监控，预警信息及响应数据的汇总和分析与协同应对，为区域各级应急机构面向突发事件的预测预警和决策调度提供科学支持。

7.2　区域应急管理的核心预警与信息系统设计

信息预警体现了政府应对突发事件的各项具体职能。从应用实践来看，信息预警侧重在突发事件防范、处置和善后的整个过程中，尤其是事前认定、预案设置、决策信息超前设置等。区域政府、各类型组织单位的信息承载力直接体现在如何更好地了解事件的各类型数据及区域需要组织和协调各方面的资源和处理能力水平数据与信息。鉴于政府应急决策过程中信息预警活动涉及范围广、信息处理技术的速度与标准较高，区域信息生态系统建设与可持续发展的约束条件多，区域信息系统管理控制问题突出，在整个区域突发事件应急管理体系中，以信息预警与信息治理最为重要。其中，信息承载力建设是区域信息预警与信息治理的基础，信息治理与预警机制是政府应急决策体系的核心支撑。事实上，目前面对公共卫生事件与自然灾害等突发事件的信息预警需要解决各类型不断循环进行的信息治理难题，而灾害与灾难事件发展后的社会事件及危机预警与治理更是困难。

从信息承载力水平分析，灾害预警不属于区域与生俱来的信息弹性力，做出预警需要大量资金与政府治理力量的投入，其中信息供应链建设更为重要，属于真正的经过信息治理后形成的区域信息能力。从信息治理的角度与信息决策的水平分析，灾害预警不是灾害发生前的预报，而是灾害发生后对距离灾害发生核心区域有一定距离的地方进行预警。从区域信息能力建设的标准分析灾害预警属于已被掌握的技术，预警系统实用、经费相对少，并可直接接入现有的政府信息治理基础系统，接入区域网络、广播电视联网等构建的基础物联网，经过信息治理后，灾害预警的性价比与费效比会越来越高。

信息治理与预警的核心是多源数据的融合、系统开发与数据清洗。我国对于社会民生及突发事件信息预警与治理综合信息系统的关注由来已久，1999年朱镕基总理就提出在中国的城市也要建立类似美国gn应急系统的城市应急联动系统。2002年1月，广西南宁市建成了我国第一个应急联动中心，覆盖南宁市辖区的公安110、消防119、急救120、交警122、防洪、护林防火、防震、人民防空、公共事业、市长公开电话等领域。建设内容包括接警中心、处警中心、指挥中心、无线通信平台、无线基站、微波传输系统、现场快速部署应急车载通信系统、市长公开电话网络及其他配套设施。2003年"非典"之后，北京、广州、深圳、杭州、扬州、成都、重庆等地分别开始建设联动系统。2004年，城市应急联动综合信息系统成为各省市的工作重点，在短短两三个月内，公安110报警电话扩容成城市各类应急电话的联动中心。2006年国家颁布的《国家突发公共事件总体应急预案》是全国应急预案体系的总纲，进一步强化了建设城市应急综合信息系统的迫切性要求。从此，我国的城市应急平台建设进入了实质阶段。我国正建设以国务院应急平台为核心的，覆盖全国31个省（自治区、直辖市）、5个单列市和新疆生产建设兵团以及国家各个职能部委的国家应急平台体系，从而形成对全国范围内重大突发公共事件的预防预警、快速响应、全方位监测监控、准确预测、快速预警和高效处置的运行机制与能力。

突发事件应急管理体系设计与预警的核心是区域信息治理与预警系统设计时，如何集成全社会的信息治理与预测分析，从而进行以秒为单位的时间提前信息决策。

以最为典型的地震信息治理与预警为例，地震难以预报，故地震预报见效慢。2008年美国地质调查局对地震预报是否管用做了一个公开的回答：无论是美国地质调查局还是美国加州理工学院或者任何其他科学家，都没有预报过一次大地震。由于信息公开与社会舆情等因素形成的信息压力极大，在可预见的未来，这些相关机构不知道如何预报，并且也不打算知道。只不过，基于区域信息承载力建设角度，地震预警投入少、见效快，借助相关科学数据，科学家可以计算出区域未来将发生地震的可能性水平。地震预警是利用地震发生后P波和S波的时间差来预警的。地震发生时，两种震波之间存在几秒到几十秒的时间差，使用仪器探测出P波后，迅速发出预警，在S波来临之前，人们可以得到几秒到几十秒的宝贵逃生时间。从成效看，目前地震预警的效果难以量化，但可以从信息计量上大致估算：预警时间为3s时，可减少伤亡14%；预警时间为10s时，减少伤亡39%；预警时间为20s时，减少63%；如果预警时间为60s，可使人员伤亡减少95%。由于电波的传播速度远快于地震波，因此，预警信息有可能在破坏形成之前通过智能手机、广播电视、微博、地震预警信息接收服务器等终端，发送至将会受到地震影响的区域，从而利用几秒到几十秒的时间差来减少伤亡和损失。从区域投入的人力、物力和技术看，地震预报需要全社会从政府、科研机构到各类型科学体系与测控数据的综合分析与顶层的信息治理与信息预警的系统设计，需要发现地震活动、电磁、重力、地壳形变、地下水动态等方面异常后才能做出预报。在迄今认可的信息计量学应用技术中，也只有地震地质法、地震统计法、地震前兆法三种方法可用，且需要设计一个集成了空间、时间与社会各方力量参与的，并综合了前述三者科研成果的顶层信息承载力架构，才能做出分析成果。信息架构设计中，人员、资金和技术的整合难度极大，其中最关键的信息能力建设成本极高。

从信息治理的难度和既往的效果看，地震预报很难取得真正意义上的预报成功，中国唯一一次被全球视为成功的地震预报，是对1975年2月4日辽宁海城营口县附近发生的7.3级大地震的预报，那次大地震造成了24人死亡。显然这次成功预报体现了当时特殊的政治体制结构与领导决策的个性化，此次预报成功的关键表明了区域信息压力处于特殊极低水平，政府具有极强的信息治理能力、上下一心的信任力与执行力。我们可以把这次预报作为政府、企业、科研机构与地方群众一体化信息治理进程下信息预测成功的成果。但这只是孤例，迄今人们还没有找到有效和有规律的预报地震的科学方法。"国家地震烈度速报与预警工程"2015年6月得到国家发展和改革委员会的立项批复，由中国地震局、教育部、交通运输部、气象局等相关行业部门共同实施，当时计划投入20亿元，用5年时间，建设覆盖全国的由5000多个台站组成的国家地震烈度速报与预警系统。以成都高新减灾研究所为主的"ICL地震预警技术系统"成为世界最大的地震预警信息系统，通过计算机网络、手机客户端、专用预警接收服务器、电视台、微博等平台同步发出地震预警信息。截至2019年6月，这套地震预警系统经过了上万次实际地震的公开检验，特别是，成功预警了50次造成了破坏的地震，包括芦山7级强震、云南鲁甸6.5级地震、四川康定6.3级地震、九寨沟7级强震。值得一提的是，在宜宾长宁6.0级地震发生后，相关地震预警App的下载量立即登上了苹果App Store免费总榜的第一名并持续了一个月的时间。

不过突发事件发生时最核心的信息治理问题是，预警系统可以为周边地带提供预警，但对受破坏最严重的震中地区无能为力。因为预警的形成需要地震波至少抵达数十千米外的两个台站，此时横波对震中的破坏已经形成，这就是所谓的"预警盲区"。目前，ICL的预警盲区能达到的最小范围，即以震中为圆心，21km为半径画的一个圆。这一范围相当于7级地震破坏最大的区域。预警盲区的范围可以通过提高台网密度、观测数据质量、数据传输和处理的实时性等手段缩小，但对于震中地区的居民来说，预警总是来得太晚。

事实上，迄今为止，我国的信息治理与预警决策的信息架构是全球领先的，由于体制、基础治理、政策设计等种种优势，在我国区域信息预警与信息治理中，各类型组织有关突发事件信息预警及治理的战略决策行为由于多学科专家群的实时参与，提升了社会公共层面的信息承载能力，形成了为达目的的举国信息治理机制，社会成本投入巨大，实际收效同样明显。信息预警过程中，信息治理处于基础和核心的地位，并贯穿于感知危机、危机预警和准备与危机决策全过程，每一个环节都需要相应信息治理的支持，然后生成和发布具备指导性的预警信息，其中突发事件信息收集活动的广泛性、突发事件信息甄别分析的时效性、突发事件信息把握程度、突发事件信息预警的准确性、突发事件信息预警的及时性，形成有效支持信息预警全生命周期的信息管理。

7.3　突发事件中的信息治理应用

突发事件是"突然发生，造成或者可能造成严重社会危害，需要采取应急处置措施予以应对的自然灾害、事故灾难、公共卫生事件和社会安全事件"（源自《中华人民共和国突发事件应对法》）。"突发事件"的概念整合危机与冲突事件的含义，强调其矛盾与冲突的突发性、严重破坏性的事件特点，形容一种至关重要、必须立刻做出相应决断的状态。而从信息治理的层面又强调了需要决策者在信息压力下进行紧急处置与决策，并进行信息过滤与信息公开的迫切性。其被西方学者引入政治公共管理和政府信息治理领域，并成为应急管理理论的基础。基于突发事件的信息治理视角，赫尔曼认为危机是信息压力下威胁优先决策目标的状态，在这种信息压力下，决策集团做出反应的时间非常有限，且事件本身常常向决策效用目标相反或意外的方向发展，日常政企决策与服务部门无法应对，需要集成全社会、各学科群、各类型组织进行信息共享、信息公开、信息协同等，或另外要求依法采取重大和协调应对行动的突发事件，突发事件与危机事件事实上表象与实质是相互对应、互相关联的。

信息治理与预警最根本的原则就是在预警系统发出预警警报的同时，将风险预警信息传递以相应的方式，在最短时间内将全部内容及各类型信息通知相关管理人员或责任人，管理者在当时信息系统架构条件下相应启动应急管理预案，并形成态势评估及对策选择。风险预警信息的传递方式可以有很多种，过去信息治理技术落后的情况下，常用传递方式有电话通知、短信通知、打印预警报告通知等方式。其中，风险预警报告方式因具有有据可查且比较详尽的特点而作为推荐的首选方式，其他方式作为必要的辅助措施。然而突发事件预警信息是政府部门为了最大限度预防和减少突发事件发生及其造成的危害，向社会公开发布的及时、准确、客观、全面的突发事件相关预警消息，因而其预警的时间维度、区域维度及定位的精准度等信息治理的技术水平应用直接决定了区域应急管理的水平与成效。

基于信息承载力原理分析，突发事件本体的核心基本特征是突发性和紧急性。突发事件的时间与类型往往是管理者或承受者在管理计划、应急项目内容上、时间安排表中没有列入的，即在意外的、毫无准备的时候爆发，很少有人能够准确预测事件爆发的时间和空间范围，突然性很强，因而需要进行信息预警与信息治理。突发事件一旦爆发，就会在短时间内造成大量人员和财产损失，需要及时应对、正确处理、强力执行等。这些特点体现了区域信息承载力治理对策及技术架构方案中信息前瞻性强、专业信息能力突出、问题解决的使能器特点。区域突发事件具备巨大的破坏性和威胁性，从而形成社会舆情、危机爆发等信息驱动链式反应，这是突发事件最可怕的基本特征，所有的突发事件都具有不同程度的破坏力和动态的变异损害能力，破坏力不仅表现为对公民个人生命和财产的损害，特定的突发事件还会蔓延到各类组织、大部分区域，甚至给整个国家带来重大的物质和精神损失。突发事件不仅能威胁到个人的生存与发展，更可能威胁整个社会秩序、国际关系、社会环境、自然生态环境等多个方面，而且到事件的扩展阶段，代价巨大，特别是形成区域公共危机后，现代政府面对的重大社会问题，关系到区域社会经济能否发展的基本条件，甚至危害到区域基本的生存环境。据统计，以地震等自然灾害为例，70%以上的损失与侵害是缺乏信息预警与信息治理产生的，而因突发事件产生的网络舆情最为典型。

根据突发事件产生发展不同时期的特征，并对应信息承载递阶结构的使能特点，可划分为几个阶段。突发事件从酝酿产生到最终消亡大致具有四个生命周期，即潜伏期、爆发期、恢复期和消解期。潜伏期，系统内外矛盾仍处于量的积累和上升，并没有形成导致突发事件爆发的质变条件的状态。如果事件发展能够在这一时期得到适当的关注和解决，绝大多数突发事件都可以得到有效的控制，即便不能遏止其爆发，也能最大限度减少事件带来的负面影响，因而信息预警与信息治理的意义较为明显。然而事态在这一时期的发展客观上具有极强的隐秘性，虽然有时会有种种征兆表明事件会突然爆发，但由于信息量与技术发展的相对有限和滞后，爆发的具体时间和空间范围往往并不能据此确定。爆发期，当系统矛盾不能及时得到控制，矛盾双方力量发生质的转变之时，系统突变就随之发生，并外化为突发事件的爆发。在这一时期，系统内积聚的矛盾和能量瞬时爆发，往往造成系统无法正常运转，并给系统带来严重的损失。若任由其发展，则可能使事态进一步蔓延，继而产生次生危机和灾难。突发事件的不确定性首先表现在爆发的不确定,其次是发展过程的不确定性,当人们无法确定突发事件走向时,其结果也将难以确定。以洪涝灾害为例,当持续的降雨没有受到足够重视和开展相应的云层驱散作业时,洪涝灾害就可能短时间爆发。它不仅可以造成巨大的人员和财产损失,如若不及时泄洪,水势还会进一步上涨,溃坝、决堤的危险增加,或将引发疫病等多种次生灾害。因而,突发事件信息预警与信息治理显得更为重要,在突发事件爆发后,要求及时动员一切力量进行有效的控制和引导,使事件逐步得到缓和和消解。恢复期,这一时期是系统内外矛盾逐渐趋于平衡的过程,表现为突发事件基本得到了有效的控制和引导,事件造成的损失和影响正逐步减小,但此时结果往往具备高度不确定性,因而信息治理对决策的信息量及信息的路径选择更为重要。消解期需要根据事件的生命周期启动下一次管理螺旋与治理迭代,包括数据积累、体系调整、机构变化等。

7.4 区域应急管理的信息架构

国内外开展的大数据治理以数据治理、信息架构等为代表的数据基础设计标准建设较为典型,关于信息预警与信息治理的研究都是从某一角度或者某一具体事件进行的阐述。有关信息治理的研究主要集中于响应机制及决策研究中,对突发事件管理中的信息公开和完善信息公开中的相应对策等均比较完善。信息治理与预警在应急管理领域尚未深入,有关应急管理、危机事件、突发事件等相关概念的界定与技术表征均存在种种细微的差别,大多数应急管理专家在信息架构设计中使用危机事件、突发事件、紧急事件概念时也并不刻意区分,因而本书以突发事件代替这三个概念。突发事件信息预警是指根据有关突发事件的过去和现在的相关信息、情报等数据,运用信息治理理论,通过逻辑推理和科学预测的方法、技术,对突发事件出现的约束性条件、未来发展趋势和演变规律等作出评估与判断,并向社会和管理者发出确切的危机警示信号,使政府和公众能够提前了解突发事件发展的状态,以便及时采取相应的措施和策略,防止或消除突发事件造成不利后果的一系列活动。

由于突发事件及危机状态信息架构中典型的时空维度特征,美国著名危机管理专家史蒂文·芬克把危机定义为在确定的变化逼近时事件的不确定性或状态。罗森塔尔认为"危机就是对一个社会系统的基本价值和行为准则架构产生严重威胁,并且在时间压力和不确定性极高的情况下必须对其作出关键决策的事件"。过往许多区域决策案例中,普遍存在着信息压力远远大于信息能力的信息超载与信息孤岛状况,这种应急决策与压力型决策只是根据过去的事件与信息进行的经验型行为活动,缺乏信息治理与信息预警,往往是"头痛医头,脚痛治脚"的临时性行为，在区域性突发事件的应急管理过程中表现得最为典型。

国内外研究应急管理的学者从不同的视角给突发事件定义了不同的概念，与"危机事件""灾难事件"两个概念相辅相成，本质上从信息处理与信息治理的水平，具备与公共危机的因果联系与性质差别。有关危机管理的技术和信息系统的研究，强调了信息治理对突发事件的预警与决策作用，并将应急通信系统以及信息技术在危机管理中的使能器作用进行了解构，还评价了信息治理在危机信息管理中存在的巨大经济效益与社会效益，特别是信息预警及信息治理的应用技术实施的重要性；美国国家研究委员会（National Research Council，NRC）在 *Summary of a Workshop on Information Technology Research for Crisis Management* 中系统介绍了用于危机管理中的各种信息技术，并强调应该通过信息技术的应用来应对所发生的各种危机。

总结国内外的信息治理及技术应用，从事件本身的信息分析及成因角度划分突发事件的基本类型，多数突发事件都可以被归为多个级别。按照社会危害程度、影响范围等因素，如图 7-1 所示，将自然灾害、事故灾难、公共卫生事件等突发事件分为一般、重大、特大三个级别。

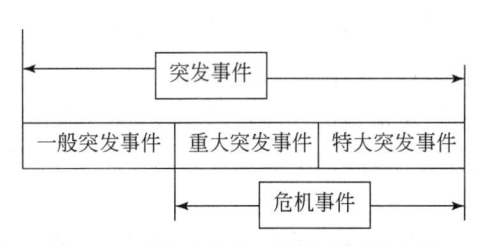

图 7-1 突发事件基本的信息架构分类

信息架构中信息治理与危机预警的治理标准设计，正在由定性的信息生态描述向定性与定量相结合的信息治理方向发展。基于区域信息承载递阶结构的信息治理与预警，由过去单纯关注信息化建设发展转向区域环境整体的信息生态问题，由模糊的评价体系向明确的信息弹性力、信息能力与相对应的信息压力物理指标体系发展，由静态的社会发展研究向动态的人与自然耦合研究方向发展，由单纯的信息资源共享、信息化建设转向以信息使能技术应用、信息治理与智慧社会等基本的社会法治化为方向的建设，以社会公平、公正、公开、公信为目标原则，构建可持续发展的区域信息生态系统。

信息治理与预警的管理组织从单纯危机预警及预案设计的层面，对危机预警系统的功能、处理流程、危机预警系统建立所需的必要条件等进行分析，建立了区域危机预警系统，包括信息治理与预警系统构建的设计框架和结构模型；从信息工程的角度，建立了包含数据挖掘、预警预测和决策支持等子系统及治理与预警处理流程的总体结构模型，针对突发性事件预警与危机管理系统的开发和功能设计，分析发展中国家应对危机性事件中，不论是在危机管理前期预警、中期管理和危机后期处置等诸方面，信息传播都不可取代，是政府有效预测、控制和解决突发事件的重要保证；在政府突发事件信息传播机制中，论述了政府与大众媒体之间、各级政府之间以及信息反馈等三方面的关系。这三种关系的良性互动，形成了有效的政府突发事件信息传播机制。

应用信息承载力计量标准，可以将突发事件的类型按照不同的信息治理与预警标准，根据突发事件的成因，将其划分为内生型、外生型和内外混合型三种；根据爆发的源头，将其划分为自然和人为两种成因；根据突发事件涉及范围，将其划分为国际性、全国性、区域性和小范围突发事件；根据突发事件的复杂程度，将其划分为单一型突发事件和复合型突发事件；根据突发事件发生的前后顺序，将其划分为原发性突发事件和继生性突发事件，后者也称次生性突发事件；根据突发事件所属领域，将其划分为政治性突发事件、经济类突发事件、自然灾害突发事件、事故型突发事件、公共卫生突发事件、群体性突发事件及环境生态突发事件等几大类；根据突发事件涉及群体的倾向性，将其划分为利益一致型突发事件和冲突型突发事件两大类；根据突发事件的性质、过程和作用机理，将其划分为自然灾害类突发事件、事故灾难类突发事件、公共卫生类突发事件和突发社会安全事件。突发事件是危机的外化形式，一定的危机总要通过特定的危机事件表现出来，而危机又是突发事件的实质，只有通过信息预警与信息治理，把握了危机的本质和特点，才能对相应的突发事件进行预判和管理。有趣的是，美国、俄罗斯、英国等国政府在进行信息预警与信息治理的政策与法案中都沿用了"灾难"及"灾难事件"的概念，任何导致和可能导致人员死亡、社会动荡、财产损失或者环境影响的事件和情况，界定为由于自然、技术与人为原因，可能导致人员死亡、损害人体健康、破坏周围环境，造成巨大的物质损失，破坏居民的生活条件，需要紧急救援的情况，从立法角度动用各类型组织与全部社会可用资源。

7.5　突发事件信息生态预警机制

突发事件爆发时，区域信息生态系统或组织所接收及需要处理的信息量与信息压力远远超过区域组织整体的信息承载能力，信息生态系统结构性破坏和失衡，拉大了社会成员在信息获取与利用能力方面原本存在的差距，导致信息贫困与信息生态系统层面的等级分化，进而形成重大的政治和社会问题。

大数据及信息化研究方法虽然在情报理论界达成了共识，然而目前的研究孤立于各自的社会信息生态系统或自然生态系统内部各自的大数据治理总结与问题发现。当前我国区域信息生态系统建设正处于新信息技术导入、信息治理变革和信息经济转型的关键节点上。以大数据承载能力为核心的信息承载力成为国家竞争力标识的同时，相应的信息压力也成为信息社会共同关注的热点问题，相应的大数据治理及应用技术亟须被各级各类型组织普遍了解和使用，关键在于在自然、社会领域耦合作用下实现多源数据融合、信息治理与基于多学科专家群实时参与的态势评估分析，并成为社会顶层设计的信息治理架构。

值得警惕的是，压力型及惩罚型机制下各类型大数据建设及管治措施由于缺乏适应型治理与预警使能器技术及应用，反而成了突发事件爆发源。完善信息预警过程和丰富突发事件信息预警功能，是充分发挥其在政府危机决策中作用的关键。目前一个普遍的问题是，发布预警信息的技术能力与公众针对预警信息进行有效应对的能力之间存在较弱的联系。建立政府与公众之间的信息沟通渠道和覆盖全国范围的多层次、分布式、协作式信息预警网络，是信息预警与治理研究的重要任务。当前我国区域信息生态系统建设正处于新信息技术导入、信息治理变革和信息经济转型的关键节点，以大数据承载能力为核心的信息承载力成为国家竞争力标识的同时，相应的信息压力也成为信息社会共同关注的热点问题。大数据治理及应用技术还没有被各级各类型组织普遍了解和使用，没有在实践上真正成为社会顶层的信息治理架构。能否实现自然、社会领域耦合作用下大数据的精准分析，成为决定组织信息治理成败的核心因素。

基于信息承载力的信息预警与信息治理研究的目的在于通过提升区域信息生态系统的可持续发展水平，提升区域各类型组织在应对突发事件时整体的信息承载能力，包括信息危机的处理能力，特别是区域信息生态系统在危机状态包括信息系统崩溃后的恢复能力，减少突发事件对自然环境、人口以及社会环境造成的负面影响。信息预警与危机信息治理机制的构建，实质上是使应急管理活动中的资源利用效能最大化的过程，是统筹、协调经济社会发展与资源可持续利用的重要组成部分。

针对突发事件信息预警系统的构建与信息治理机制的研究具有重要的理论意义和现实意义，该领域还有很大的研究拓展空间。构建一个突发事件舆情管理系统成为舆情管理人员的迫切需求，管理人员可以利用它对突发事件舆情进行搜集、提取和分析，从而得到决策依据，以便及时疏导网络舆论，保障社会稳定。本书的大数据环境下突发事件舆情动态监测与预警系统的体系架构可为解决上述问题提供可行的思路。突发事件舆情预警工作不仅有助于决策者增强对地区突发事件舆情形势的把握度，及时判断区域存在的潜在隐患，通过信息治理，更有助于区域网络信息生态系统的可持续发展。

突发事件及相应的危机与应急管理中最关键的环节是信息治理与信息预警。突发事件预警信息是指发生或可能发生，造成或可能造成严重社会危害，可以预警的自然灾害、事故灾难和公共卫生事件信息，信息内容及发布标准与细节包括发布机关、发布时间、可能发生的突发事件类别、起始时间、可能影响范围、预警级别、警示事项、事态发展、相关措施、咨询电话等。

发达区域的政府应对突发事件的信息治理机制都比较成熟，应用ICT技术架构，结合了空间技术、传感器技术、卫星定位与导航技术等完成的，同样是多学科高度集成的信息治理，通过采集、处理、管理、分析、表达、传播和应用等基于区域信息承载递阶结构进程，完成多源信息融合、多态势评估与分析等事件信息的治理与预警过程。最常见的区域应急救援系统就是以3S为信息技术平台，应用互联网、物联网及智慧城市的信息生态架构，通过地理信息和其他数据格式的多源信息融合，实现基础数据查询和信息资源共享，已成为国内外解决公共安全与紧急救援难题的主要措施。

从区域信息治理整体的战略层面，应用信息生态系统架构技术与标准，无论是在自然资源、环境科学等传统空间管理领域，还是军事战争、社会经济等激烈冲突领域，借助信息模拟技术与人工智能、云计算平台等，通过海量数据的提取、融合、处理、存储、更新和决策应用，能准确掌握事件的动态变化过程和规律，实现对突发事件和危机活动的监测、评估、预测、预警及对策设计。在自然环境事件、资源保护、生态污染治理、自然灾害预报和监测、智慧社会服务等领域，信息生态系统治理技术与标准的作用越来越重要。

7.6 政府信息治理与预警架构建设

由于区域应急管理发展较快，我国政府突发事件应急管理发展经历了"一案三制"综合应急管理体系的逐步构建，即第一阶段的预案建设、第二阶段的体制建设、第三阶段的机制建设、第四阶段的法制建设。其中，应急预案是应急管理的重要基础，也是区域信息治理与信息预警体系建设的首要任务；区域信息治理与信息预警体制是指以统一领导、综合协调、分类管理、分级负责、属地管理为主，由国家层面建立实施的制度、政策、文化与法规体系及执行模式；应急管理机制是指突发事件全过程中各种制度化、程序化的应急管理方法与措施；目前我国应急预警总体进展飞速，横向与纵向及各类行政单元的预案总量难以精确统计，全国应急预案体系也初步形成。完善信息预警过程和丰富突发事件信息预警功能，是充分发挥其在政府危机决策中作用的关键。需要关注的信息承载力问题是，政府发布预警信息的技术能力与公众针对预警信息进行有效应对的信息能力之间存在较弱的联系，在区域信息承载力建设体系中应获得相应重视。

我国已经从各个方面重视并建设完成了相应的突发事件信息预警及管控系统，由于信息架构设计的后发优势，功能统筹规划、应用协同及共享融合的信息资源和平台系统形成；而事件信息及数据因为各自分散的来源与条块分割的传统管理方式难以整合，需要提高区域政府信息能力建设水平，针对各级、各类应急平台不同的多源信息融合需求，形成公共安全数据汇集与分级分类管理方案，同时实现公共安全应急信息、系统之间的互联互通、数据共享及多学科统一联合的态势评估战略决策。

7.7 信息治理的预警标识与决策支持

信息治理中应用大数据的核心困难是多源数据的混杂性与多态性，如何接收物联网与社会网络多样化的数据，如何利用多源、多渠道、多态性的数据，需要将不同领域数据关联起来，通过数据治理、清洗等过程，利用有效数据。例如，针对舆情，需要更多地关注网民对某一话题的互动讨论，以及与某一舆情相关联的其他衍生数据，包括新媒体数据与社会基础监测、气象、地质、环境等多源与多态数据融合，拓展舆情监测视角，为预测舆情走向并进行相应预警及治理赢得时间和空间。信息治理中的信息预警标识与决策支持就是通过态势评估等技术方法，根据选取的事件安全评估指标，对事件的起源、发展、扩散程度进行评估，并结合评价模型以及信息治理方法，为事件信息趋势预测、指导及危机预警提供决策支持。

根据国际社会发展经验，国家的经济发展与突发公共事件之间具有一定的相关性，社会贫富差距的扩大导致社会动荡，各种社会问题随之出现，如经济失调、社会失序、心理失衡、社会伦理混乱等。经济的发展使人类由服从自然向支配自然的方向发展。人类对各类资源的不合理利用，导致气候变暖、大气污染、物种减少等生态环境问题，自然灾害发生的频率及规模不断上升。GDP的增长伴随着各类型安全生产事故、交通事故的发生。另外，经济发展导致社会各阶层之间、各行业之间贫富分化严重，贫富分化的存在导致社会矛盾激化，容易诱发社会安全类事故。2013年中国人均GDP已到达7000多美元，据统计，当一个国家人均GDP在1000~3000美元时，突发公共事件处于高发期，当国家人均GDP在3000~10 000美元时，突发公共事件处于多发期。由此可判断，当前我国正处于公共事件及区域信息治理危机事件高发期。从现实情况来看，我国区域信息治理表现出高烈度、全方位、多领域、易重复的特征，同时国际环境的剧烈变异与动荡，包括以美国为首的世界强国对我国的遏制，特别是敌对势力与网络势力的信息攻击等，无论是从统计数据还是现实案例都可以看出，我国公共信息生态环境安全形势严峻，发展信息治理预警标识与决策支持是区域经济社会高级发展进程的必然要求。

7.8 使能器及使能技术的应用现状

目前国际有关使能器及使能技术的研究进展缓慢，使能技术一般指为了实现社会或国家层面的战略型目标，通过具备协作与整合多学科特性的一项或一系列的关键技术体系或管理方法论。信息治理使能技术可以将原本在不同学科、地域、组织管辖、政治文化等所属范畴内独立而分散的资源、生产力、影响因子等不同类型的促成要素，广泛应用于科研开发、应急管理等技术创新领域，推动现有科技与社会发展的重大进步，并在政治和经济上产生深远影响。使能技术具体可以理解为，针对研究目标的所有业务或流程所采取的推动、促进、成全、治理、保障的某类科学系统技术或管理策略。如图7-2所示，信息承载力的定量化与指示器功能信息承载力是一个天然的使能器，其具有丰富的治理特性，主要表现在四个方面的差异适应：一是地域、环境等禀赋差异，各国、各地区根据自身地域、社会、经济、科技、产业基础，结合战略发展目标，认定本区域所需重点

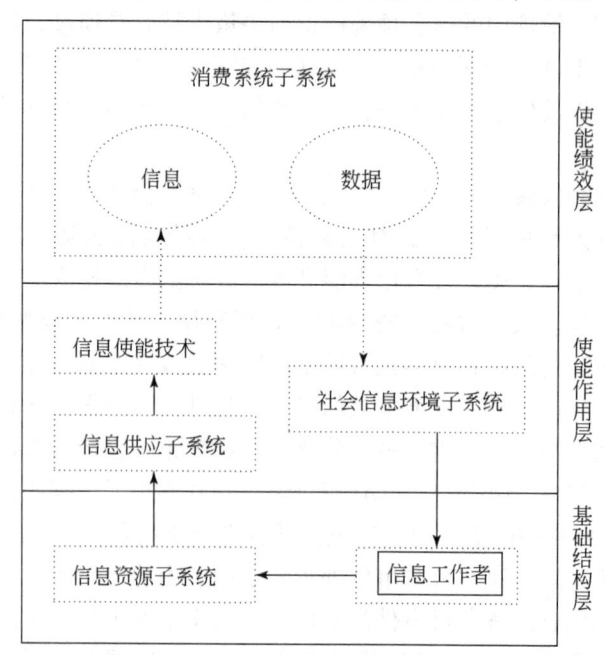

图7-2 信息承载力使能器的信息生态系统承载递阶模型
虚线代表信息的非结构化形式，实线方框特别强调信息工作者的实体作用

发展的使能技术，因而各区域的关键使能技术是不同的；二是战略层次差异，信息治理可以集成多项其他领域的使能技术，通过信息技术的创新，带动并支撑多层次的使能技术形成与实施，如底层的社会环境治理、中间层的协作管理技术、顶层的信息消费与政治结构这三大层面的技术创新发展，另外信息技术本身就是社会战略层面最关键的使能技术；三是领域的关联差异，使能技术之间具有关联性，会交织或部分重叠，越是宏观层面，这一特点越是明显，但使能器的构建却有质的区别，如通信技术与信息安全在不同组织、不同学科的关联差异；四是具备极强的政治体制与社会文化特色，如语言、文明、制度、生活习俗等会决定信息承载力使能器的最终效能。信息治理的使能技术主要针对宏大的系统目标或战略目标，构建横跨国家、政治结构、政体、法律等基于信息承载的协作促进系统，进行多层面、多学科、多业务、多目标、多组织、长时间的逐步推进式的信息治理，同时促进相关基础科学研究与应用科学技术的发展。

近年来，国内外有关信息使能器及使能技术的信息治理研究同样也进入实际应用阶段，国外社会 Cyber-infrastructure 的建设也已经完成，这些都指明了社会区域信息治理预警的研究方向与建设方向。笔者团队所应用的基于战略层面的信息承载力治理技术就是基于目前国内对物联网、云计算及大数据分析等初步建设之后的信息使能技术应用，解决信息预警机制缺失、信息反应迟缓、信息处理方法落后及信息生态系统恢复不力等问题。针对具体的科学难题与突发性事件，构建信息承载递阶结构系统，设计信息承载力使能器，将创新活动与应急管理项目实施结合完成。信息治理与预警通过设定应急管理条件下西北五省区信息生态系统的定量评价，产生相应的信息治理对策，区域社会组织按照信息技术与网络等构建与区域信息治理信息预警与信息治理主要功能相对应的信息系统设计与决策信息治理机制。

信息治理与预警研究主要通过信息承载力中的区域信息能力，分析政府区域信息治理管理中信息预警的水平，通过信息压力，分析西北五省区区域信息治理中社会舆情的成因与政府应急管理缺陷和存在的问题，然后通过大数据治理的信息架构分析，对政府区域信息治理信息预警系统的构建及危机信息治理机制进行研究和探讨，设计大数据信息治理使能器，为政府进行区域信息治理的预防和管理活动提供理论与现实的指导。

7.9 应急管理中基于战略与执行层面的信息治理使能技术

区域信息治理预警的及时性与有效性依赖于事件监测工作，根据危机发生发展的规律，在不同的区域信息治理危机管理阶段进行对应的信息预警并制订对策。区域信息治理危机预测包括趋势预测、互动预测、危机评估、危机预警四个方面，对趋势的研判是大数据时代区域信息治理分析的目标。应急管理中的信息预测要求我们应用人工智能、大数据、物联网的新信息技术，从而把握事件发展趋势，达到前置治理、事前防控等信息安全设计技术与信息使能器研发和设计。

信息治理使能器由人、内容和技术能动性构成，通过信息生态系统将信息人、信息内容、信息流动量与科学技术创新能力联结在一起而实现。信息承载力治理使能技术有两种类型：基于执行层面的信息承载力治理使能技术与基于战略层面的信息承载力治理使能技术。基于执行层面的信息承载力治理使能技术是指信息源与信息系统的管理者、所有者与使用者对整体的社会信息系统运转所采取的监督制衡与促进发展机制，其主要特点是通过政府机构、企业机构、社会媒体、公众舆论与第三方组织等共同构成治理主体，针对信息社会结构系统进行资源集成、能力协作、决策判别、系统风险与安全干涉、绩效督导等内部层面的使能技术治理。基于战略层面的信息承载力治理使能技术是指通过正式或非正式的内外部组织系统、政治体制、管理机制与社会文化，进行整个信息社会各组成成分的结构组织与过程协调，维护信息社会中使用者与利益相关者（政府、信息源所有与信息服务提供方、社会公众）之间的结构关系与系统稳定性发展，从而保障信息生态链的良性循环与社会信息生态系统的可持续发展。例如，在应急管理中，基于信息承载力的具体治理技术是管理实施单元或主体通过控制信息规模、质量、速度、方式、渠道，并应用信息传播、语义解释、评价与判别影响人的决策行为，应急管理中具体体现在以政府为主导、以各种社会性组织执行的防灾、减灾、救灾和灾后恢复等过程中，并应用信息承载递阶结构系统完成整个信息生态系统的战略目标实施、制度化决策与进程的稳定运行。特别是针对科学难题与突发性事件，信息承载力治理的使能器通过构建全社会的科学技术创新平台，将创新活动与应急管理项目实施结合完成，主要包括：关键的治理实施方与作用对象，含针对组织科研技术能力创新信息承载体系的构建与政策制定；信息资源与数据管理使能技术；全社会知识资源协作与技术转化结构体系等。在应急管理中，无论是危机管理还是事前防治与事后治理，均为社会文明进步与科技突破提供了无数契机。不仅信息承载力治理通过有指向性的信息供给与渠道选择，能够驱动和调整组织治理的战略决策与具体的行政行为，而且信息承载递阶结构系统通过信息网络能够提供关键的内容发布与渠道传输，形成组织战略计划的一个重要组成部分。这是信息承载结构治理的一个重要功能——通过提供机遇来影响区域社会发展，高水平信息承载力可以捕获更多的机遇。在军事行为与组织发展中，信息承载力水平成为决定一切主动战略行为的导引法则。因而，信息承载结构治理最有效的目标与途径，是提高治理主体的信息承载力，最突出的效应就是能够提供并获得更多的机遇，其贯穿于问题或事件的发现、处理、解决过程。社会网络信用体系、社会生活中介构建、组织虚拟管理的支撑平台形成信息承载力使能技术在应急管理实践应用中的三大目标，而这三大目标的基础是信息社会人群有足够的信息承载能力。这样信息承载力就成为最重要的战略资源，属于信息人、区域组织知识竞争能力的源头，通过不断创新的信息治理手段，可以直接提高信息承载力中的信息资源动态吸收与综合利用水平，并快速转化为经济增长与社会发展能力。

7.10 基于信息承载力治理的使能器构建

在应急管理中，严重的信息不对称破坏了原本均衡的信息承载系统，特别是突发性事件导致的信息洪流效应，区域与组织信息生态环境的正常循环条件被破坏，区域信息压力远远超出区域的信息承载能力，导致社会管理与信息治理的无效与混乱，产生突发事件与社会危机。这种逆向式螺旋又使得原本恶化的区域信息生态系统出现信息危机，迫使管理者进行偶然性与动态性的博弈式管理与决策，直接导致了战略决策的行为失误。事实上绝大多数的社会公共事件包括突发性灾害，都是源于信息承载失衡、信息供应链被破坏后引发的信息危机效应，即事件本身的伤害是可控的，然而信息洪流形成的决策与治理失误放大了事件本身的破坏性效应，最后极易形成社会灾难与危机。信息治理的优势在于以信息生态系统可持续发展的战略视角对"突发事件"及其外部环境信息危机进行识别和分析应对，并强调信息采集与发布共享、信息判别与咨询、信息决策与干涉等信息行为对事件全过程治理的速度与强度。作为应急管理中最关键的科学技术，信息承载力使能器通过信息收集与分析、仿真模拟、危机预测、事件预控、信息判别、信息干涉、快速响应与决策、协作处理等，达到避免发生突发性事件与公共危机，将突发性灾害造成的损失降到最低，将危机或事件转化为发展的机遇或者商机的目的，具体流程如图7-3所示。

7.10.1 信息承载力使能技术的物理构成与功能定位

信息承载力使能技术的具体结构与功能组成包括了六大部分：①构建组织战略活动的决策体系与管理信息系统。②利用决策支撑工具通过收集、整合各类相关信息，提供情境化决策环境与信息治理导向，包括整合各种相互依存的数据链与信息资源、各种相关事件分析等传统方法，通过信息供应链与信息资源的联结与依存，进行信息决策与信息干涉。③事件的进程模拟或预演，作为一个训练与

| 区域信息治理与信息预警 |

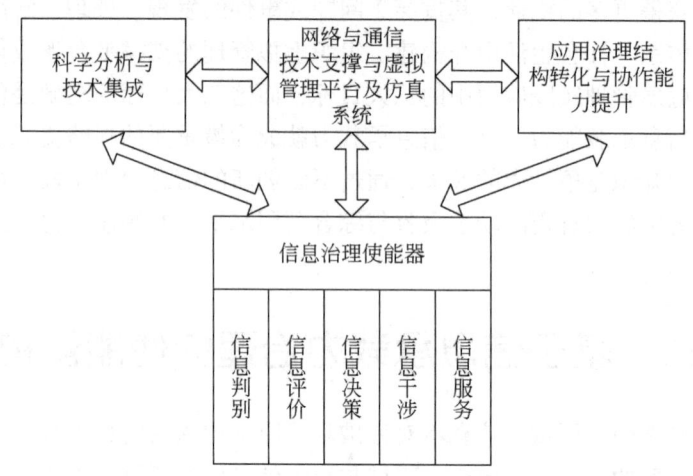

图 7-3　信息治理使能技术流程结构

学习目标，特别是加入极端条件的模拟测试，用来推导突发性事件的脚本与预案，进行风险评估，并支持在应急状态下进行实时决策。在灾难发生时，应用平时的数据积累与模拟结果进行指导是预警机制实施的关键。④风险评估与事件的信息定位。在灾难中，基于灾害定位的地理信息与地理定位是至关重要的，应急反应单位或组织可以通过移动设备统计信息或观察人群的集体行为或群体行动，来减少人群下落和行踪的搜索成本，包括针对各类突发事件进行阻止或预警。⑤全面协作与相应的响应速度。为了让事件信息与相关数据得到有效而快速的汇集与应用，需要社会各层面的全面协作与合作。⑥事件集成、项目集成及技术研发集成。利用一个标准的经过事件与事件驱动过程，信息承载力使能器系统需要集成信息资源的附属与分支组织（如医院、学校、公用事业机构）的开放性接入，进行专门的数据集成模拟，进行新技术培育与系统评价，对传感器接收、计算能力、数据管理能力、网络传输和应用都要进行集成，鼓励非政府组织的技术创新和进步，投资建设 Cyber-infrastructure，增强调查与发现的新方法等。例如，国家层面地理环境的应急管理，从总的战略层面，需要水资源、生物、通信、地理空间信息、地质、地理、公共政策与服务相关领域领先的科学分析能力，快速地对社会需求进行响应及构建针对国家整体的环境安全的决策能力，并且还需要整合不同标准的有关城市规划建设和交通建设数据、地质灾害数据、与洪水有关的地表水及地下水数据、生物圈及动物数据；集成用于应急响应、国土安全、土地规划和资源管理的地理空间数据、地形图、卫星影像等方面数据资源，而这就需要搭建统计标准与云计算平台进行数据集成与具体技术实施。

7.10.2　信息承载力的使能层次结构

信息承载治理体系由决策层、信息发布层、生产层、信息处理层与资源协作层构成。在信息承载体系中，应急管理的信息治理结构及核心功能如下：①顶层，以事件、人群、资源为核心的信息决策，并加入焦点（注意力）管理、情境意识管理（心理辅导）等信息干涉模式，通过协作集成、预案触发、反馈与机遇提供等，提供直接的危机管理与控制。②中间层，包括事件模拟仿真系统、国际国内专家库系统、评价模型管理，为顶层提供支撑服务。③底层（支撑层面），治理环境支撑服务，包括技术标准指导、法律法规体系、财务审计、通信与信息技术支撑等，提供基础系统支撑服务，并提供从法规政策、专业术语到结构与执行体系的解释与定义。

7.10.3　应急管理中信息承载力过程使能模型构建

对应于应急管理阶段模式中最关键的四个发展阶段（徐晓锋，2012），信息承载力作为应急管理使能技术模型（图7-4）的构建如下。第一阶段，预防与减灾，应急管理的（预警）驱动机制：①信息收集与决策传播的强度与速度定位机制；②全局关注的风险环境营造；③针对各种危机预案的调节与调整驱动；④目标技术的集成与新技术的创新发掘。第二阶段，准备应对，风险模拟与硬、软环境的构建，包括各种力量、组织、资源的最优化与集成：①在确立合适规模的基础上构建 Cyber-infrastructure 平台；②信息与数据传输通道的重构，各种数据库与资源库的重新整合；③信息共享与技术合作的驱动机制；④信息供应链与信息治理的协作模式。第三阶段，提前恢复重建：①供应链的战略计划使能；②决策执行使能；③信息反馈与响应使能；④系统整体的流程变革与更新使能。第四阶段，降低风险与社会成本的均衡发展，创新与发展转换的使能器：①即时应用与目标实践的系统应用平台；②应用信息环境治理的方式对信息供应链进行端到端的优化；③高度集成的基于资源共享、技术协作与实时决策的虚拟管理平台。

随着网络的进一步普及，网民数量超过 30% 以后，网民的意见在互联网中聚集，进一步形成网络舆论，就会对现实生活产生巨大的影响。在缺乏信息治理与预警的情况下，会发展形成网络突发事件，而网络舆情或网络突发事件的信息治理与预警在我国体现得最为典型。从总体上来看，恶性网络突发事件会给国家政策安全带来冲击，混淆人民群众的视听，引起社会危机。

信息融合与治理的理论与技术应用在网络突发事件分析系统的应用较为广

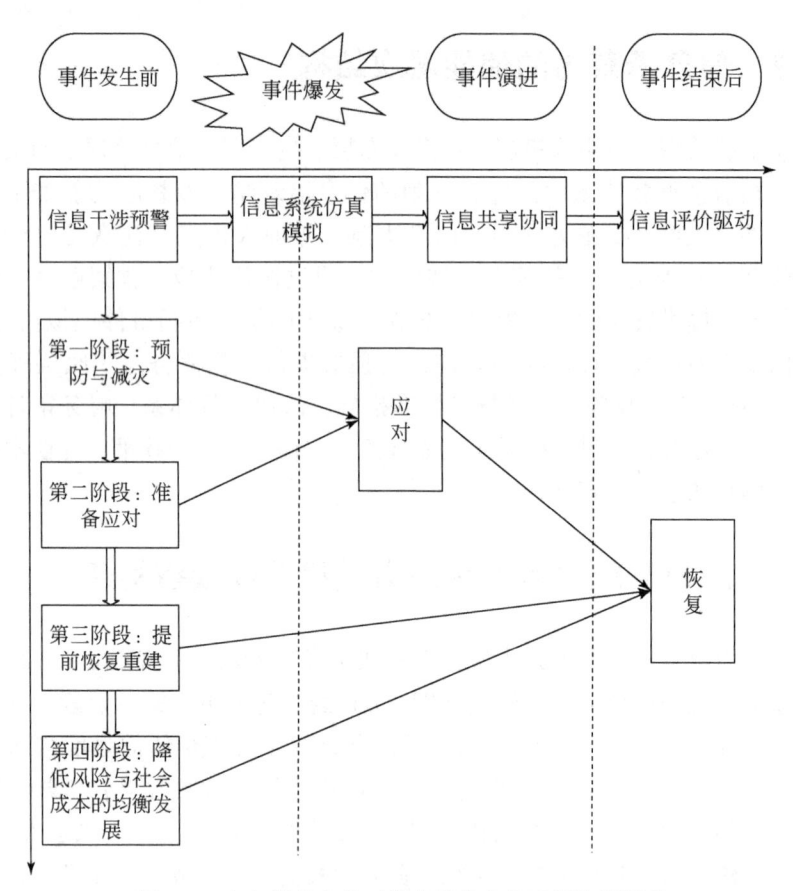

图 7-4　应急管理中基于信息承载力的过程使能模型

泛，出现了许多原型系统和市场产品，如信息监控分析系统及舆情或网络突发事件预警辅助决策支持系统、网络媒体内容监管系统及智能监控系统等，它们为网络舆情与突发事件的分析提供了多种辅助手段。因此，宏观舆论的研究，作为网络内容安全中最重要的一部分，开始受到舆论管理部门和科研院所的高度重视。

网络突发事件信息预警是建立在社会信息活动、事件、时间、位置和治理要素组织形式上的态势评估，其将所观测到的各类型治理与参与力量的分布、活动和媒体周围环境、敌对方与破坏方意图及技术行为等有机地联系起来，分析并确定网络突发事件发生的原因，得到关于事件各方力量与技术应用结构、使用特点的估计，最终形成事件综合态势图。

信息预警是根据实体和被观察事件的关系，结合先验知识和多源实施观察数据来确定实体的意义。在信息预警中，尤其强调关系信息，如实体间的自然亲近关系、通信拓扑关系、因果关系和隶属关系等。

利用信息预警的这些功能，网络舆论监控系统将其应用到网络舆论监控中。根据分布式网络爬虫收集的网络数据，结合知识库和专家系统，分析当前舆论状态，并根据分析结果，实时调整爬虫爬行间隔、爬行深度、爬行宽度和聚焦内容等设置，从而有针对性地收集数据，得以更高效地监控网络舆论。这样，在第一轮大范围的从网络上收集舆论信息之后，经过基于知识库的态势觉察后，会发现一些较有威胁、需要加强监控的话题。根据信息预警的思想，系统把该信息传回爬虫，进行定向爬行，从而在短时间内针对某个话题进行智能监控。

7.11 应急管理中网络舆情监控系统框架

应急管理中网络舆情监控引导平台要在信息预警技术的基础上进行研究和设计，借用通信系统分层治理的信息架构，信息治理平台按照流程主要分为信息采集、信息处理、态势评估、信息发布四个层面子系统，分别完成收集、存储、预处理、分类、分析、信息预警、预测、系统管理八个功能。这四个子系统中每个部分都是相对独立的单位，它们都有各自的构建特点及职责功能，但在平台运行时又相互联系、相互协调，呈现系统性、协作性的运作状态。信息治理平台系统框架见图 7-5。

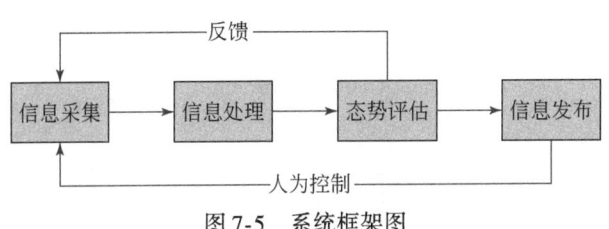

图 7-5 系统框架图

1）信息采集：实时采集网络舆论数据并存储，根据信息预警结果动态调整信息采集策略，实现动态监控网络舆论的功能。

2）信息处理：解析存储的数据，去掉大量页面冗余信息；分析经过去噪后的数据，具体包括分词、摘要、聚类、热点发现以及敏感话题发现。

3）态势评估（信息预警）：根据信息治理地服务器已存的舆论数据，结合相关知识库和专家系统，分析当前舆论所处的演化阶段，从而调整下一阶段数据采集器，即网络爬虫的数据采集策略及引导策略，便于更有针对性地监控引导该话题。

4）信息发布：将信息预警后的结果发布到平台上，实现人机双向交互。

7.12 信息预警流程

信息治理平台在对网络舆论监控引导中信息预警的整个流程如下：将从一直监测着网络数据的网络爬虫得到的网络舆论数据进行去噪、分类分析，根据数据挖掘得到的结果，结合知识库进行态势觉察，根据觉察结果得出具体舆论参数数值；在态势理解阶段，根据受到的具体舆论参数数值，更新各个备选态势的确信值分配；在态势分析阶段，基于之前的确信值分配，利用贝叶斯网络技术，评价每个备选态势的可信度，从而得到最终解，即在该类型网络舆论的演化阶段，预测其演进趋势，并指导网络爬虫进行下一阶段的数据采集。信息预警流程如图 7-6 所示。

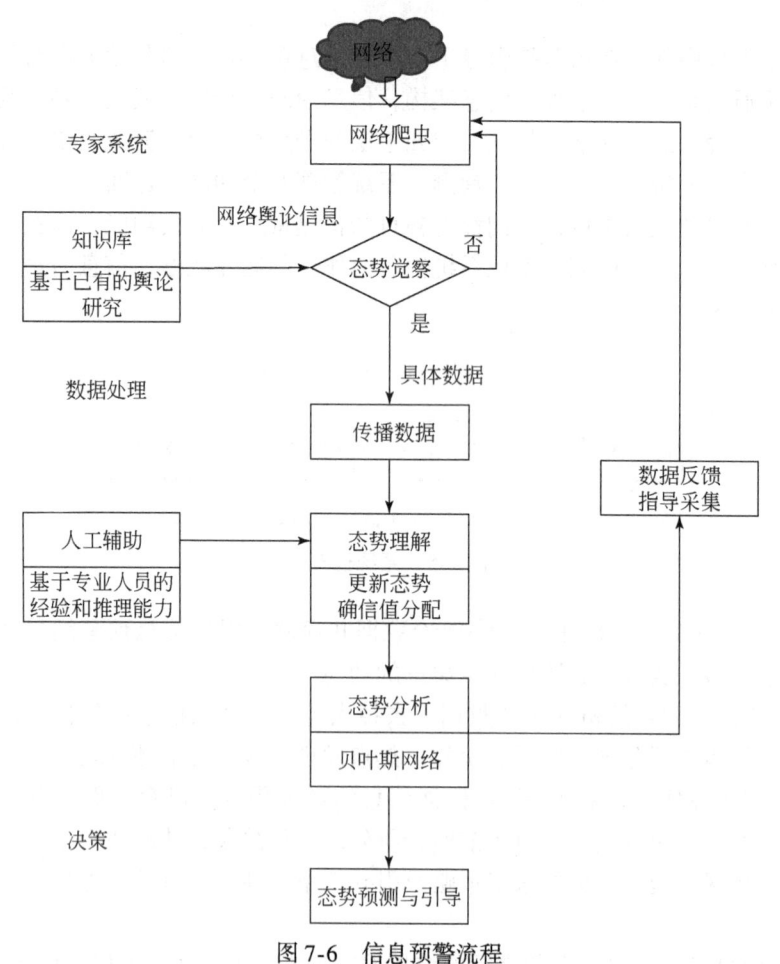

图 7-6 信息预警流程

注：图中是综合因素多线路指示，与正文的线性环节略有不同

基于信息预警的舆论监控引导过程分为以下步骤。

1）监测网络：一方面利用网络爬虫对网络舆论进行实时监测，将监测到的数据传入下面的态势觉察步骤中，以备判断目前舆论演进情况；另一方面接受态势分析后的指令，调整数据采集方案。

2）态势觉察：结合知识库，在已有的舆论研究结果的接触上，判断数据挖掘后的舆论信息是否与已判断的舆论类型一致，如果不一致，则继续监测；如果一致，则将该舆论数据传入下一个步骤。

3）传播数据：将新收到的舆论数据传播给信息预警的各个部分。

4）态势理解：根据收到的舆论数据，更新各个舆论演进模型的确信值，从而为新一轮的信息预警做准备。

5）数据反馈：更新后的确信值反馈回网络爬虫，引导网络爬虫有目的地采集对于该信息预警有用的网络舆论数据。

6）态势分析：判断更新的确认值是否支持已确定的网络舆论类型，如果是，则确定该网络舆论类型；如果不是，则返回网络爬虫接着监测网络舆论数据。

7）决策：当评估出网络舆论的具体特点及其模型后，预测其演进趋势，并采取相应的引导措施。

7.13 信息预警的关键技术

7.13.1 专家系统

专家系统的命名源于通过该方法所获取的知识以及思维推理方式都来自于专家，已经由过去碎片化的经验型决策阶段过渡到了目前基于态势评估模型的数字化模型阶段。但目前专家系统的知识来源也有可能是专业人员或其他学习途径，因此统称为基于知识的专家系统。专家系统共包括六个部分，即知识库、人工辅助、含有动态及静态数据的全局数据库、推理机、人机接口、知识获取组件和解释组件等。由专家知识构成的知识库进行知识表达的机制有很多种，如产生式规则、语义网络、框架、脚信息治理等。推理机根据收到的数据在知识库中进行搜索并得到结果。信息治理针对专家系统知识的不同来源，将专家系统分为知识库和人工辅助系统。知识库通过数字化的信息治理，由过去的经验型上升到目前的智能化、智慧型决策阶段，而大数据、物联网与人工智能的发展使得人工辅助系统可以非常方便地结合专业人员根据数据智慧、经验和智能化推理进行的辅助评估与预警决策。

由于信息预警的分析对象是经过多源数据融合或数据挖掘后的集成数据，以非结构化数据为主，所以决策中依据的数据源或信息记录从决策层面上分析，是碎片化、完全非结构化的模糊型或不精确的多模式数据，经验性的知识库与刻舟求剑的过程差不多，即利用过时的数据、过去的案例进行未来的决策，如何解决预测型专家系统及知识库构建是一大难题，大部分专家系统缺乏人工智能算法的实现过程，具体求解过程的反复试探形成了大量不确定性的求解结果，机械化、教条严重。基于态势评估的辅助智能的预测型信息分析越来越重要，而且专业技术人员的人工辅助及咨询介入可以降低决策的误差，但对决策人员的技术素养要求非常严格。

7.13.2　贝叶斯网络

贝叶斯网络（指用于决策与预警的贝叶斯置信网络）是目前人工智能领域一种很重要的信息治理与预警推理技术，它是基于概率推理的图形化网络。而贝叶斯公式，即式（7-1），则是这个概率网络的基础。贝叶斯网络是基于概率推理的数学模型，所谓概率推理，是通过一些变量的信息来获取其他概率信息的过程。基于概率推理的贝叶斯网络是为了解决不定性和不完整性问题而提出的，它对于解决网络舆论信息的不确定性和关联性问题有很大的优势。

$$P(H[,i]/A) = P(H[,i])P(A/H[,i])/[P(H[,1])P(A/H[,1]) \\ + P(H[1,2])P(A/H[,2]) + \cdots] \quad (7-1)$$

式中，$P(H[,1])$、$P(H[,2])$ 称为基础概率；$P(A/H[,1])$ 为击中率；$P(A/H[,2])$ 为误报率。

事实上，随着信息社会的全面数字化发展，信息依赖、数据超承载等已经成为正常现象，由于人们娱乐化、即时性的信息采集与应用习惯等因素，舆情、网络突发事件及信息发布主要以碎片化、多维度信息融合、治理压力等形成网络舆论。它们在传播过程中并不是随时间规则连续的，且文本化分析技术已经成熟，但影响突发事件的深度学习等多源数据分析与态势评估，特别是事件本身的刻画与预警，如图像识别、机器学习、生态系统基本的环境状况、历史情感堆积等。目前缺乏相应的信息治理与舆情分析或突发事件分析的产品，且尚未针对多源信息相对于时间的无规律性进行专门的设计。用于决策与预警的贝叶斯网络可以通过信息预警的方法，对网络舆论信息进行实时分析。根据分析的结果及时调整监控策略，从而使网络监控更具针对性，解决网络舆论信息相对于时间的无序性问题。

由于网络这一特殊传播媒介具有无组织、传播速度快、匿名制等特性，网络舆论具有很大的不确定性和时间无序性。现有的大多网络舆论产品都忽略了信息收集和信息处理之间的关系，现实中政府组织包括企业中舆论信息采集与舆情或网络突发事件分析等信息治理与预警工作相互独立，信息孤岛现象较为典型，很难根据舆论的演化情况实时动态调整舆论监控策略。在网络舆情监控引导中，主要应用贝叶斯网络的网络推理能力，实现危机事件的信息预警。其核心思想在于，融合多源异构数据及多模态信息源的同时，为基于科学决策的内涵方法提供一个有效的定量化推理步骤，而如何简化系统的计算是一大问题。根据贝叶斯网络的原理，以概率网络的形式表示危机事件信息预警过程中的定性关系，从而建立应急管理分析中各个变量间以及变量与演化结果间依赖关系的图形模型。根据已有的关于突发事件的知识库和经验，总结以往危机预警现象，挖掘内在因果关系，归纳决定突发事件演化的参数的概率分布。在新一次信息预警中，利用之前的危机演化参数的概率分布，决定信息治理次数与信息预警结果。

信息治理提出，基于信息预警的网络舆论监控引导系统方案，将信息预警应用于网络舆情监控引导中，解决了以往舆论信息收集和舆论信息分析脱离、盲目收集网络舆论数据的问题，从而实现实时、高效、智能的网络舆论监控引导，特别是从信息预警的层面提出了一个具体的解决方案。

第 8 章 以服务为核心的区域自然与社会生态系统的耦合治理

区域信息治理不仅是指运用政府信息公开等政策手段进行社会系统的治理，而且基于服务视角，强调过去以信息封闭管理向以信息服务为核心的理念与模式转变，最核心的部分就是将自然生态系统与社会生态系统进行完整耦合的信息治理，是以信息公开、共享、共治为核心要素驱动和重构的治理方式转型。数字化社会时代，社会各阶层对信息质量和数据服务的需求日益提高，而且基于基本的信息经济与信息技术发展进步，如摩尔定律等，数据建设、信息搜取与获得、知识管理等数字化社会建设与服务的成本逐步降低，而信息服务的内容与质量却呈指数级提升。另外，大数据、物联网和云计算等新信息技术服务变革的具体过程中，在人工智能的中介效应下，区域社会信息生态系统建设中的数据积累与管理成本也呈现正反馈效应，即人人都是数据服务的消费者，人人都是数据内容的提供者，人人都是数据与信息传播的参与者，改变了过去单向的信息服务模式。

相比于早期政府及企业对社会信息生态系统构建与管理的垄断与封闭，数字化社会建设在我国政府近年来的大力推动下，已经取得了明显的技术进步与服务方式突破，我国区域信息治理发展经历了从自我封闭、自给自足、信息单向传递与层级化服务、信息公开、数字化建设，到目前形成的信息供应链双向循环的公共服务阶段。新时期环境问题存在于多维度中，如气候变化、绿色能源、生物多样性、食品等，而互联网与新信息技术的介入改变了原有信息供应链自上而下的单向传递方式，同时也改变了包括自然环境与社会环境在内的治理物质基础和资源条件。此外，信息治理由以管控为主向以服务为主转变，信息公开由被动向主动、全面发展，特别是信息发布与解释制度，特别强调以草根及底层民众为核心的价值再造，按照民众需求来重构社会信息供应链等，形成自然生态环境与社会生态环境融合为一体的人类命运共同体系统。

8.1 社会冲突视角下区域信息治理中的数据生态基础

区域信息预警与治理架构下，区域信息生态系统的可持续发展注重政府的信息治理流程发起与决策主体角色，政府在区域信息治理与预警架构中承担首要任务，政府是区域信息资源的集大成者，不仅掌握了全部的信息源与信息传输渠道，而且承担了信息治理的主体角色及战略对策的实施。区域信息治理与预警的实施主要包括两个方面的内容：一方面是根据现有的预测状况，分析今后的发展趋势；另一方面是根据标准化的判别规则，在对预测值进行分析的基础上开展判断警级工作。本书中的理论与相关案例针对基于信息承载力的区域信息预警数学模型进行分析，研究如何判断事件风险、危机潜伏期、危机高潮预警级别，并在此基础上，构建信息预警模型。区域信息预警与信息治理的前提是区域有良好的信息治理实施环境，因而我们有必要对区域信息生态系统环境进行定量评价，找出信息预警与信息治理的对策方案与实施路径。

当前网络社会中，海量数据的出现同样给区域信息生态系统带来相应的信息治理难题。首先是数据采集时长和数据的完整性问题，数据的收集有可能受限于传统的采集方法，而金字塔形的应急管理体制不适合进行信息治理，等到战略管理者完成决策并层层下发指令，相应的信息治理结果再经过收集、筛选与反馈，层层上报，得到相应目标参考数据并进行评估及决策的时候，时间点已经发生变化，这正是突发事件衍生蜕变的质变阶段，相关领导者及实施者在应用前期信息与数据进行决策时往往也丧失了将萌芽状态的冲突与矛盾消解的关键时机；其次是早期行政结构状态下，信息孤岛与数据鸿沟逐步发展，导致应急管理的数据来源单一，信息分析工具原始落后，一般只能分析一些结构性数据，而决定事件性质的大多数半结构化数据，特别是关键有效的非结构化数据无法处理识别并被反映到信息治理结果，无法产生早期的有效决策与预警。然而由于信息生态环境发展变异的制约，特别是无处不在的信息生态结构性破坏因素与人的主观性弱点，数据在传输过程中发生污染与误操作产生变异是司空见惯的现象，即使在应用先进信息网络的条件下，数据源的可靠性、信息传输及最后的判别仍然决定于维度、时延、精度、信息量等各种信息生态属性的影响。即便数据源及初始信息采集没有失误，前述过程仍然导致决策过程应用了错误的数据及信息分析结论，再加上统计方法、样本选择等传统定量信息治理本身也是经验型产物，因而数据失效、信息判别失误及决策的数据混乱普遍存在。

在传统的人治型决策体制向信息治理的法治型执行体制转型的过程中，区域信息生态系统中信息生态供应链的信息治理流程启动方向与决策的信息源流动方向均发生了相反的变化，即由过去的自上而下转变为自下而上。而底层信息收集能力往往在资源与权力方面受限，人们只能使用采样或被动感知的方法。特别是信息汇报中的信息不对称效应，导致决定危机事件性质的部分核心关键数据无法真实有效地向上传递。数据关键属性缺失，导致上传到系统中的样本数据失去参考价值与决策价值，数据在应用于决策时丧失了有效性及真实性。为了解决这一问题，信息承载力治理理论强调以云计算、人工智能等新信息技术平台为基础信息架构，强调大数据技术决策的区域信息生态系统可持续发展意义，本质上是将过去的经验决策权利收回，将顶层管理变为信息治理，将决策权转型为执行权或信息治理流程启动权，减少数据处理的成本和时间，为冲突处理、危机预防提供及时有效的手段与危机处理预案。在社会群体、社会经济或政治系统、环境或制度中，信息承载力可以被识别和加强。在自然或人为灾害发生时，这些系统将显示更大或更小的信息承载力，这就需要更多的工作来区分不同的社会群体、资源和机构在信息承载力结构中不同的主体内容及能力水平。

社会信息网络生态环境下，由于网络的开放性与信息传输工具的便捷性，从文明冲突到微观视角下的行为冲突呈现常态化、动态化、变异性的状态。在信息治理领域，世界各国正在竞相进行基于数据驱动的冲突预防理论创新与实践模式布局，尤其是在冲突事件预警和危机管控环节，探寻信息治理对冲突预防的影响及技术。这一转变表明了一个基本事实，传统的人治模式让位于法制模式，正是网络社会与新信息技术的发展改变了人类政府传统的社会管理与决策模式。信息网络的普及导致了区域信息承载力产生社会结构性生态变化，区域信息生态系统可持续发展水平不仅体现在突发事件与危机灾害中的可持续发展治理，包括区域信息生态系统的内部结构性适应能力与信息承载递阶结构的稳定性水平上，还体现在区域政府及当地各类型组织处理应对区域信息生态系统的干扰能力上，尤其是对突发性事件的信息预警与感知水平。这类型能力具体体现在如何处理与解决内部的信息压力或外部的敌对性破坏与竞争性压力上。

8.2 区域信息治理的基础显示与数据分析

信息治理需要从整体的自然环境、社会环境等区域特质上分析治理实施的技术选型与设计，如从传统的区域质地同一性的角度分析区域信息承载力的评价应用，我国大多数地区属于信息生态系统中的不发达区域，需要突破常规的信息化建设中单纯投入型发展的套路，而创新性的信息使能技术切入与信息治理战略的实施也是后发区域赶超的可行路径。

基于舆情本身的政治敏感度、流量扩散度、主题倾向度和内容偏离度等信息生态中区域信息预警的关键性要素统计分析发现，随着直播及多维度移动信息网络平台的扩展，区域信息治理中原先基于情感、娱乐、游戏等舆情信息治理没有公共安全、社会公平等政治敏感度强，但娱乐性内容等非主流扩散范围与传播效率更广，而主题倾向度和内容偏离度是判断区域信息治理走向和舆情发展趋势的重要依据，这些都需要应用大数据技术。大数据技术有助于突破传统区域信息治理监测技术瓶颈，深度挖掘数据间的潜在联系，确定区域信息治理方向。

区域信息承载力定量评价对区域信息治理与预警具有基础显示作用，也是决策的数据分析基础，然而当前国内外具有代表性的信息生态系统定量评价方法均存在不足，只能测算出区域的信息化水平相对自身水平的增长情况，无法确定区域信息生态系统的真实发展状况。由于信息技术与信息网络的国外垄断及标准原创问题，我国一直处于整体信息生态供应链的下游与末端，信息区位与信息产出均处于劣势地位。因而如何寻找真正制约区域信息生态系统的关键因素，确立区域信息生态系统的可持续发展目标与创新方向，是区域信息治理与预警的关键问题，地区恶劣的信息区位如自然地理与地质条件、落后的社会人文因素等是信息压力核心内容。

8.3 信息治理过程的数据结构与技术分析

信息治理与预警需要进行长期的原始指标数据采集与积累工作，我国灾害及应急管理设施建设大多有百年一遇等指标，然而从 GPS 定位等多维与多源信息融合层面，大多数区域的真实源数据与元数据建设只有 30 年左右的宏观数据，因而基础预测数据的积累非常关键，特别是打破自然科学与社会科学数据互不相通的数字鸿沟与信息孤岛等问题。我国国家统计局、工业和信息化部、电子工业部、商务部等国家部门历年来累积的统计数据成为信息治理与预警具体操作依赖的重要基础数据，其包括众多公开出版的年鉴资料与统计文献，指标数据都可应用各类统计年鉴，如中国统计年鉴、各地区统计年鉴、高新技术年鉴、中国城市统计年鉴、中国文化文物年鉴、中国旅游年鉴、中国工业统计年鉴和中国经济年鉴，进行数据检索。此外，涉及信息经济、信息网络技术数据等信息生态系统的专业指标数据都可应用中国互联网络信息中心、国家信息中心等的统计报告，如《中国互联网络发展状况统计报告》《中国互联网络信息资源数量调查报告》《中国城市建设统计年报》，进行数据定题检索，通过直接或间接计算获得数据。

在具体的实证数据操作过程中，首先，通过已有官方、组织、人员的统计数据进行数据分析，并适当比较现存的多方面的政府统计相关客观数据，针对区域信息承载系统指标进行现状实证调查；其次，还有一些通过实验法、观察法或访谈法获取的数据进行指标数据的相互验证。由于预警及预测涉及的数据量较大、指标庞杂，如信息创新能力、信息文化发展水平、信息环境压力的软性指标与心理学指标等，实验法要对调查对象分组，控制各组环境。对具体操作而言，信息创新能力指标中的控制与决策、要素安排及数据空间流动目前尚在探索中。各类实证采集方法中，问卷调查是获取相关数据最可行且有效的方式。在遵守问卷设计原则的前提下，通过设计简单易懂的问卷，能获取调查对象基于自身需求对所调查要素现状及不同要素对其重要程度的主观判断。问卷的封闭性使其能够通过邮寄、网络等方式发放，这使得问卷调查对象能够尽可能多，涉及的空间尽可能广，同时封闭性的问卷更有利于进行统计分析。此外，问卷回收允许适当延迟，这能够减少被调查对象的时间被占有感。而抽样方法中如滚雪球抽样就从信息治理的总体层面具备优势，调查对象空间、年龄、职业跨度的规定，决定了不可能获得样本总体，因此分层抽样和随机抽样不可行，而滚雪球抽样方法正适合于难以找到特殊对象时使用。因此，对数据样本与对象的调查同样需要基于信息服务的架构进行。

8.4　辅助检验方法与分析工具

1）因子分析法。因子分析法包括探索性因子分析及验证性因子分析。通过因子分析，对调查问卷获取的关于信息承载力各观测变量现状及关于社会资源与资产各要素现状的实证数据提取公因子。由于具有探索性，在检验问卷结构效度时，既要进行探索性因子分析，也要进行验证性因子分析，以检验提取的公因子是否可用。

2）多元线性回归分析。回归分析是分析变量之间相关关系的有效方法。回归分析中，解释变量称为自变量，被解释变量称为因变量。多个解释变量的回归分析称为多元回归分析。采用多元线性回归分析，以信息承载力各因子为自变量，以信息生态系统可持续发展各因子为因变量，分析信息生态系统可持续发展与信息承载力各指标的相关性。

3）数据信度检验。数据是治理的基础，由于历史原因，科学定量统计数据缺乏，大部分数据是通过问卷调查产生的，可以通过各类型成熟广泛统计调查问卷区分信度，通过对部分调查对象进行重测，检验问卷再测信度。

8.5　区域信息生态系统中人与社会-自然耦合因素检测与定量评价

8.5.1　基于信息生态系统可持续发展的多尺度信息承载力与相应信息压力的定量评价操作

判断矩阵应该由熟悉该评价领域的专家来构建，构建的理论模型与指标体系需要充分反映信息承载递阶结构系统的社会经济内涵与外延，但是指标体系的可行性和实用性还需要进一步细化与校正。为了提高综合评价的可操作性，使参与评价工作的不同主体能够采用统一的标准进行客观评估，为每项二级指标设立了具体的测度标准，旨在进一步明确各项指标的考核目的与测评要点，同时还详细说明了指标测度所需数据的获取途径与适用的测评方法，以此增强评价结果的有效性和评价指标体系的适应性。

在治理实践中，评价指标体系中的部分指标数据无法直接获取，如有些指标的数据需要进行数据挖掘后对获得的现有指标原始数据通过计算得来，有些指标的数据则需要利用可获取指标的数据来代替。首先，部分指标之间可能存在较强的相关性，如国际出口带宽和国家与美国之间汇接中心的距离等存在较强的相关性，而且区域汇接与传输线路切割中的问题同样突出，因而加入地理参数与区域面积参数进行调整，每百万网络用户拥有域名数量和每百万网络用户拥有www站点数量指标也需要进行取舍，从而去除相关性较高的指标；其次，由于针对表面的数据统计多，真正的信息分析指标少，特别是信息能力挖掘测度指标的研究刚刚起步，相关的统计指标和数据还不全面，虽然建立科学的指标体系容易，但是部分指标数据目前仍然没有办法获得（或者留待以后进一步研究或进行数据挖掘），对难以获得的指标只能选择近似指标来替代。例如，信息服务人力资源指标可以用交通邮电通信业从业人员占总从业人员比例与信息传输、计算机服务、软件从业人员指标等来集成。再次，指标体系中的一些不具有区域间的可比性的指标，可以考虑使用相近的指标来代替。最后，对于信息公开度、信息市场开放度、政府信息管制水平等信息治理的主观性指标，需要组织专门的调查研究来获取，治理实践组由于条件限制，无法开展相关的调研来获得第一手数据，可以通过相近的调研材料与公开统计材料进行指标模拟。

8.5.2 信息承载评价指标与测度标准设计

为了确保数据的权威性、真实性、准确性，主要数据来自官方统计出版物，其他数据来自相关部门的书面资料及网站。针对指标体系数据成分中无形的社会资源资产统计问题，可以采取调查表与实地调研相结合的方式，通过统计间接指标（如经济发展能力、技术开发水平）得出信息消化、吸收与自主创新能力，如在实际的指标选取与数据统计中，在有工作当量数据的前提下，采用省区每万人年平均工作当量的数据作为主要指标，将机构绝对数值、从业人数、年产值、资金投入等作为辅助指标。针对部分指标绝对值差距过大的问题，如地质灾害事件，可以暂时换成其他指标，如地质灾害经济损失指标。

针对地方统计年鉴中部分省区某些年份的数据有偏向性问题，需要进行数据校正，主要办法是针对调查口径不一致、有些明显夸大的地方年鉴数据，采纳部级与国家总的统计数据。另外，进行类比推理，即在部级与国家总的统计数据有模糊性的地方，加入历史数据指导，并在必要时进行总的操作调查与调研数据的指数调整，即进行历史数据增长率调整与实际投资比较，最后进行数据验证。

8.5.3 数据标准化处理与定量指标的统一无量纲化处理

数据标准化处理主要包括数据同趋化处理和无量纲化处理两个方面。数据同趋化处理主要解决不同性质数据问题，对不同性质指标直接加和不能正确反映不同作用力的综合结果，须先考虑改变逆指标数据性质，使所有指标对测评方案的作用力趋同化，再加和才能得出正确结果。数据无量纲化处理主要实现数据的可比性，如指数化处理方法。

8.5.4 指标权重与一致性计算

应急管理要实施区域信息生态系统的定量评价与区域信息治理水平的综合信息评判过程。对信息生态危机预警的大数据信息架构进行规划时，主要采用层次化设计的方式，从大数据总体架构、内容架构、具体指标三个维度着手建立研判指标体系。一级指标用来显示基于区域大数据生态危机的不同维度，主要包括自然、社会两大类总体信息架构；二级指标主要用来展示生态危机的测度内容；三级指标属于数据采集的具体定量指标。定量指标值的确定可以直接通过网络进行采集，或者可以运用有效的数据算法得出。初始评判指标是此后进行统计的前提，因此，必须保障初始评判的有效性和准确性。在对初始评判进行筛选时，普遍采用的是灰色统计方法。区域信息生态系统在评价一个事物时，会涉及多个因素或指标，这就要求根据多个因素对事物做出一个综合评价，而不能仅凭某一因素的情况评价事物。层次综合评判决策方法利用层次分析法中属性线性变换以及最大隶属原则，确定出各影响因素权重，对受多种因素影响的事物作出全面评价，这是一种十分有效的多因素决策方法。为了体现以上各项评价指标在信息资源协同配置综合评价中的重要程度不同，使评价结果更加准确、可信，需要进一步确立各项指标的相对权重。

8.6 态势评估与信息预警对策分析

随着应急管理信息治理呈现出大数据治理的转向，人类社会可持续发展的战略管理由过去的人治转为数据治理与预警决策，但现实中数字鸿沟、信息孤岛、信息污染、信息操纵、信息危机等无处不在。信息治理需要建立起长效的持续运营与资源建设机制，从公共管理的战略层面，将信息治理与战略预警变成信息社会可持续发展的机制与信用法治文化，使得全社会自觉形成信息资源共建、共维、共享的迭代习惯及优化行为。在信息社会各个领域，信息治理与危机预警已经成为管理与服务层面的使能器，数字化、智能化不仅变革了区域管理方面的政务系统、公安系统、物流管理系统、社区服务系统、教育管理系统等，在经济服务领域，也由电子商务变为今天的数字化经济。信息生活中的新媒体应用、数字货币、虚拟生活等均需要新信息文化建设与安全预警，特别是以新冠肺炎疫情防控为代表的全社会新信息文明与价值的塑造，人类社会第一次真正具备了平等、共治、协作的技术基础。区域的信息治理与危机预警是一个螺旋上升模型，需要不断地迭代和优化，目前尚无针对信息通信技术发展而进行的信息治理与危机预警的理论总结及信息架构应用设计，主要体现在我国信息传播、信息资源与数据中心建设等存在短板，如我国的文化价值传播、基础数据资源缺乏、信用体制建设滞后等。自然生态系统与社会生态系统已经融合成为统一的信息治理与危机预警的一体化多源信息融合环境，在进行数字资源建设与应用的同时，也产生了数据安全与资源保护的标准、生态与供应链等体系建设及跨平台维护的新问题。无论是基于企业的财务、人力、供应链、生产、销售等内部数据，还是如政治、经济、社会、科技、行业、市场、竞争对手等公共管理的外部数据，均需要从信息技术治理的应用层面对数据产生、采集、处理、加工、使用等过程进行统一数据标准，制订合理的数据管理流程和制度，以及规范数据生产供应的过程，必要情况下进行数据立法与数据执法体系建设。

  区域信息治理的根本目标是在提升社会信息服务质量的前提下，控制信息安全和数据合规使用。区域信息治理涉及范围广，参与人员多，因此需要全社会跨平台的组织和制度保障，不论是基于政务后台的小数据治理，还是基于中台的大数据治理，"一把手工程"均是信息治理成功的最佳模式。以基于区域社会与自然环境融合的中台数据治理为例，由于上升到全社会可持续发展的战略层面，自下而上的或分部门、分业务的治理很难成功。信息治理组织的建立包括应急管理部等机构组织并不是部门建设或团队组织建设，而是要能够支撑区域数字化业务的一个完整体系，是从全社会组织体系、管理体系、执行体系与技术体系等全社会范围的改革。

  基于信息预警与信息治理理论分析和数据应用分析方法，需要综合应用信息生态理论、公共管理学、信息分析技术和可持续发展理论的成果，将自然生态系统与社会生态系统进行耦合后，针对国内外普遍关注的危机管理中信息治理效应及信息操纵、数字鸿沟、信息污染、信息安全等的危机源分析，将信息弹性力、信息能力、信息压力置于应急管理条件下形成统一的评价标准与指标体系中，从而进行态势评估及预警。通过计算区域信息生态系统整体、下级区域不同维度与低级尺度，从信息弹性力、信息能力、信息承载力、信息压力不同指标体系进行分别评价，针对区域信息生态系统承压度进行整体评价和分析，实现定量化、动态化监测区域信息生态系统发展状况的目标。同时，结合区域外部环境、国家政策等，探讨区域信息生态系统格局变化与信息承载力及社会环境与经济发展、国家政策驱动的关系和响应机制，分析区域产业发展、信息化投资、国内外政策对信息承载力变化的内在作用机制等，并提出相应的信息预警机制与系统设计方案。

第 9 章　区域信息治理与预警技术应用及实现

区域信息治理与预警技术随着社会新信息技术的不断迭代进步，使得应急管理的信息治理架构中各类型信息架构基础技术标准主导了到各类型社会基础组织与信息社会基础单元的构建，应急管理信息架构的区域、组织成分、人员对象等由于信息供应链的影响已拓展到整个社会范围的信息生态系统（图9-1）。从信息治理的角度分析，信息生态系统过去是按地域划分的，然而信息流的快速传递打破了信息生态系统整体的地域疆界，使其可以在更大的地理界限内有效地协调社会经济活动。这样，信息治理首先在经济层面带来了惊人的效果，即交易成本大大降低，甚至逐渐趋于零。交易过程实现自动化，从而杜绝了错误和信息处理滞后的现象。其次，信息治理渗透进入社会管理层面。过去忽略信息生态系统可持续发展的恶果将得到重视，人们面临着一个更为扩散、更为自由与平等的信息网络结构世界。这对政府管理者与社会组织的信息管理思想与信息治理技术应用提出了更高的要求与更为严峻的挑战。

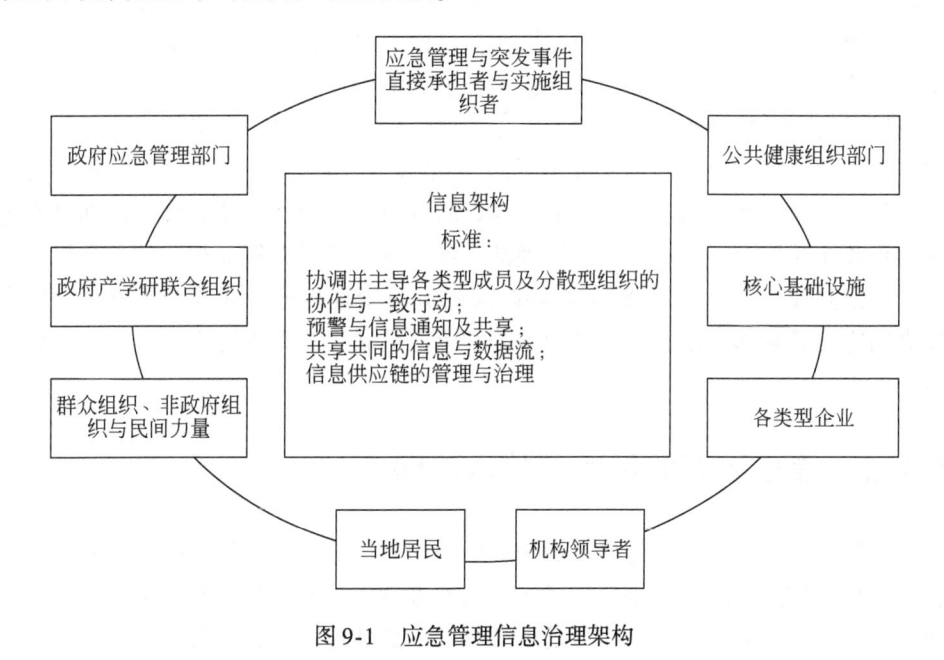

图 9-1　应急管理信息治理架构

9.1 信息治理的模式构建与应用研究

9.1.1 信息治理与预警的标准与制度构建

信息治理与预警技术实施的前提是标准与制度的构建。首先，在科学研究领域，以 Cyber-infrastructure、e-Science 等信息架构及具体信息承载力实施平台为基础构建的多学科、跨领域、学者群的综合信息治理系统已经得到应用；其次，在社会管理领域，应急管理、危机治理、政府的社会治理与组织治理等的公共治理应用也得以开展。

目前信息治理的标准与技术实施已经从组织与企业层面的信息技术治理等微观层面的技术支撑，扩展到人类社会文明发展的宏观层面；信息治理已经从过去企业与组织微观层面的技术治理，扩展到社会层面的战略实施与政策制订，信息治理取代传统社会的信息统治成为新的信息标准架构与制度建设焦点及社会发展行为。我国从国家层面对信息预警的制度建设从党的十六大四中全会《中共中央关于加强党的执政能力建设的决定》开始，"建立健全社会预警体系，形成统一指挥、功能齐全、反应灵敏、运转高效的应急机制，提高保障公共安全和处置突发公共事件的能力"。目前我国从国家领导与战略层面有着完善的突发事件应急管理机制，且已逐步从顶层到地方层面，全面开展社会全员力量参与的全社会治安防控体系。从信息供应链的角度，这种金字塔形自上而下的单向信息传递模式有着远离突发事件与预警信息源的弊端。如何构建扁平化、网络化、智能化的区域应急预警体制与决策机制以取代人工决策模式是核心的信息治理问题。实事上，我国高层管理部门已实现了横向与纵向的组织设计和制度安排，特别是在传统的行政体制层面，从成立应急管理部，到"在省市县对职能相近的党政机关探索合并设立或合署办公"，将党委和政府的应急管理机构合并或合署办公，成立独立的应急管理部，建立健全各种预警和应急机制，提高政府应对突发事件和风险的能力。

9.1.2 信息治理的目标与技术战略

信息生态系统内部日趋严重的信息污染使得用户无法分辨与接收有效、有益信息。区域信息治理系统是包括区域信息治理意识、沟通观念和规范、信息工作制度、信息工作流程、信息收集处理工具、信息处理环境和平台、竞争信息（知识、情报、数据）系统基础在内的信息治理工作体系。区域信息治理工作由于其显而易见的竞争性，更加需要人的理解、判断和预见力——治理智慧。因此，不要指望一套计算机网络、一套所谓的信息治理软件系统的简单引进就能带来什么，这需要人的智慧、素养、技能的配合，需要区域政策、组织制度的保证，需要有效运作它的区域文化环境。可以说，具有强烈治理意识的领导者是区域信息治理体系的主要力量。而社会民主化、网络化进程带来的更严重的问题是区域信息生态系统开放性越大，受攻击的可能性也越大，网络攻击、网络病毒和黑客入侵已成为威胁网络安全的最大敌人，这导致绝大多数的信息资源数据库在加强安全管理的同时，也成为一个个的信息孤岛，信息共享与信息独占之间的矛盾更加尖锐化。在实际的区域信息治理模式构建中，区域内部信息发展与信息治理的模式也各不相同，又给整体的信息承载力提高带来风险，即信息承载力发展的内部不对称等。这就要求我们在具体的信息承载力研究中，把信息与信息、信息与活动、信息与人结合起来，强调在系统化的多维动态空间中，提高人与信息资源相互发展的动态适应性，并通过信息治理，最大限度地消除信息社会中的诸多失衡现象，从而维持区域信息生态系统的可持续发展。

基于信息承载力的信息治理（图 9-2），应将政府宏观治理体系与组织内部管理体系相结合，利用整个社会的组织网络、信息网络、人际网络集合等形成治理平台，以信息承载力评价、信息治理为主要内容，加入信息生态系统发展与其他社会系统建设的相互关系，从而为政府、企业等应用主体提供关于内部绩效评估、外部环境检测、危机分析与治理等方面的强大有效的战略决策支持。

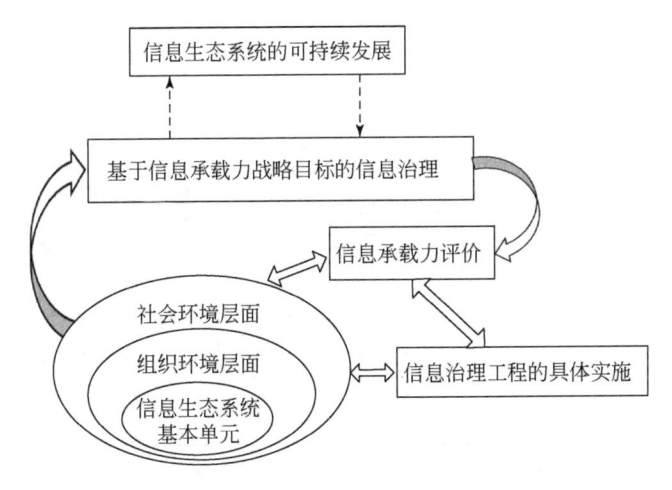

图 9-2　基于信息承载力的信息治理模式

9.1.3 信息治理模型的构建

从对概念的理解看，信息治理模型强调治理应加强组织对信息技术投入及使用的监督和控制过程，以规避信息技术风险、实现组织战略目标。信息治理模型是基于如下概念设计的：信息治理是对信息技术投入及使用的权力划分和责任分配，并形成组织所希望的行为。其基本假设的前提是，由于信息技术的使用涉及组织的所有层次、所用部门，因此单纯由高级管理层或个体领导人对信息技术的投入和使用等（包括信息技术投入方面的战略）作出决策是不科学的，确定组织应在信息技术的哪些方面决策并将决策权力划分给相应的管理层次或部门是信息治理的核心任务。图 9-3 从信息治理模型的构建分析，信息治理在组织中强调控制与决策的时机，通过对决策过程与决策前的信息治理完成整个治理流程。从信息治理的目标看，特别强调信息治理与组织战略目标的一致性，尤其是不同管理层次和不同管理部门由于信息流动所带来的权力和责任的分配，在保证不同层次、不同部门利益的前提下，通过信息治理实现组织战略目标的一致性。调查发现，运用不同的信息治理机制会产生不同的效果，并据此总结出绩效较好的组织信息治理模式。图 9-3 构建的模型表明，有效的信息治理需要两种"和谐"，即组织战略目标和信息治理行为的和谐、组织信息承载力可持续管理实施与组织决策的和谐。

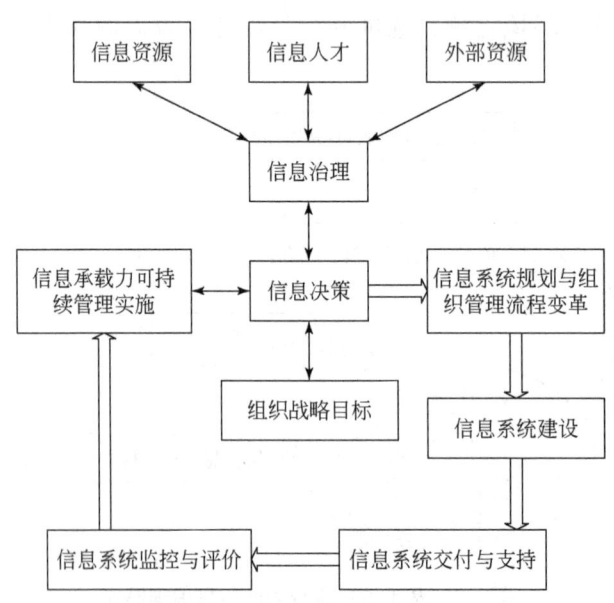

图 9-3 信息治理安排与组织战略目标和谐一致的结构模型

9.1.4 政府信息治理基本理念与技术应用

目前信息治理的理论与技术主要集中在企业范畴，政府部门作为治理与管理类型信息最大的生产者，关于政府信息治理的研究尚处于起步阶段。政府信息治理是指政府采用有效的机制（为鼓励信息系统应用的期望行为而明确决策权归属和责任承担的框架），使得信息系统的应用能够完成组织赋予它的使命，同时平衡信息技术与过程的风险、确保实现组织的战略目标。政府信息治理的主体是政府，其利益相关者包括政府、公务员以及全体公民。政府的信息治理过程也就是政府建立有效的服务体系，服务全体公民的过程。责任与权力的归属，是政府信息治理关注的焦点。政府信息治理的引入价值表现在以下方面：首先，通过引入信息治理，政府管理部门可以及时识别电子政务存在的问题，如电子政务项目是否实现了预期的效果、系统服务的质量是否能够让广大公民和行政公务人员满意，以及系统自身问题导致的直接和间接损失有多少等；其次，信息治理可以帮助政府管理部门正确开展与电子政务相关的工作，如提供保障信息生态系统和组织战略目标相一致的手段、提供衡量系统价值的评价方法、帮助明确应该采取何种战略动机管理电子政务、给出分析并规避相关政策风险的方法等；最后，信息治理还可以通过绩效评估等形式，帮助政府管理部门针对政府管理控制工作进行评估，及时发现自身管理的缺陷并加以改进，从而实现政府管理机制的自我完善和提高。

信息技术的发展与应用，深刻地影响了政府各个层面：①促进政府组织结构的变革。在工业社会乃至以前的人类社会中，金字塔状垂直领导的刚性结构一直占据着国家行政组织的主导地位。在信息社会，这一刚性的"庞然大物"不免显得呆滞、僵化，由此导致信息获取、处理、反馈上的时滞性，以及政府行为过程的机械性、低效性，严重影响了政府职能的发挥。网络通信技术的发展为公共组织变革提供了前所未有的机遇——组织再造。②传统的政府组织权限和职能的条块划分，割裂了信息传输的完整性，加剧了信息的不对称，造成政府对市场信号、社会信号反映的低效、无效，甚至负效。网络的优势恰恰在于打破基于组织等级链的信息封闭流动，实现基于信息共享和数据库的信息树状辐射传导，从而真正实现信息共享和无障碍传导，将信息对人类的服务能量充分地释放出来。③信息技术可以改善政府的决策过程和政策质量。

现代意义上的公共决策一般包括决策信息获取、决策制定、决策实施三个阶段。传统社会中，决策模式较多地表现为封闭式的少数人集中决策。这种模式有着许多的不足，如决策信息的不充分导致决策效果失误、时间延误，决策过程缺乏沟通导致决策对象对决策内容的逆反等。进入信息社会后，信息技术的发展，促使决策模式向开放式的强调决策者与决策对象共同参与的方向发展，真正实现民意表达、民智集中、信息共享、利益互动、决策透明的民主决策。责任的上溯与权力的下移成为政府信息治理的核心理念与基本实施技术。随着民主化进程的推进以及信息技术的革命，权力的走向逐步由中央走向地方、集权走向分权、组织走向人。公共权力在政府与社会、上级政府与下级政府之间去中心化地重新分配，使得治理具有较为明显的新型民主价值。权力去中心化是公共产品与公共服务的供给由中央层级向地方层级的由上而下的位移。

信息革命的爆发引发了公众参与公共行政方式的革命性变革。首先，公共行政系统内部的分权以及层级的扁平化，缩短了公众与政府决策部门的沟通距离，增加了公众直接参与公共行政决策的可能性；其次，日益发达的大众传媒和不受时空限制的通信方式，使得公众与上层有了直接对话的机会。信息革命打破了官僚体制下信息不对称的局面，使以信息不对称为基础的等级权力日益失去强制的色彩，平等协商成为公共行政过程的基础。通过对话、协商、公开辩论乃至全民公决渠道，把公众纳入公共决策过程，已不再是一件观念上难以接受、技术上无法攻克的事情。推动行政等级系统中决策权力下移，在行政等级系统中，行政决策机关要赋予下级决策机关以灵活性，或者说要给执行机关或执行人员以更大的裁量权。推进行政等级系统中权力的下移，不仅有利于在行政民主的过程中提高效率，而且还有利于建立一种责任行政，从而使行政机关及其公职人员各司其职，承担道义上、政治上及法律上的责任，同时符合信息时代下政府治理的核心价值取向。

政府信息治理机制的建立，急需解决的是权威信息发布源和责任归属问题。在行政管理体制改革的重任面前，此问题的解决尤为紧迫。我们必须解决跨系统和跨部门的应用系统的建设、指导和协调问题。

9.1.5　基于信息承载力的信息治理实施

当前关于信息生态系统发展模式的研究大多以基础建设与经济发展并重的理论为导向，包括在企业与政府实际的管理战略中，也强调信息生态系统的建设是否与经济发展速度相匹配的发展论。如图9-4所示，单纯的信息建设发展观已不能应付目前信息生态系统失衡带来的挑战，需要从可持续发展的基础即信息承载力的支撑来分析问题。信息基础设施的建设只是信息生态系统可持续发展的一个必需条件，关键还是看该区域的信息化发展与信息承载力水平是否均衡，即信息承载力的供给与需求是否均衡，因而信息承载力评价与测度的核心并不取决于信息生态系统中信息量的多少或信息化水平的高低，而在于该区域人类社会活动是否处于人类自身的信息承载力范围之内。

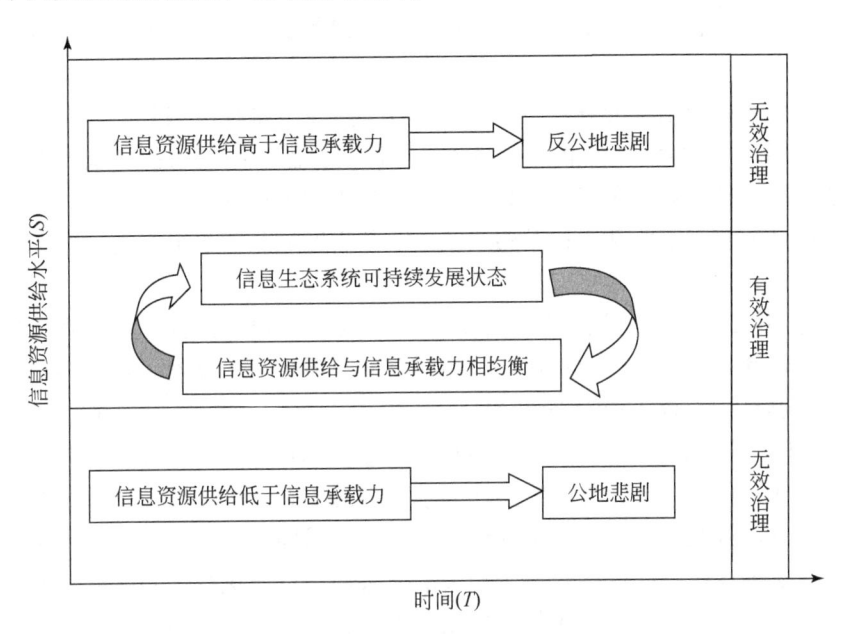

图9-4 信息生态系统治理动态变化模式

通过将政府宏观治理体系与组织内部管理体系相结合，利用整个社会的组织网络、信息网络、人际网络集合等形成治理平台，以信息承载力评价、信息治理为主要内容，加入信息生态系统发展与其他社会系统建设的相互关系，从而为政府、企业等应用主体提供关于内部绩效评估、外部环境检测、危机分析与治理等方面的战略决策支持。对于任何想抓住具有这种前瞻性的信息承载力方法所带来利益的组织而言，这一成形的信息治理框架都是适用的。区域信息治理系统是包括区域信息治理意识、沟通观念和规范、信息工作制度、信息工作流程、信息收集处理工具、信息处理环境和平台、竞争信息（知识、情报、数据）系统基础在内的信息治理工作体系。区域信息治理工作因其显而易见的竞争性，而更加需要人的治理智慧，即基于信息承载力的理解、判断和预见力。

信息承载力是一个动态的变化指标，强调信息环境、信息资源、信息技术、信息政策等结构要素的均衡发展，同时考虑区域信息生态系统在整体社会发展过程中的动态均衡，因而信息承载力的信息治理的关键不在于信息和信息主体本身，而在于对信息流、行为、关系和过程的治理。其具体要素有信息生态均衡意识（发展与均衡意识、消化与应用观念、合作与竞争意识等）、信息承载力建设制度、信息治理流程、相关技术工具和方法、基于信息承载力构建的数据基础平台（如信息处理的网络通信平台）等。信息承载力治理模式由三个主要的组成部分构成，具体表现为"战略计划—系统构造—信息管理"三个循环框架的生命周期，通过一个不断联结这三个要素的反馈环，完成信息承载力治理进程。

在信息承载力治理的进程中，相应存在的三个关键环节如下。

1）社会（或组织）信息承载递阶架构计划，包括：①社会（或组织）信息生态系统战略规划和基于信息承载递阶结构与流程再造的战略决策；②战略性的信息治理计划和信息承载力提升路线图；③基于区域或基于组织的绩效标准建设与执行计划。

2）信息使能技术建设与技术组合、投资组合合理化，包括：①使能技术应用系统平台和基础设施的合理化；②使能器建设项目——投资效益分析；③现有信息使能器系统的合并和治理整合。

3）组织的信息服务与治理应用融合，包括：①信息公开与基础信息服务提供、信用体系构建、文化与文明塑造等基础信息生态环境建设；②针对权利与责任两大信息承载结构与业务关系的管理与分解；③确立信息治理的实施主体、目标对象并实施评价；④社会政策、相关法律法规制订与执行的问题。信息承载力治理的实现需要进行权利的决策前控制与下放，并完成责任的分解过程。权利的决策前控制与下放既保证了决策的科学性，又保证了决策权力、责任及利益的合理划分和分配。另外，信息治理重视所希望行为的产生和组织文化的作用，使得信息承载力治理从制度、政策、法律的层面规范了组织的信息生态系统结构、业务流程、管理模式等，既做到在政策、法律、规章方面的依从性与统一性，又做到信息使能技术实施与信息人的行为及组织文化的一致性，最终通过区域与组织的信息承载力提升，实现组织的战略目标与社会可持续发展并行。

9.1.6　国内外信息治理的应用

回顾我国信息治理近年来的建设进程，信息治理主要照搬国外信息技术治理架构进行模仿性应用，以企业工厂治理最为广泛，如 ERP 等。而公共管理主要通过开展信息化建设，整个结构治理进程是在技术专家或技术厂商主导下进行的，而不是由经济专家或管理专家主导，技术专家或技术厂商从技术的视角去关注信息技术和设备的先进性等，较少聚焦信息生态系统发展战略和组织战略目标的互动，较少考虑信息技术与信息治理如何形成文化重构、信用体系等核心竞争力、如何规避风险、如何创造新的业务和目标绩效，组织群体和管理层沟通缺少通用的语言（非信息技术专业术语），因而不可避免地和组织的业务环境、业务目标脱节。而随着信息技术的更新加快，许多早期的工程只剩下一推摆设，管理层看不到在信息治理上的成绩与进展，这又导致信息治理与信息技术的人才与政策得不到应有的重视，从而形成恶性循环。

总结经验和教训，应该认识到我国目前存在的信息治理问题从总体上来说不是技术问题，而是更重要的管理问题。优秀政府的信息治理与一般政府是不同的。一般政府采用的是被广为接受的执行标准，即由高级管理层牢牢控制信息生态系统决策权。而信息治理优秀的政府则有所不同，研究发现，在六个关键领域，谁做决策和如何决策是区分信息治理优秀政府和一般政府的标志，也是信息治理的关键领域。这六个领域分别是：①确立信息技术战略原则，确定信息技术在政府中的角色；②确定信息技术结构，定义技术间的关系、整合及标准要求；③信息技术基础设施；④决定信息技术可提供的服务；⑤政府管理应用需要，即根据政府需要确定购买或自主开发；⑥信息技术投资及优先次序，即选择有限投资的项目，并确定投资金额和优先次序。这样由信息治理理论扩展到公共管理范畴，对应于每个关键领域有不同的决策方式，可分为六类：①组织君主式决策，即高级管理层拥有决策权；②信息系统部门君主式决策，即信息管理部门、信息专家拥有决策权；③部门领地式决策，即每个单位或独立部门拥有独立的决策权；④联邦式决策，即除信息管理部门外的所有组织、部门共同拥有决策权；⑤联合决策，即主要负责人与至少一个其他业务组织共同决策；⑥无政府状态，即个体或小的群体拥有决策权。在确定了应做出哪些决策、谁来做的问题后，就要解决如何做出决策和实施监督的问题，即设计和实施信息治理机制。合理的信息治理机制应能够促成所希望行为的产生。希望行为是组织信仰和文化的具体化，在每一个组织中都是不同的，明确的希望行为的产生是有效治理的关键。信息承载力理论强调是行为而不是战略创造价值。

9.2　信息治理过程分析

信息承载递阶结构（图9-5）的均衡并非单纯强调以信息人为中心或以信息资源为中心，而是强调信息人、信息资源、信息环境等信息生态系统各要素的均衡发展与相互匹配，突发性事件的影响极易导致信息生态系统原本脆弱的信息承载均衡结构发生断裂与破坏。在传统的孤立封闭型环境中，管理者可以避免进行信息治理及相关技术的选择决策，现实的信息生态环境处于动态的且经常是激烈变异的状态，应急管理中公共管理者针对信息公开网络事件的变异无法进行快速响应与及时决策，大多数采取了被动信息传输的指令性断绝与堵塞，导致突发事件爆发时产生信息洪流效应，这种政府行为的治理效果不明显（图9-6）。

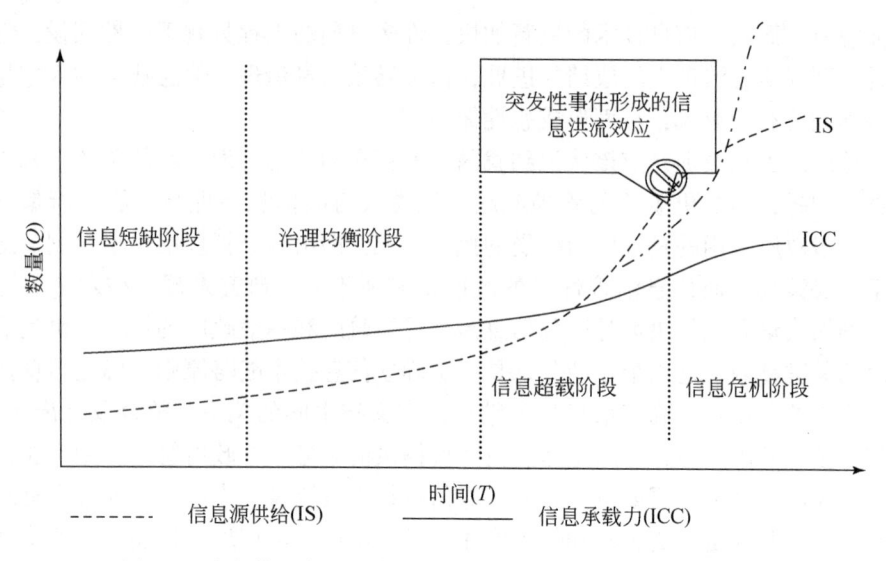

图 9-5 应急管理中突发事件对信息承载力产生的信息洪流效应

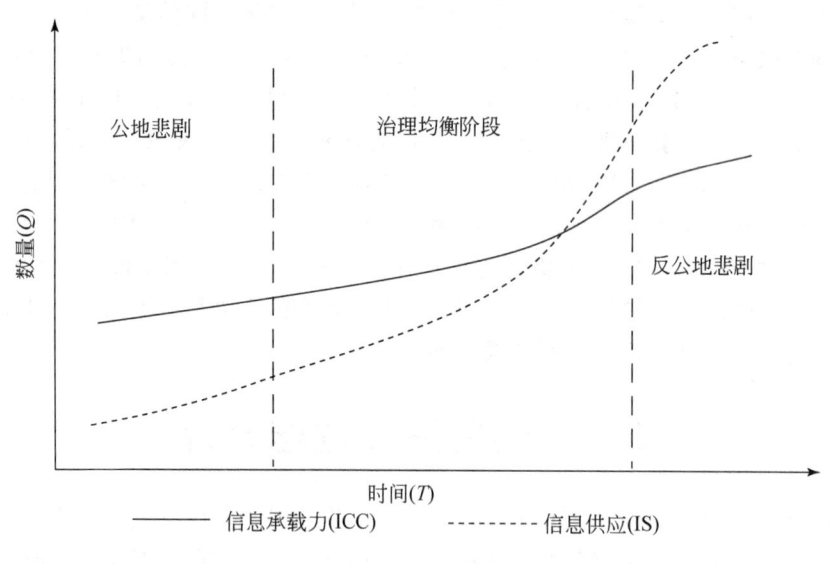

图 9-6 信息承载力的定量化与指示器功能

9.3 信息治理的使能器实现机制与技术应用

应急管理中信息承载力使能器通过将原本孤立的各个信息孤岛联结成为有效的决策与实施系统，使得信息治理具备了先天的效能倍增优势，可以通过基于评价与治理的信息供应链过程顺序实施：①通过前期的信息环境治理，构建集成与协作的基础支撑平台，既包括由信息系统、技术标准、法律法规、能力组成的基础设施，又包括分发有价值的工具、提供咨询服务的过程，还包括部分可预见的、合理的成本-效益比控制和可调整的组织能力；②利用信息驱动决策机制将信息应急治理预案与事件模拟的管理仿真信息系统相结合，突出信息治理中针对突发事件的预测、预警、预防等事前处理机制；③构建事件模拟仿真、早期的事件预警、事件发生期的决策与干涉、事件处理后期的信息引导与转机决策等应急管理进程机制；④在宏观战略决策的事件触发机制与指向决策中，基于 Cyber-infrastructure 构建的信息预测与灾害预警信号体系，在事件信息与监测监控信号汇聚指向某一点或相应地理区域位置时，无条件触发应急管理预案的响应实施进程；在微观上，应急响应系统可以通过专用通信网络直接接入属于个人与医疗救护组织的移动及专用通信设备，使得针对伤员的救护决策变得更为便捷、及时。

9.3.1　信息承载力使能器的溢出效应

信息承载力使能器在国内外应急管理与危机治理中最大的实证收益就是社会与经济发展的溢出效应。其中，信息承载力使能器中包含国家体制内组织与非政府组织的力量整合、国内力量与国际力量的整合、不同宗教信仰及不同政治色彩的文化模式整合。例如，虽然中美两国政府机构、科技体制有所不同，但公共财政支持的有关全球环境治理、自然灾害监测评估、公益型科技事业发展及环境资源管理的思路，以及具体信息技术发展与规划的思路有着基本的共同点，可以进行协作研究与共同治理。由于应急管理集中了全社会的资源与力量，信息使能技术通过危机压力带来的双重驱动力产生了科技进步与人类文明发展的溢出效应，实现了一系列全社会范围的创新技术集成，使得信息承载力使能器具备了显著的社会溢出效应，带来了社会、经济与科技发展的集聚扩散效应，特别是社会经济附加效益和其所能产生的政治体制加成效果，可以同时提升公共管理、企业发展、集成传感器技术在通信及航天等领域的创新表现。面对共同的社会危机与环境压力，信息承载力使能器创新促成了人类文明的进步，在危机风险释放的同时，提升了目标地区未来的社会、经济可持续发展的竞争能力。信息治理通过提升区域整体协作能力与科技创新，使得全社会各类型组织与相应的知识资源及动员力量在参与应急管理的过程中得到学习与实证，并利用资源共享、技术协作、仿真学习等柔性化使能技术逐步适应动态化激烈变异的外部环境。另外，大规模的适应性能力与协作技术的产生可以带来新的合作模式及附加效益，如利用更加先进的通信技术、GIS 与远程管理相结合，可以提升政府的虚拟协作能力，从而提供一个更加柔性化的协作支撑平台与治理模式。

9.3.2　信息承载力治理使能器的应用

信息承载力使能器的最终目标是形成知识与文明循环的信息演进结构体系（图 9-7），其基本流程及信息使能技术注入过程可以简化如下：数据、信息（辅助以资源建设）→传播（辅助以信息干涉、治理过程）→信息共享（辅助以协同过程）→进入社会应用于决策（辅助以信息分析与绩效督导过程）→形成社会制度与文明（辅助以科学评价与文化构建过程）。

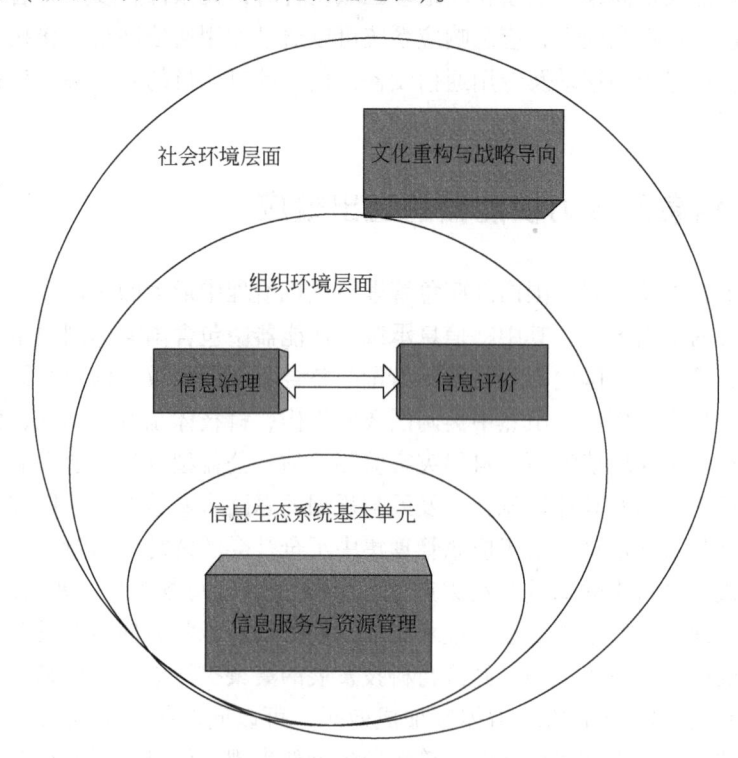

图 9-7　信息承载力使能器的应用结构与实现模式

9.3.3　应急管理中得到推广应用的信息承载力使能技术

1）突发事件的信息源定位与寻址功能。通过信息使能器可以构建形成一个巨大的实时处理系统，专门负责由各种实时监测、监控系统及传感器传递的信息碎片汇集处理，必要时由人工处理。如同其他类型的实时系统一样，现场终端信息处理可以非常有效地避免给核心运算资源与决策系统的信息承载带来巨大压力的信息洪流效应。应急管理中针对突发事件，信息提取中介有几种方式：首先是直接标定，其可以从监控信息通道直接提取，还可以从信息源与测量端通过请求机制获得，或者通过现场情境观察与分析直接产生；然后将这些原始数据打包，各类型数据流及结构化处理后的新决策信息等各类型数据函；最后信息治理的使能技术可以将处理对象进行过滤与加工，并触发整个信息系统的应急管理流程。

2）应急管理的流程简化处理技术。信息承载力治理的目标就是将原先层级化的体制转变为扁平化的组织结构，通过对个体与组织的角色、队伍、任务和职责的定位及匹配完成事件管理。最直接的挑战是集成所有可获得的信息、知识及数据构建底层的虚拟支撑治理平台，以最直接简单的方式应用于不同层次、不同方向的接收者。

3）预处理、预决策与响应型执行。在危机或事件发生的所有阶段（发现、参与、部署、恢复、延伸等）中，通过应急预案的响应级别设置执行所有程序型、事务型动作，如进程响应、通报与系统恢复等。

4）通过信息供应链对正在逐渐消失与即将到来的信息进行治理，包括针对大规模人群，甚至是针对全球范围内目标人群（需要接收信息的人群）的消息传输路径等，集成地理信息系统消息的广播与响应渠道建设等。

5）从最关键的事件模拟仿真系统的构建，到危机管理的预警、决策、响应、控制、处理与后续发展的模式进程，以及专家咨询系统、专家报告结构与政府垂直管理的执行构建，这类快速的信息治理模式可以由事件信息管理系统触发，并通过危机协作中心完成。

6）在信息治理的政治操作中加入了司法裁判权与执法体系，通过构建一个结构与层次式的命令与控制框架，组建从当地、区一级、省一级直到国家一级水平的应急管理中心及危机处理机构。

9.4　政策使能与信息预警的模型设计

英国危机公关专家里杰斯特（Regester）提出了危机沟通中以信息公开为主的3T原则，即每个相关主体主动提供信息（Tell your own tale）、内容上必须提供全面信息与数据（Tell it all）、时间与速度上尽快提供信息（Tell it fast）。对信息预警信息管理者的政府及相关科技部门来讲，在处理信息预警与信息治理过程中也要遵循如下原则：①政府掌握着危机预警信息控制与治理的主动权，需要遵循主动提供预警信息原则。主动提供信息预警信息，即政府在时间与内容上主动将信息预警与信息治理信息对外披露，避免造成预警信息失真，阻止谣言的传播。②政府提供全面预警信息原则。提供全面信息指的是政府将自己知道的危机事实，不管是正面信息还是负面信息，全部告知公众，即政府在信息发布时要讲真话，不隐瞒关于信息预警与信息治理的事实。③尽快提供预警信息。尽快提供信息就是指在第一时间提供预警及相关治理信息，提供真实有效的数据，避免各种传言先入为主，影响政府控制信息预警与信息治理的能力。

2018年7月10日在华盛顿举行的美国情报和国家安全峰会上，包括军事情报部在内的其他一些主要情报机构的官员表示，他们在寻求基于人工智能的解决方案，希望通过人工智能来将每天接收到的大量数据转变为能够用于政策和战场行动的情报。由于有太多数据要去筛选，美国情报机构把希望寄托在了人工智能上，他们希望通过在信息预警与信息治理大数据中心平台中加入人工智能运算与决策模块的办法来快速处理亿万比特的数据，从而了解世界各地正在发生的事件。

由最高一级区域政府出面，在集合了区域各类型组织、各学科、各信息平台的基础上，构建统一、协作、共享的信息预警与信息治理大数据中心平台，是系统设计的核心。该大数据系统是以目前成熟的大数据、云计算、人工智能为基础的信息技术平台，其加入基于信息承载力爬坡模型与定量评价体系，通过预测和仿真等技术对信息预警与信息治理的发展态势进行有效的动态监测，并作出前瞻性的分析和判断，及时评估各种事件信息的危险程度，并向相关责任管理者提出参考性的对策和建议，以提高政府对信息预警与信息治理管理的效率及其决策的科学性。突发事件预警及相关信息治理体系是通过对不同阶段的突发事件数据与信息进行分析，辨别事件产生的环境、信息流、数据源，并在事件发展的源头发出警示信号，通过整合分析事件引发的各项因素，构建完整的信息动态监测系统，通过分析潜在的危机发展趋势，向相关部门预警。在处理突发事件预警的过程中，面对不同层次结构的网络舆情，通过处理大量的信息，将难以掌握的网络大数据进行细致分类，应用大数据的优势，结合传统的预警方法，整合出一套集收集、分析、决策并执行于一体的舆情预警系统。

9.4.1　信息预警治理系统概念模型

区域突发事件中，危机信息除了具有普通事件信息所具有的基本特征外，还具有非结构化类型多、隐性程度高、不确定性高和出现频率低的特性。当突发事件爆发时，信息预警及相应的信息治理系统所处理的问题复杂性及系统目标实验困难导致模型设计呈现如下特征：①大多数危机信息碎片化程度高，无法直接进行信息加工与处理,其中的结构化特征为具有完整解决方案但直接应用的部分少。②区域突发事件中,大多数应用于预警的危机信息处于隐性状态,未显现部分与完全的非结构化程度比例部分较高。区域危机具有突发性,因此表征危机的信息有时也是瞬间发生的,其先期预兆并不明显,具有较高的隐秘性,较难捕捉和获取,给危机管理带来很大困难。③应急与危机管理可用的预警信息与危机信息具有高度的不确定性。在危机发生时,相关信息的数量在事件未确定前期呈现指数级别的增长与扩散,而且时间与区域分布散乱,信息供应流速加快,信息内容真假混杂。新信息社会的变异及对传统条块分割及等级化管理体制的冲击,使得落后区域往往更容易形成危机及治理难题。突发事件的复杂性与多变性导致管理者在进行突发事件管理决策过程中面对的是不完全的危机信息,而危机信息的不确定性主要体现在危机信息的不完全性、不对称性和非均衡性。④危机信息的出现频率低,由于危机区域突发事件的种类和形式多种多样,特别是自然灾害与舆情相关,突发事件发生的时间、地点和危害程度又具有不确定性,而且在危机的某一特定阶段,危机信息的出现频率低,而其又是整个危机管理的核心,因此给危机管理工作带来了极大的困难。⑤危机信息环境及危机区域大生态环境的复杂性。实际分析中,区域复杂的政治、经济、文化、科技、宗教等社会因素和自然条件等因素的突变,都属于危机及舆情的发生源,社会文化的复杂性导致了突发事件信息的复杂性。据此,可以构建突发事件信息监控和预警治理系统的概念模型,如图9-8所示。

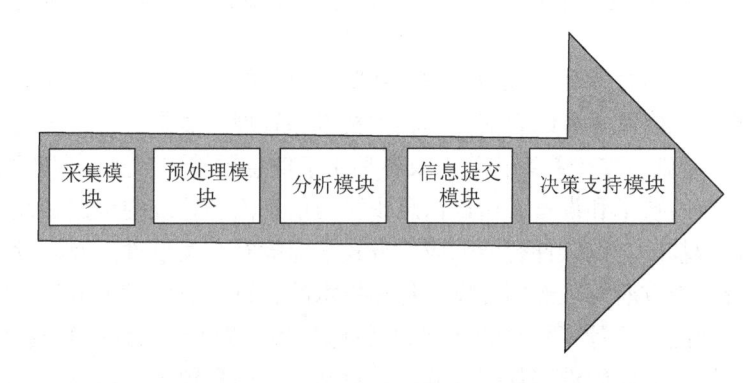

图9-8 突发事件信息监控和预警治理系统的概念模型

突发事件信息监控和预警治理系统具体设计模型由五个部分或五个模块组成。

1)事件采集部分。对于指定的事件信息源、信息节点与物联网传感器,记录信息源的真实 IP 地址,同时索引该 IP 地址的其他信息,并不断扩展到整个监控网络。

2）事件预处理部分。对提取到的事件信息进行文本归类、集成、清理、转换后，将原始数据以要求的格式存储在相关元数据库中，标识其类别与事件等级，按照事件等级对关键字进行筛选和存储，形成统一的结构化信息。

3）事件分析部分。对预处理的事件数据进行危机及相关事件发展趋势分析，需要加入针对自然灾害的各学科平台，目前最核心的问题是顶层的信息架构设计问题。目前最成熟的是针对文本信息进行文本摘要提取、相似语句聚合、事件情感分析、敏感度排行等，通过得出的舆情分析与抓取算法，分析热点话题所涉及的网络用户发言中持有的不同观点及各自所占比例，形成该主题的受关注程度和发展趋势预测，生成不同热点事件和舆论事件的各项指标参数比，并根据当前时间、政治背景等因素生成舆论效果分析报告。

4）事件信息提交部分。平台分析引擎处理后的各学科及机构数据库可以为相关部门提供信息汇总服务，根据设定的内容范围，自动生成事件信息分析报告、图表或简报。

5）系统整体决策支持部分。通过事件数据监控与鉴别分析，对于强烈的有突发事件倾向或危机发展趋势的事件所预示的信息、数据动向，提前向有关部门预测上报，供领导和决策者作为决策支持。在决策执行过程中兼顾区域信息承载力现状，逐步完善应对事件的调适机制。

9.4.2　信息预警与信息治理系统构建的基础环境设计

信息预警与信息治理系统的构建必须要以相应的环境为基础，还需要区域经济条件来支持，以及具有综合能力的相关技术和管理人员来运行、实施和控制。

1）技术基础。整个系统构建涉及各种用于信息预警与信息治理监测、预警、通信等高科技的技术和设备，所以信息预警与信息治理系统的构建必须要以相关的技术设备为基础，以软件智能响应的方式来保障对突发事件的及时发现、及时预防和预警，为政府管理部门提供信息和技术的支持。应用目前最先进的基于大数据、人工智能、云计算平台的软件和硬件建设，结合5G移动通信技术，构建并共享整个区域的软硬件和数据资源，并对共享的信息预警与信息治理信息资源进行集中处理和管理，这是区域信息预警与信息治理系统建设的重要技术基础。分段涉及突发事件信息预警与信息治理的大数据技术主要包括信息输入、信息存储、信息搜索、信息传递、信息监测、决策支持等直接信息系统建设技术，还包括GIS、5G移动通信、人工智能等先进新信息技术。信息输入技术可以提高对突发事件预警信息的输入效率，缩短突发事件预警信息的处理时间；信息存储技术可以对无序的信息预警与信息治理信息进行加工处理，形成可以用于信息预警分析的信息资源；信息搜索技术可以为信息预警与信息治理系统提供及时发现突发事件发生的先兆信息，并进行收集，也可以查到相应的信息预警与信息治理案例，为大数据系统更好地发挥预警作用提供保障；信息传递技术，如移动通信、网络电话、网络传真、E-mail、网络电视、网络实时会议、远程教育等信息传递技术可以为大数据系统提供快速、准确的信息预警与信息治理信息，为突发事件的预警提供信息保障；信息监测技术可以监测突发事件在潜伏期的各种征兆，利用相关的信息技术对收集到的突发事件征兆信息进行加工、整理、分析，以确定信息预警与信息治理发生的可能性，以及突发事件发生后的影响的范围、程度及其规律；决策支持技术可以通过应用数据仓库技术、联机在线分析处理技术、数据挖掘技术以及人工智能技术等所获得的突发事件征兆信息、以往信息预警与信息治理信息数据库以及相关的信息预警与信息治理案例库为管理者提供决策支持，同时可以制订相应的突发事件预防、预警方案及备选方案。信息技术发展的直接结果是扩大、延伸并增强了人类自身的信息功能，极大地提高了危机信息资源的收集、处理、开发、传播和利用能力，也提高了信息预警与信息治理的效率、及时性和准确性，同时还提高了危机预警的决策质量。例如，GIS作为获取、处理、管理和分析地理空间数据的重要工具，近年来发展迅速。人类生产和生活中80%以上的信息都和地理空间位置有关，所以GIS在突发事件信息预警中具有非常重要的作用。GIS具有空间数据的获取、存储、显示、编辑、处理、分析、输出和应用等功能，在信息预警技术设计中通过将有线和无线通信技术相互结合，以计算机技术作为支撑，形成一个综合性的通信技术平台来确保信息预警与信息治理信息的畅通，再辅助先进的GIS、GPS和RS相结合的智能化技术，可以对信息预警与信息治理发生的地理位置进行准确定位，并对信息预警与信息治理过程中诸如交通运输管理网络等进行及时、准确的制订，即定位网络及时管理，对于确保信息预警与信息治理的迅速、有效处理十分必要。这些高新技术的应用是保证对信息预警与信息治理进行快捷、便利和顺利处理的必备条件。

2) 环境基础。信息预警与信息治理系统的构建应该具备一定的环境基础，环境基础包括内部环境和外部环境两个方面。

目前我国大部分区域内部环境基础较好，如关于信息预警与信息治理系统的构建已经比较成熟，已经开发出了大量应用于突发事件信息预警的各种先进信息技术，以及用于信息预警与信息治理系统的各种决策支持技术，具有了一定数量的各类相关技术人员、综合性管理人员、各类信息预警与信息治理处理专家，为信息预警系统的构建提供了技术和人才的内部环境基础。现实的各类型危机问题对区域预警的要求没有一劳永逸的事情，现实情况更加复杂，如何发挥并使能这些数据治理投入形成的环境效应与决策能力是当务之急。

信息预警与信息治理系统是一个复杂的社会系统，除了内环境对其产生影响外，系统的外部环境也会对信息预警与信息治理系统产生一定的影响。外部环境是信息预警与信息治理系统构建的一个重要的环境因素，其构建必须获得外部环境的支持才能获得成功。外部环境主要包括以下几个方面：①民众的信息素质。民众的信息素质是决定信息预警与信息治理系统能否成功的一个关键性因素。信息素质应该包括信息意识和信息能力两个方面，其中，信息意识是个体对信息对象的敏锐感受能力、持久的注意力和对信息价值的准确评估和判断力；信息能力是指个体对信息的获取、识别、选择、处理、分析和交流等方面的能力。民众的信息素质是指个体对信息预警与信息治理征兆信息识别、获取及分辨的能力，且能够将这些信息通过网络、通信等先进的信息技术传递到信息预警与信息治理系统，供信息预警与信息治理管理人员进行分析利用，为管理人员的危机决策提供支持。民众的信息素质体现在公民能够通过先进的信息技术获得政府管理部门发布的关于信息预警与信息治理的相关信息，为信息预警与信息治理的预防、预警做好准备及应对措施。②区域社会信息化水平及主体信息环境。目前我国的信息化水平已经实现了国家、城市、社区和家庭等不同层次的信息化，实现了各种公共设施系统的信息化，为信息预警与信息治理系统的构建提供了宏观信息环境的保障。如前所述，为了更好地实现对危机事件的应对，国家加大了地区信息化基础设施的投入，此类型区域重点节点及关键区位的核心能力提升为信息预警与信息治理系统的建立提供了基础保障。③国家及地方应急管理部门与相关法律法规建设。目前有关信息预警与信息治理的相关法律、法规已经完成构建，现行宪法、法律中已经包含关于信息预警与信息治理法律规范的完整规定，且还包括针对突发事件应对、处理等方面的法律和法规。

9.4.3 区域突发事件动态监控和信息治理预测系统架构

大数据环境下突发事件动态监控和预测系统架构分为四层，分别是数据采集层、数据处理层、事件动态监测层、智能预警层及信息治理建设。

1）第一层为数据采集层，完成大数据环境下事件信息的收集。大数据环境下，事件信息主要来源有新闻评论、社区论坛、社交网络、博客、微博、微信、邮件、维基百科、聚合新闻（Really Simple Syndication，RSS）、聊天工具、网站数据库等，针对不同数据来源采用不同的数据采集方式。

2）第二层为数据处理层，完成大数据环境下数据的分类、转换等处理工作。大数据环境下突发事件数据量巨大，结构差异大，数据常常包含结构化数据、半结构化数据和非结构化数据，为分析处理增加了难度。本层实现按照信息内容的数据分类、聚类；实现信息去重，降低数据处理量；实现数据转换，将非结构化数据和半结构化数据转换成结构化数据进行分析；最后为数据建立索引，加快访问速度。

3）第三层为事件动态监测层，通过大数据分析、知识匹配，实现对自然灾害、事故灾难、公共卫生事件及社会安全事件四大类突发事件信息的动态监测。动态监测过程是通过大数据事件采集、过滤、分析子系统实现的，事件动态监测子系统将信息量已达到标准的突发事件实时数据构建成知识模型，与知识库中已发生的突发事件模型进行动态匹配，匹配成功则交由自动预警层处理；匹配不成功则继续监控并不断匹配，直到信息量降到标准以下，系统认为其威胁已经消失。

4）第四层为智能预警层及信息治理层建设，评定预警级别，通过动态监测分析结果自动向省级领导部门、应急有关部门发布预警及实时快报，并产生报告供领导决策，信息治理系统可以合理筛选、确定预警的各项指标，建立科学合理的预警级别；接收监测层的监测结果与各级预警指标智能比对，并实时与专家系统、多学科技术平台对接，将专家诊断结果进行智能汇集，确定预警级别，向相关政府部门、人员发布预警，并提供详尽的级别评定报告和数据供相关管理者决策。

9.4.4 区域大数据事件危机信息动态监测和预警过程的分析

针对大数据环境下危机信息的特点，构建反映危机信息传播深度和广度、定性与定量相结合的事件研判指标体系。危机信息动态监测和预警过程的分析是针对特定领域大量民众直接参与的事件搜集分析系统，通过事件的采集、处理、分析、上报等功能模块，形成平台体系结构，提供包括语料采集、倾向性分析、事件走势分析、事件检索查询等信息。事件语料采集的对象主要是包含语音、图像在内的如大量网民评论的新闻网站、微博、微信等主流媒体，通过对危机信息的采集，获得最新的事件语料，通过事件的追踪、倾向性分析技术，发现事件中的极性话题，分析事件信息的变化情况，得出事件的走势信息。危机信息动态监测和预警过程如下：①事件信息规划阶段。根据相关法律法规，由信息搜集部门组织团队，制订事件信息搜集方法与手段，确定事件搜集的信息源、搜集范围、主要集中的自然与社会灾害源。②事件信息采集阶段。③事件信息分析阶段。④危机信息预警阶段。基于海量数据的积累与大数据分析的处理能力，将事件分析的结果制作成一定形式的事件预警产品，基于云平台架构，支持分布式部署，支持大规模的云监测系统，梳理自然灾害与社会事件的动态发生时间和节点，并按影响等级、热点程度、更新时间等因素综合排序，最后生成分析报告，辅助相关机构快速了解危机信息发展脉络。⑤事件应对与引导阶段。相关决策人员与部门利用事件信息进行决策，防范社会危机与突发事件，采取适当对策并付诸行动。根据事件分析与预警数据，解决事件所反映的问题，引导负面事件转化成正面方向。

9.5 信息预警与信息治理的实现路径与系统应用

9.5.1 区域信息预警与信息治理系统的功能架构设计

在区域突发事件信息预警与信息治理系统中，首先设计信息处理系统和危机决策支持系统，在以上两大系统的基础上，应用相关知识库与智能分析系统，根据社会与自然领域中特定事件的相关指标，监测相关敏感性指标的异常变化，分析、预测相关事件的发展趋势，分析危机发展是否符合其产生趋势及发生条件，由多学科平台提供决策数据，若判别事件及趋势具备了预测系统中危机发生的相关指标条件，则判定突发事件将会发生；相关部门通过突发事件信息预警系统的预测得出确定性结论，应急管理部门应该及时就事件的有关信息以及预测的相关结论向政府相关部门和社会公众发出警示，发挥系统预警的导向与路径养成作用，让突发事件管理部门和公众做好危机的防范和准备工作，避免突发事件发生时，公众出现恐慌情绪和由此所产生的社会动乱，以及由此所产生的新的突发事件。突发事件的信息公开、信息共享与传递机制应该通过各种公开途径及信息网络向社会公众发布有关突发事件的相关信息，降低社会公众获取突发事件信息的时间成本，增加信息供应渠道，最大限度地减轻突发事件对社会和经济所造成的危害和损失。此外，还要进行危机信息预警系统的设计，建立事件分析模版，搭建动态化、可视化、实时性的事件预警平台，主要包括：①集合了各类型信息架构的云数据采集技术，包括主题模型构造，关键词列表的表示法，基于向量空间模型的表示法，基于本体技术的表示法，信息采集策略等传统采集技术，基于图像、多模数据格式等事件危机相关度的采集，基于物联网传感器链接方式的采集，基于分类器模型的采集，以及事件信息相关度判定等自然灾害的数据采集技术。事件信息采集的技术核心在于提高事件的危机相关度判断的准确性，降低信息采集的时空复杂度，以及提高各类型来源数据价值预测的准确性。未来信息治理与预警的功能架构侧重于将各种不同的评价方法相结合并对自然、社会等突发事件进行综合评价是研究的方向，其中结合人工智能算法及相关分类模型进行各类型事件与危机的相关性预测是研究重点。②危机信息采集系统设计，包括各类型网络信息采集器、事件与危机相关性判别、适应度函数设计、基于人工智能算法在危机信息采集的实现方案等内容。③基于本体扩展的信息治理及事件判别算法。通过对大数据环境下事件特点、事件发生及传播特性的研究,分析大数据时代危机信息所呈现的领域知识、发展规律及新特征,进而研究大数据技术在危机信息监测与管理中的运用,用领域本体描述危机信息的概念模型,进而建立事件分析与预警支持系统,这可以提高危机信息监测预警成功率,建立包含事件动态监测、事件数据库构建、事件数据分析、事件危机预警和事件预案处置等环节的事件预警与治理系统。

信息预警与信息治理系统内容设计包括以下五个部分。

1)基础数据库、知识库与基于决策与预警的元数据库。其中,信息预警与信息治理数据库为信息预警系统的预警活动提供基本的危机数据信息,危机预警数据库系统一般包括基础地理信息数据库和公共安全信息数据库等。模型库存储了大量关于信息预警处理的各种模型,如危机信息识别与提取模型、事件发展及影响后果模型、人群疏散与预警分级模型等。方法库内存储了大量关于危机决策的方法,从方法库中选择相应的方法,结合危机信息数据库中的相关数据进行相应的计算,其输出的结果供危机决策者进行预警决策使用。知识库存储了大量的既不能用数据表示也不能用模型描述的专家知识和经验,包括危机决策专家的决策知识和经验知识,也包括一些特定问题领域的专门知识。

2)各类型管理信息系统的建设。信息治理与预警各类型管理信息系统的建设需要从事件信息处理,到危机决策支撑、危机信息预警与治理、信息传递,再到最后的危机信息处理等系统形成完整供应链建设。信息处理系统主要包括事件信息收集、事件信息加工和事件信息分析等内容,最终形成事件数据库,为危机信息预警系统的后续工作提供信息支持和数据分析保证。危机决策支撑系统主要在前期包括危机信息数据库、危机处理模型库、危机处理方法库和危机处理知识库等第一部分建设的基础上,加入信息预警与信息治理系统设计,提供决策的支撑功能;然后进行危机信息预警系统建设,包括危机预警范围的确定、危机预警的方式方法的确定、危机预警相关预案和危机预警相关人员的培训等系统设计与模型规划。危机信息传递系统主要包括危机信息传递渠道的规划、危机信息知识论坛和咨询热线等教育与宣传功能的建设,帮助公众了解信息预警与危机治理的常识,并提供相关数据信息。危机信息处理系统主要是对结构化、半结构化信息进行分析,提出带有总结性、论述性、预测性的决策信息,为正确预测突发事件的发展趋势、分析与评估预警和治理环境、信息预警与信息治理发生的可能性评定,提供科学的决策依据,做到及时防范,减小突发事件所产生的危害,甚至避免突发事件的发生。

3)决策系统及专家系统建设,如群体决策支持系统、危机响应与预防系统等。其中，群体决策支持系统是通过各种方式，将不同领域的专家以及危机管理专家等召集起来，共同对危机的发展趋势进行预测、预警的行为，主要通过决策平台、局域决策群、虚拟及远程决策云平台等方式实现。危机响应与预防系统通过信息预警响应系统来快速对突发事件进行决策、预防和预警，高效地应对危机事件，最大限度地减少突发事件造成的损失和对公众心理产生的伤害。预防系统主要用于在突发事件发生之前对公民进行事件相关信息和知识的教育，对一些常见的突发事件进行事前的训练和预演，提高公众的危机管理意识和对抗危机的能力。

4）预警信息发布系统。预警信息的发布必须由信息预警管理部门专门指定相关网络、媒体等单位统一通过预警信息传播子系统进行。对于预警的等级，信息预警与信息治理管理部门应该负责起草新闻发布稿和预警情况公告，通过新闻发布会、直接通报、新闻媒体网上发布等形式，向社会潜在的受害者及时公开，准确报道信息预警信息。随着互联网络的发展，各级政府部门都已经实现了电子政务，建立了相应的政府网站，为公众、组织、企事业单位等提供了便捷的办公途径，可以实现与公众等的互动，通过已有的政府门户网站及其他数据平台，建设专门用于信息预警信息发布与传播的网络平台，发布突发事件的预警信息，充分发挥新信息网络的预警信息传递功能，增加公众获得权威预警信息的途径。政府信息预警与信息治理管理部门尽可能多地为公众提供危机预警信息获取的途径，以降低公众关于危机信息获取的成本，避免谣言及舆情的发生，并将危机事件及其影响程度在萌芽阶段进行治理与预警。

5）信息过滤与舆情管控系统。信息治理中信息过滤与舆情管控系统的构建随着社会网络的拓展越来越重要，突发事件及危机信息的传播有正式传播和非正式传播两种方式。政府和主流媒体的信息在事件发生情境下一般被认为是经过证实的、可靠的和可信的，具有权威性的源头信息，是公众获取危机预警信息的主渠道，而舆情的产生往往是由于缺乏源头信息管控，因而应通过建立必要的信息过滤及监督、管控系统，阻止和控制"谣言"的传播和危机扩散的渠道。

9.5.2 信息预警与治理的实现过程与流程

目前各国在信息预警与治理方面的工作方法千差万别，但实践途径基本一致，结合政府危机决策对信息治理完成进而形成信息预警的流程需求，将信息预警过程划分为感知事件危机→事件危机预警→准备与响应三个阶段。这三个阶段主要包括了以下四个相互关联的要素：①风险信息收集与分析；②信息预测和预警信息服务；③风险信息和预警信息传播；④反应能力资源储备与系统构建。信息治理在政府危机决策中的功能与作用不仅是监测风险或威胁，还在于通过可用的信息及时进行预警决策，从而增加信息预警响应的行动时间。快速感知和识别事件危机是危机信息预警的先决条件，公共危机也是由各类型事件孕育、萌发、发展的过程。图 9-9 为信息监控机制触发流程，在危机因子完成由量变到质变的转化过程前，若能遏制潜在危机因素的扩散，将会对危机信息预警与决策起到至关重要的作用。这一阶段要解决的主要信息问题包括：①通过监测网络对可能发生危机的内外环境进行扫描；②实时、准确、全面地监测和收集与公共危机相关的各种数据和信息；③通过信息分析对可能存在的风险形成精确的感知；④通过信息预测来评估在一定概率下风险的发展趋势、持续时间及影响等。生成预警信息和预报警度是信息预警与信息治理的核心功能。这一阶段要解决的主要信息问题包括：①根据公共危机事件的可控性、严重程度和影响范围等因素分类，采用定性和定量的方法来具体确定警度，警度划分标准需要明确不同的等级，一般可以分为无警（Ⅰ）、轻警（Ⅱ）、中警（Ⅲ）、重警（Ⅳ）和巨警（Ⅴ）五个等级，依次采用绿色、蓝色、黄色、橙色和红色来加以表示；②把生成预警信息、发布警度信息与理解预警信息和风险沟通结合起来，为不同的群体生成可以理解的预警信息；③通过有效的通信方式和渠道向决策者及面向风险的人员发布及时的警度信息，积极准备与应对，把风险意识与行动决策联系起来。

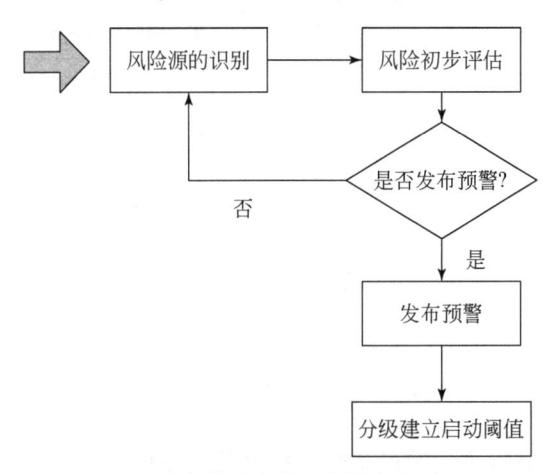

图 9-9　信息监控机制触发流程

信息预警与信息治理系统应该具备信息预警与信息治理信息处理功能、信息预警决策支持功能，以及信息预警的危机预警功能、信息预警与信息治理信息传递功能，因此信息预警与信息治理系统应该由与之相对应的子系统构成，以实现信息预警与信息治理系统的相应功能。突发事件信息预警与信息治理系统结构框架如图 9-10 所示，该框架只是简略标示了信息处理、事件决策支持、事件信息预警与信息传递四大子系统的功能及构成，但实际不限于这些组织成分。

| 区域信息治理与信息预警 |

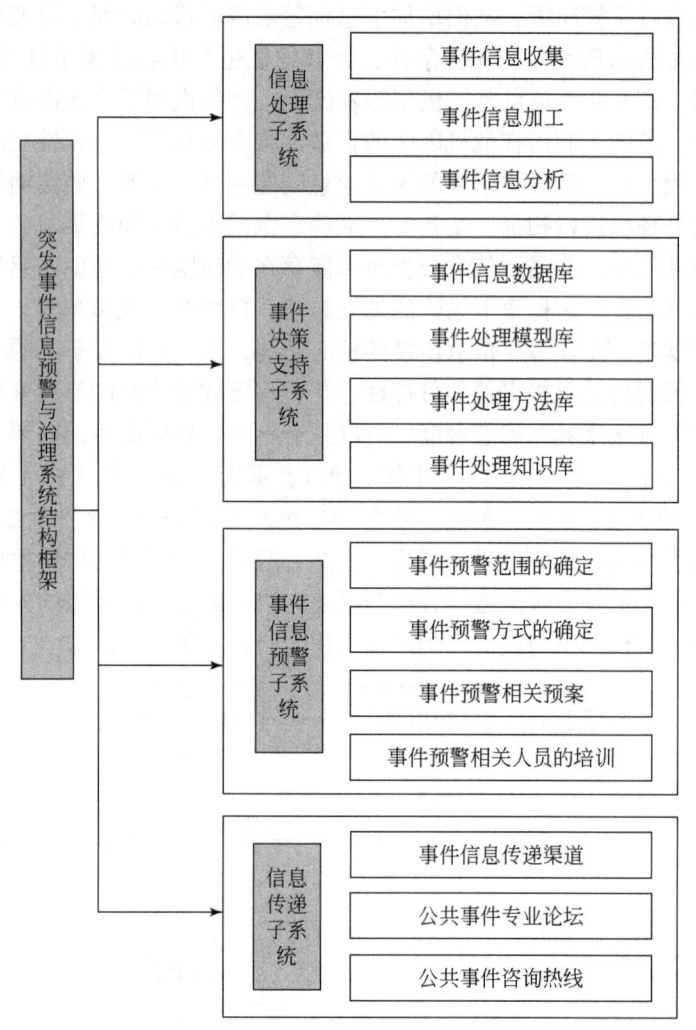

```
                            ┌─────────┬─────────────────┐
                            │         │  事件信息收集    │
                            │ 信息    ├─────────────────┤
                        ┌──→│ 处理    │  事件信息加工    │
                        │   │ 子系统  ├─────────────────┤
                        │   │         │  事件信息分析    │
                        │   └─────────┴─────────────────┘
                        │
                        │   ┌─────────┬─────────────────┐
                        │   │         │  事件信息数据库  │
   突                   │   │ 事件    ├─────────────────┤
   发                   │   │ 决策    │  事件处理模型库  │
   事                   ├──→│ 支持    ├─────────────────┤
   件                   │   │ 子系统  │  事件处理方法库  │
   信                   │   │         ├─────────────────┤
   息                   │   │         │  事件处理知识库  │
   预                   │   └─────────┴─────────────────┘
   警                   │
   与                   │   ┌─────────┬─────────────────┐
   治                   │   │         │ 事件预警范围的确定│
   理                   │   │ 事件    ├─────────────────┤
   系                   │   │ 信息    │ 事件预警方式的确定│
   统                   ├──→│ 预警    ├─────────────────┤
   结                   │   │ 子系统  │ 事件预警相关预案 │
   构                   │   │         ├─────────────────┤
   框                   │   │         │事件预警相关人员培训│
   架                   │   └─────────┴─────────────────┘
                        │
                        │   ┌─────────┬─────────────────┐
                        │   │ 信息    │ 事件信息传递渠道 │
                        │   │ 传递    ├─────────────────┤
                        └──→│ 子系统  │ 公共事件专业论坛 │
                            │         ├─────────────────┤
                            │         │ 公共事件咨询热线 │
                            └─────────┴─────────────────┘
```

图 9-10　突发事件实施过程与流程设计标准概念分类

　　信息治理过程有许多传统的优势值得继承与发扬，政府、公众和媒体的互动是实现群防群治的核心过程。首先要强调各类新旧媒体的责任自律，制订信息发布规则。危机情境下，政府预警信息公开只是公众了解信息预警与信息治理信息的开始，社会上的各类新旧信息传播媒体是危机预警信息传播的责任主体。媒体的信息发布与信息公开作用是信息预警与信息治理的基础，媒体是化解舆情与危机事件的第一责任人。如果仅为了流量及点击率等商业因素，发布有偏差或者偏见的信息报道，会引发新的舆情信息预警与危机事件。因此，媒体必须接受政府和社会公众的监督，履行信息公正的同时承担信息维稳的职责，成为政府信息预警与治理的协作伙伴,并向政府反馈危机信息、参与和影响政府的信息预警与危机治理,发挥媒体的正向螺旋效用,从而形成政府、媒体与公众各自信息生态圈互相联动、互相促进、互相发展的良性循环螺旋效用。媒体作为政府信息预警与信息治理管理的社会信息发布主渠道,应该把政府关于信息预警的信息及时、准确地传递给公众,让公众获得及时、准确和真实的预警信息,为政府服务,同时也要把公众对预警信息的反应及时反馈给政府管理部门和管理者,并为公众提供相应信息公开服务,媒体应该在政府和公众的信息供应、信息反馈与信息物质循环等中起到桥梁与纽带作用,实现政府和公众之间的信息供应与信息生态系统建设的可持续发展。以自然灾害发生为例,事实上无论是灾害及危机的定位还是救助,专家和管理人员都不可能实时出现在现场,而借助区域信息治理与预警平台或社交网络,公众通过现场发布的形式可以及时启动应急管理流程,触发危机管理行动,从时间的及时性、预警的提前性与抢险救灾的损失降低等方面实现信息治理与信息预警的基本目标。

9.6 突发事件中信息治理模型的使能应用对策

面对大数据下新的对策实施,发达国家的经验是加强对突发事件应急管理本身区域适应性对策的研究,在此基础上构建各具特色的应急管理体系和信息治理机制,用于提升区域政府的信息承载力。美国的应急管理机制构建的经验与教训说明,应急管理必须建立在对政府信息承载力的持续信息治理基础之上,美国将危机应急管理与信息治理纳入政府职能之中。在日本,多发的自然灾害促使日本政府十分重视应急管理水平的提高,针对突发事件复杂性特点,日本在中央政府层面形成了以内阁府为中枢、以中央防灾会议为联动平台、分类牵头的集中管理机制。在地方上,日本通过历年不断建设与修正,自20世纪30年代起逐渐实施了中央、都道府县、市町村三级防灾救灾组织体系,并以法律的形式规定了政府间应急运行机制的基本内容。从区域整体的信息承载力水平建设出发,特别是对于突发事件应急管理过程中区域信息生态系统的整体恢复,应急管理机制及全面响应体制建设目前有几种比较有代表性的模式,一般是根据突发事件的阶段性特征将其划分为事前、事中和事后三个阶段。美国联邦紧急事务管理局以时间顺序把应急管理划定为四个阶段或一个完整的生命周期,即减除、准备、应对和恢复力,这就是著名的四阶段理论。随后罗伯特·希斯对此进行了发展,概括出应急管理的"4R"模型,即应急管理包括缩减(reduction)、预备(readiness)、反应(response)和恢复力(recover)等四个阶段,由于这四个阶段对应的四个英文单词均以字母"R"开头,因而也被称为"4R"模型,诺曼·R·奥古斯丁则通过信息供应链分析将应急管理划分为危机的预防阶段、危机管理的准备阶段、危机的确认阶段、危机的控制阶段、危机的解决阶段和从危机中获利阶段共六个不同的阶段。斯蒂文·芬克从信息分析的层面提出了征兆期、发作期、延续期、痊愈期四个生命周期阶段。

　　突发事件信息预警与信息治理核心对策是通过信息治理深入分析事件爆发的原因，防止因区域信息生态系统崩溃而导致的事态重新恶化和衍生其他新的事件。以地震灾害为例，当大规模的地震过后，救援工作会立即开展，进入震后恢复期。如果不深入分析地震发生的原因以及再次发生余震的可能性，救援人员和救援物资就有可能在余震中遭遇危险。因而，突发事件的恢复期也是应急管理的一个重要环节，必须给予充分的重视。紧接着是善后期，这一时期是系统矛盾逐步化解并趋于平衡后的时期，表现为突发事件直接影响逐渐减弱或消失，需要决策者采取进一步措施，进行事后的区域信息承载力全面建设，在此基础上分析事件产生、发展全过程，从中归纳总结出经验教训，并不断完善相应的制度和政策设计，确保在未来面对同类突发事件时能够迅速、准确地采取措施，把事件负面效应减少到最小。事实上，不同类型的突发事件所具备的周期性特征也不尽相同。有的突发事件潜伏期较长而爆发期和恢复期较短，一些突发公共卫生事件和某些社会矛盾引起的突发公共事件就具备这样的特点；有的则是潜伏期和爆发期极短，而恢复期和善后期需要大量的人力、物力、资金和时间，如地震等自然灾害和突发生产事故等都有类似的特征。此外，就区域信息生态系统发展而言，灾害频发地区普遍存在着经济社会发展相对滞后、生态自然环境逐年恶化、史地人文因素复杂等客观情况，安全形势不容乐观。政府在引导经济及社会发展的同时，必须切实加大自然大数据平台与社会大数据平台的融合力度，并建构大数据环境下应急管理体系的政策管辖范围与平台信息征用的底层元数据及融合标准，不断提高危机应急应对时的信息平台协作能力。构建基本的大数据标准征用体系的前提是全面分析区域生态环境恶化、生态风险及民族地区的安全形势，梳理当前区域突发事件发生的主要因素，在自然与社会信息生态系统融合的基础上构建适应地区实际的应急系统与机制，有效整合各类资源，增强抵御风险的能力，这是促进地区经济、社会发展的必然选择。

9.7　针对舆情的信息预警与信息治理对策

　　绝大多数的舆情是由突发事件引发的。区域突发事件舆情是在一定的社会空间之内，以中介性自然事件、社会事件的产生、发展和变化为核心，在信息传播过程中，由于各种事件的刺激而产生，汇聚了通过各类媒体传播的人们对于该事件所持有的认知态度、情感和行为倾向的集合。传统应急管理中事件管理部分主要针对以突发事件为核心内容的舆情，包括已发生或未发生的自然灾害、事故灾难、公共卫生事件及社会安全事件等，随着近年来突发事件舆情对区域政府的信息压力呈现陡坡式上升趋势，突发事件舆情借助各类新媒体，如微信公众号、微信群、QQ群、微博、论坛等载体，以网名或匿名的形式，对各类事件表达个人观点，并通过信息传播、信息扩散等引发社会关注，在沉默的螺旋、群体性效应或长尾理论等网络动力学原理作用下，引发甚至改变区域社会舆论的运行方向或运行结局。具体的对策设计分为：①加大决策的信息量供应。应用新型网络信息理论如人工智能等，设计新型网络使能器，服务区域信息生态系统的可持续发展，维持区域正常的信息循环，使得决策信息具备征兆性及治理预警性。以舆情为例，传统舆论由于多为已经发生过或由传统媒体传播，一般会在事件发生前、发生中出现，治理决策者有章可循，有应急处理预案，因而具有一定可预见性、可预警性，而新网络、新媒体、新信息供应链中的舆情与信息公开是由底向上的长尾理论传播，决策者往往处于信息供应链的末端，舆情的信息预警与信息治理从技术角度无法进行。新媒体引发的突发事件舆情往往是在传统决策者对大数据、物联网、人工智能等新知识缺乏、区域缺乏网络信息治理使能器、无多学科专家群参与决策的大数据平台等毫无信息预警、信息治理的状况下，遭遇信息攻击、信息压力和信息操纵等信息承载力的反向动力的状况，无法对区域突发事件及危机预警和干预。②设计新信息技术架构下的融合多信息主体与多源多导性信息供应链结构的信息预警与信息治理平台。其具有主体隐蔽性与信息供应链多源多导性的特征。由于网络匿名特点，在沉默的螺旋效应下，多数网民会自然地表达自己的真实观点和真实情绪，同时对立组织或集团会通过网络推手制造竞争对手的谣言，或应用信息不对称理论进行信息过滤与加工，使信息接收者产生恐慌或妄动效应。③构建以服务为导向的信息公开与传播机制。新信息网络条件下，信息传播途径与传播技术呈现多样性、先进性的发展，如智能手机的拍摄效应、物联网的出现，使得信息传播技术简单化。政府只有提供更好的更公开公正公平的社会服务才能融入长尾理论中的基层平台，进而实现相应的管理目标。④信息预警如同大禹治水，在疏导而不在堵，更不在禁。政策的核心原则是主体服务的原则，信息交流与传播表达只有具备充分性、公开性，信息预警与信息治理才可基本实现。互联网真正突破了技术、等级、经济等社会信息洋流障碍，人人都是网络信息的发布者、使用者、制作者、影响者。突发事件舆情最大的特点就是信息的传播呈现多维度、多方向、多形态、多速度等，决策者往往是最后得到信息结果的个体，而在决策同时突发事件又有了新的演变；社会大众针对某个话题可以立即发表意见，使各种观点和意见能够快速表达出来，突发事件能够得到更加集中的反映。信息预警与信息治理必须能够收集到民众在互联网上对社会上突发事件所表现的带有倾向性、共鸣性和影响性的言论与意见，克服过去因人而设的直接性、单源性和偏差性的政策设计。⑤建立政府与公众之间的信息沟通渠道和覆盖全国范围的多层次、分布式、协作式信息预警网络，是信息预警研究与系统建设中的重要任务。国家公共安全与应急平台体系从纵向上，涉及国家到省、市、县、基层的若干层次，不同层次的应急技术和应急平台的功能和要求有着相当大的差异，其研发要与统一指挥、分级响应、属地为主的应急体制相一致，强调统一建设，资源节约；从横向上，公共安全与应急技术和应急平台的设计应能改变同级部门间条块分割、孤立分散的局面，充分体现一体化信息预警与决策的功用。

9.8　区域突发事件信息预警与信息治理的使能路径设计

　　突发事件信息往往反映人们借助互联网，对社会公共事务，特别是社会热点、焦点问题所表现出来的有一定影响力、带有倾向性的信息或数据，是人们对于突发事件的所有认知、态度、情感和行为倾向的集合，在内容上具有复杂性、突变型、对抗性等特点，在形式上呈现出多样性、丰富性、互动性等特点，在指向上则表现出主观性、传染性、负面化等特点。大数据时代，面对互联网上海量的信息，利用人工进行舆情收集、分析已经远远不能满足需求。因此，关注突发事件舆情的发展状况，探索舆情的传播变化规律，构建科学的突发事件预警体系，及时对突发事件舆情的现状和变化作出判断，以实现区域信息生态系统的可持续发展。由于网络操纵、谣言与不对称的信息供应链结构，当前中国区域突发事件舆情问题涉及人数众多，信息量大，意见纷繁，具有内容公众化、传播开放化、控制难度大等特点。特别是随着大数据时代来临，数据量巨大，数据形式不统一，结构化、半结构化和非结构化数据充斥网络，给数据分析处理带来了困难，也给突发事件应急管理带来了挑战。以往的突发事件舆情监测、预警方法和手段在大数据环境下难以发挥其应有的效用。随着移动互联网技术的快速发展，多数突发事件最先在网络上被曝光、发布，再通过访问者的关注、讨论和转发，在社交网站、论坛、微博、微信等互联网媒体中迅速发酵、扩散。这种传播方式易获取、传播快，可通过文字、图片、视频等对事件进行传播，冲击力大，且随着事件的发展，蔓延速度及演变均超出传统信息治理技术的控制范围，重大的突发事件给当今社会的安全和稳定造成了巨大的威胁。因此，如何从种类繁多的互联网信息中采集、识别出事件舆情，并进行追踪、提取，成为一项重要的工作。

政府需要在突发事件发生前进行预测、预报,在事件发生时对公众进行妥善安排,以及在突发事件发生后进行及时处理,保持区域信息生态系统的良性循环,以使突发事件对整个社会和经济的影响降低到最低程度。目前最急迫的问题是构建突发事件信息预警系统和信息治理响应机制,这也是目前各级政府部门和科研单位所面临的技术难题与理论问题。如何科学应对和及时、妥善处置各类型区域突发事件,如何高效利用有限的信息资源提高政府对紧急事件快速反应和抗风险的能力,如何在尽可能短的时间内控制事态、降低损失、重建秩序,如何做好与民众的沟通、为市民提供更快捷的紧急救助服务、维护国家长远利益和政府公信力等一系列问题是信息预警与信息治理必须面对的核心问题。

此外,还需要信息治理与经济发展的良性互动。据本书信息承载力模型统计以 2019 年的数据为基础进行预测,未来系统建设发展及产业化发展机会仅就信息预警与信息治理产业专家预测,未来 40 个省会城市和计划单列市,240 个中等规模的地级城市,2200 多个县或县级市,仅就建设国内不同规模的城市信息预警与治理系统而言,光资金投入累计需要投资 1800 亿元;在建成后的 3~5 年,系统升级换代及后续工程需要与首期等额的投资约需 1700 亿元;项目建成投入运营后,常年的技术服务费用将占项目投资总额的 10%,约 360 亿元。以上三项相加,就形成大约 4000 亿元的信息预警与信息治理的产业市场规模,平均每年的投资额达 800 亿元。主要包括:①信息预警与信息治理应急平台基础设施建设,如固定指挥场所、移动指挥场所、通信设施建设;②信息预警与信息治理平台硬件设备制造业,包括通信设备、调度交换机、无线集群系统、监控设备的国产化生产、销售和技术服务;③信息预警与信息治理软件研发业的发展,如核心中间件产品化开发、业务系统开发和个性化定制;④信息预警与信息治理技术服务业的发展,如方案咨询、项目监理、系统升级维护;⑤信息预警与信息治理业务培训业的发展,如运营管理、人员培训。按照 1∶2 的产业放大效应比例进行保守估计,4000 亿元的城市应急产业将带动市场规模达 8000 亿元的相关产业发展。对单元安防系统,以智能楼宇为例,美国改建和新建的办公楼约 80% 为智能建筑,日本的比例是 70%。为进一步促进经济平稳较快增长,国家安排的重点工程建设中,很多领域与信息预警与信息治理都有直接或间接的联系,如加快铁路、公路和机场等重大基础设施建设、加快自主创新和结构调整和加强生态环境建设等,尤其是大数据、物联网、人工智能三大新型重点产业与信息预警与信息治理密切相关。整个基础项目建设与大型工程建设,都离不开信息安全监测监控、交通安全管理、轨道交通电子、航空管制系统、气象电子系统、应急通信系统等信息预警与信息治理的基本技术和产品支撑。因此,为满足我国信息预警与信息治理应急系统快速发展的需要,在未来的一段时间,应大力发展应对各类信息预警与信息治理所需要的应急平台、预警预测、精确定位与智能识别、应急通信、指挥救援等各项技术、产品及系统。

未来需要重点发展基于信息预警与信息治理的新信息通信技术，如 5G 移动通信的发展，大数据、云计算、物联网等产业的应用，未来重点发展的信息预警与信息治理系统如下：①智慧城市。智慧城市广义地来说是指城市的新信息技术与人工智能等新管理模式的引入，是用智慧化、数据管理的手段来处理、分析和管理整个城市，促进城市的人流、物流、技术流、资金流、信息流的通畅、协调。智慧城市主要包括智慧城管、信息预警、便民服务、科技应用三大功能，智慧城市为治理城市、预测城市、发展城市提供了革命性的手段，是对城市发展方向本质性的一种描述。②城市地面精确定位与智能识别系统的建设。高精度地面定位与智能识别系统在采用先进的物联网、人工智能定位与智能识别技术的同时，结合无线扩频通信技术、雷达测控技术、实时数据处理技术、系统综合集成技术等组建的面向复杂城市无线传播环境的综合性地面定位与智能识别系统，可为信息预警与信息治理系统提供精确的、全面的、安全的位置信息。系统将测向定位与智能识别和双向通信合二为一，可提供高精度的实时定位与智能识别服务及短消息业务。精确定位与智能识别技术能够为采集的数据信息提供具体的位置信息，以快速确定潜在危险源的具体位置。在一些自然或人为灾难现场进行搜集时，如当火灾、地震、交通事故和一些突发灾害发生时，借助于高精确的定位与智能识别技术可以使搜救工作达到事半功倍的效果。③宽带卫星及卫星移动通信系统宽带卫星通信可解决各类中高速业务的传输，并可满足各种装载平台（机载、船载、车载、单兵背负、手持）的便捷通信应用，为灾害现场无线网络到安全区域互连互通提供远程宽带通信传输信道。其主要应用于灾害的中期及灾后恢复阶段。由于我国地域辽阔、环境复杂、气候多变、自然灾害频发，无论是信息预警与信息治理，还是政府部门、商业部门救灾、森林防火以及边缘地区通信，都急需卫星移动通信系统的介入。目前我国正在发展的移动卫星通信系统、卫星音频广播、空中监视及通信中继平台等与本地高校、科研院所等结合，充分利用无人机、飞艇、直升机等平台，研制空地宽带数据链、空中组网、移动通信及空间监视等关键技术，为信息预警与信息治理应急提供监视及通信中继能力，有效扩展通信距离，为地面应急指挥提供通信保障，并实现与民用移动通信网互通、图像等信息的下传，提供实时灾区现场情报支持。当前，我国正面临经济和社会发展的重要机遇期，保持长期和谐稳定的社会环境与安定团结的局面是我国面临的重要任务，突发事件信息预警与信息治理是国家安全和社会稳定的基石，是经济和社会发展的重要条件，是人民安居乐业的基本保证，也是全面建设强大中国必须解决的重大战略问题。

第 10 章　区域应急管理与危机预警系统规划与建设

新信息技术与数据治理已主导了社会各个生活部分并向政治领域不断渗透，除了经济竞争、政治博弈与信息安全之外，应急管理与危机预警对于信息治理的应用更为重视，需要从立法与执法层面，对详细需求调研、元数据标准体系及元模型的规范条例、服务及应用层面的质量体系及服务标准等进行全系列的强制推进。

对于正处于民族复兴关键节点的我国政府来说，目前极端变异的国际冲突领域，特别是在一些危机救援和冲突预防的人道主义和发展援助行动场景中，合格的区域应急管理与危机系统有助于在极端复杂、危险的社会自然环境中精确认知灾害与危机冲突的类型及其特征。基于大数据的信息治理本身就是一类信息预警与预防的创新性技术，适合应用于各类型灾害治理与危机冲突预防，与传统基于各自独立层面信息预警与危机治理的数据贫乏和预案不周相比，信息治理中基于大数据的即时信息抓取能力、远距离监控能力以及深度挖掘能力，可以使危机全貌乃至冲突的每一个细节被观察者一览无余。

10.1　基于立法与执法层面的规章与规制标准目标

信息承载力可持续管理具有明确的目标，是一种面向目标的管理，是基于信息承载力供求评价结果的可量化的明确管理。相对于定性管理理论，其具有较大的优越性，有完善的实施体系。通过基于信息承载力的信息使能技术与信息治理过程的具体工作流程（图 10-1），可以实现信息承载力可持续管理目标。

确定系统目标以后，需要对信息生态系统各层次目标的指标进行测量。根据管理前后的测量结果，进行管理效果的对比评价，根据评价结果，制订下一期管理目标、管理手段或调整管理的边界和尺度，并从社会立法与执法层面进行数据标准体系建设，进而开始区域信息承载力可持续管理的又一次迭代循环过程。

从信息治理与危机预警的立法与执法层面进行全社会数据资产的资源梳理及清点，并制订数据资产的统一标准化体系制度建设。例如，定义数据资产的元数据技术与管理标准，包括数据资产的数据含义、业务规则、质量规则、数据来

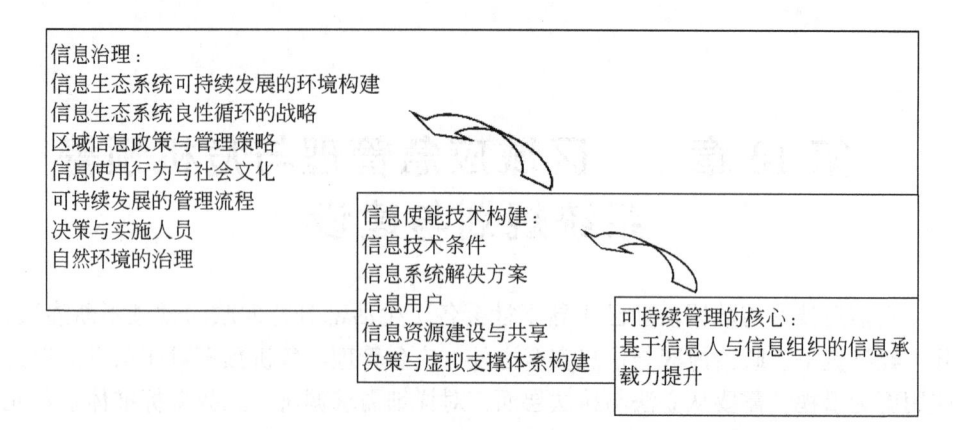

```
┌─────────────────────────────────────────────────────────────┐
│ 信息治理：                                                    │
│ 信息生态系统可持续发展的环境构建                                │
│ 信息生态系统良性循环的战略                                      │
│ 区域信息政策与管理策略      ┌──────────────────────────┐       │
│ 信息使用行为与社会文化      │ 信息使能技术构建：         │       │
│ 可持续发展的管理流程        │ 信息技术条件               │       │
│ 决策与实施人员              │ 信息系统解决方案           │       │
│ 自然环境的治理              │ 信息用户         ┌───────────────┐│
│                            │ 信息资源建设与共享 │可持续管理的核心：││
│                            │ 决策与虚拟支撑体系构建│基于信息人与信息组织的信息承││
│                            └──────────────────│载力提升       ││
│                                               └───────────────┘│
└─────────────────────────────────────────────────────────────┘
```

图 10-1 基于信息承载力的信息使能技术与信息治理过程的具体工作流程

源、存储路径、管理部门、管理人等元模型标准。然后，基于信息治理与信息预警的立法层面向，全社会强制推行社会范围内各类型核心数据资产及主数据的标准化体系，包括主数据标准化定义、参照字典的标准化、数据清洗、数据服务共享等数据立法及相关法律条例修订等，如基于新信息通信技术的前瞻性对法规条例规定的业务指标属性与技术指标属性的标准化。业务指标属性包含技术体系中通用的指标分类、名称、计算公式、展现方式和查询权限等，技术指标属性包含技术运维人员所关心的系统来源、取数字段、取数频率、加工规则等。

通过对信息承载力可持续管理各个环节的不断调整，适应信息生态系统内部信息压力的不断扩展和信息生态系统外部环境变化以及人类信息需求的发展，最后实现信息承载力可持续管理的总体目标。由于人类社会生态系统本身的复杂性、动态性、模糊性以及外来干扰的不确定性，对于信息承载力可持续管理对策也要有较大的适应和变化的能力，这就要求具体实施的可持续性管理目标也必须是灵活可变和有弹性的。

信息承载力可持续管理目标具有以下特性。

(1) 层次性基础上的整体效应

信息承载力可持续管理总体目标是信息生态系统的各层次均处于良性循环状态，并维持社会其他系统的正常运行，因而具有整体效应的可持续性。信息承载力始于底层信息资源的管理，经过中间层的信息治理，达到顶层的信息能力、信息应用与信息压力之间的均衡循环状态，因而可设立一系列的具体管理与治理目标，但最终考虑的是信息生态系统的整体效应，而非单个因素或单个层次（信息资源和信息化建设）的最大效益，因此在信息承载力可持续管理对策的制订中，明确可持续管理的最终目标非常重要。尤其是当各层次分目标之间出现冲突时，为了达到信息生态系统的整体可持续发展效应，必须考虑各层次目标间的优先发展与治理问题以及各子系统目标间的联系和相互影响等问题。

(2) 空间与时间上的动态性

信息生态系统与其他类型的生态系统最大的区别就是其在时间与空间上是以激烈的动态性发展和剧烈变化为特征的，区域信息承载力供、求也是随着时间和空间的变化而变化的，因此信息承载力可持续管理是一个相对其他生态系统的变异更为动态化的过程。首先，在实施信息承载力管理时，信息生态系统的总体目标不变，而信息承载力的各个分目标，如信息弹性力建设、信息能力培育、信息治理目标，都应随着时间、空间的变化而不断调整，因此针对时间的阶段性目标（如长期、中期和短期的目标），针对不同质地区域的信息治理目标的制订是必要和现实的，体现了信息承载力与信息生态系统发展的动态性；其次，信息承载力评价是在一定的空间尺度区域上进行的，因此可持续管理目标也具有明确的空间尺度特征，表现在地方政府应按照不同尺度的区域可持续状态因地制宜地制订区域的信息承载力可持续管理目标和对策；最后，信息生态系统本身的复杂性、动态性、模糊性以及区域外来干扰与外部环境的不确定性，也导致信息承载力可持续管理目标具有适应性调整的可变性和弹性，因此要求区域信息承载力可持续管理对策要有较大的适应性和变化性的调整能力与治理水平。

(3) 使能性

涉及社会管理的使能技术的基础是信息承载力，信息承载力可持续管理目标就是针对社会管理过程与具体实现目标，通过构建信息生态系统的可持续循环供应链，保障区域社会具备各类推动、促进、成全、治理、保障的信息能力与信息技术实施，完成组织实现系统目标与社会管理战略。

10.2　信息承载力可持续管理的核心原理

在信息生态系统中，信息压力处于主动性的发展与变异扩增状态，而信息承载力处于适应性建设与培育状态，信息压力往往大于信息承载力，因而信息生态系统可持续承载的一般要求是信息承载力供应接近信息压力水平，理想状态是维持长期的信息承载力供给与信息压力的可持续承载状态。但现实状态下，信息资源是极其珍贵的社会资源，也是极易被破坏、污染、变异的资源，有着极强的时间与空间对应性限制，其承载主体是信息人，具备完全的能动性，可直接通过信息治理提升信息承载力水平，最终使整个信息生态系统由被动应付转变到主动控制的可持续发展状态。因而信息承载力的可持续管理目标十分明确，其核心原理就是维持"信息承载力供给的不断增长"和"信息压力的不断降低，将信息承载力需求增长控制在信息承载力供给或阈值范围",从而达到信息承载力供、求变化的动态平衡。信息治理的最终目的是提高主体的信息承载力,形成一种"自足"的创新循环机制,信息人与信息组织依靠内部的不断创新与外部的信息治理去适应激烈变异的外部环境。

10.3　信息承载力可持续管理对策实施的手段与方法

信息承载力可持续管理首先确定区域社会管理的战略目标,然后确定相应区域信息生态系统的总体目标及各层次的分目标,构建清晰的目标信息治理基础平台;接着制订各目标的时间、空间尺度和阶段性目标,根据管理对象的情况进行系统的战略规划,结合社会目标做出管理决策;最后是执行信息治理过程并完成可持续管理对策实施。

信息承载力可持续管理的核心是形成知识与文明良性循环的信息供应链可持续发展体系(图10-2),信息承载力的角色分配与进入信息生态系统的相应基本流程及传递过程可以简化如下:数据、信息(辅助以资源建设)→传播(辅助以信息干涉、治理过程)→信息共享(辅助以协同过程)→进入社会应用于决策(辅助以信息分析与绩效督导过程)→形成社会制度与文明(辅助以科学评价与文化构建过程)。

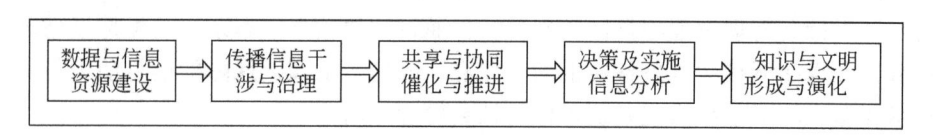

数据与信息资源建设 → 传播信息干涉与治理 → 共享与协同催化与推进 → 决策及实施信息分析 → 知识与文明形成与演化

图10-2　信息供应链可持续发展体系

信息供应链可持续发展体系贯穿了信息治理的全业务过程,开始阶段的详细需求调研是非常重要的启动工作,如何理解全社会可持续发展的战略,并按照顶层架构设计的原则,从上而下地具体实施策略开展全社会数据管理的现状调研,摸清楚区域数据资产的分布、数据的质量、数据的管理现状、数据应用需求等情况,需要确定信息治理项目的目标和范围,评估信息治理成熟度,确定原治理体系的改进内容和方向。

信息治理是为促进全社会数据资产更好地服务于政府决策与普通大众的福祉。以服务为目的的信息治理平台的建设要根据不同的用户需求搭建不同功能模块,如元数据管理、主数据管理、数据质量管理、数据标准管理、数据安全管理、数据模型工具、ETL工具等。何实现多源数据接入与融合,需要将各种来源、各种类型的数据，通过多源数据融合工具将碎片化、多模化、各类型的数据整合在一起，纳入统一的大数据平台或数据仓库中，这一过程需要基于多源、多模及多类型数据集成平台的社会立法与执法层面，定义各种数据标准、质量规则、安全指标并强制推广。因而基于服务层面，信息治理不是为了单纯管理数据及数据治理，而是基于社会服务目标，配合大数据平台、数据仓库、数据分析挖掘等信息技术项目建设，提高数据服务质量，提升数据安全保护水准，更好地促进数据共享、共建、共维等可持续发展目标的实现。

信息承载力可持续管理实施的主体除了具有权威的社会政治统治组织外，能力建设的主体还体现为多元性，包括政府机构、非政府中介组织、私人部门等，可以是私人机构、非政府公共机构与政府各种机构之间的联合。区域社会总体的信息承载力体现了公共管理权力在政府与社会、上级政府与下级政府之间去中心化的重新分配，使得信息承载力可持续管理具有较为明显的新型民主价值（图10-3）。

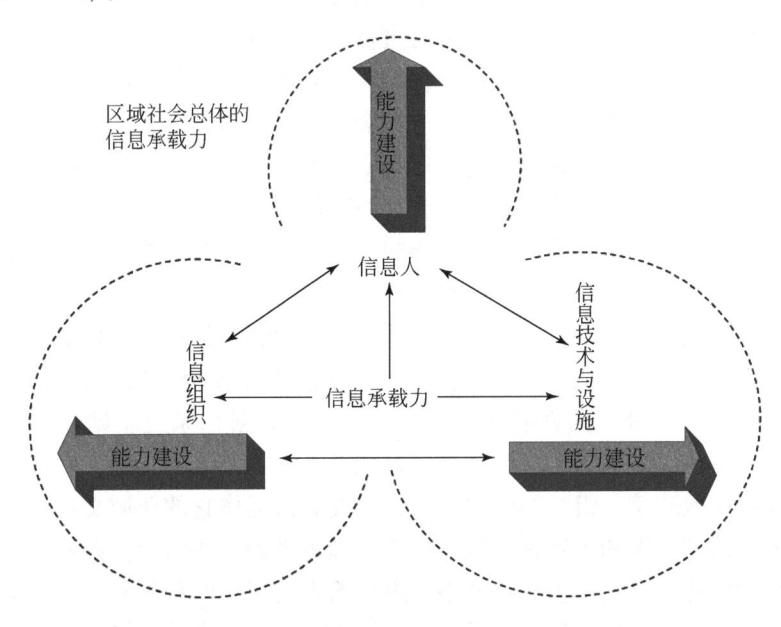

图 10-3 信息承载力能力建设结构

信息承载力可持续管理对策与具体的实施方法体现在信息治理与信息使能技术的构建与应用上十分典型。通过区域数据资产目录、社会化微服务应用等技术将信息资源进行开发共享，促进信息服务质量及社会应用范围，是政府作为全社会信息资产管理者的责任与义务，而且信息治理反向应用于政府业务、管理和战略决策，高数据质量与服务标准不仅是区域信息治理的重要目标，也是政府进行信息分析、数据挖掘、业务管理和预警决策的重要基础,需要从立法与执法的战略层面建立完整的信息服务与数据建设质量标准体系。另外,从技术应用角度,定义完整全面的信息服务、数据治理质量的信息承载力评估维度,包括完整性、时效性等,并按照已定义的维度,在系统建设的各个阶段都应该根据可持续发展标准进行数据质量检测和规范,及时进行信息承载力治理,避免事后的数据清洗及基于信息生命周期的无效循环。

第一,信息承载力可持续管理从资源共享与预警决策上打破了基于组织等级的信息封闭与信息孤立状况,强调实现信息共享和无障碍传导,将信息对人类的服务能量充分地释放出来。信息技术的发展,促使决策模式向开放式的强调决策者与决策对象共同参与的方向发展,真正采用了民意表达、民智集中、信息共享、利益互动、决策透明的民主决策体系。第二,应用信息使能技术提升政府的战略实现过程和政策执行质量。第三,建立在信息承载力基础之上的公共管理,通过组织流程变革,使得传统的金字塔形线性等级组织体制成为扁平化、柔性化的现代网络结构体系,中心化的权力与责任的重新分配使得信息承载力可持续管理具有较为明显的新型民主管理体系。第四,政府信息治理机制的建立,使得过去极为封闭而条块分割的社会结构变成社会、经济、自然三个信息生态系统一体化的统一管理平台,无论是电子商务还是电子政务,在解决信息发布源和责任归属问题后,可以构建一个虚拟的跨系统和跨部门的应用行政管理系统,实行总体规划、集中建设、资源共享、跨部门协同、及时指导、监督检查、投资管理、控制成本、绩效评估等一系列基于信息承载力的信息治理过程与方法。第五,有效的可持续管理机制的建立,区域信息承载力可持续管理是包括区域信息建设与发展意识、沟通观念和规范、信息工作制度、信息工作流程、信息收集处理工具、信息处理环境和平台、竞争信息(知识、情报、数据)系统基础在内的全方位建设与体系变革,先进的信息网络与信息软件系统需要人的智慧、素养、技能的配合,需要区域政策、组织制度的保证,需要有效运作它的区域文化环境。可以说具有强烈治理意识的领导者是区域信息治理体系的主要力量。第六,信息安全管理体系的构建,社会民主化、网络化进程给人类提供便利服务优势的同时,带来的另一个问题是区域信息生态系统开放性越大,受攻击的可能性也越大,特别是我国处于信息弱势地位的信息生态系统,如何解决安全与开放、共享与协作、防护与封闭的矛盾冲突是落后与不发达地区面临的首要问题。通过构建各种基于信息治理与信息使能关系的流程与结构化体制,指导和控制信息人通过合理利用信息技术、平衡信息技术与流程的风险、增加信息资源的使用价值来确保实现信息生态系统的良性循环,提升信息供应链下游区域与人群的信息承载能力,降低信息压力,是唯一的可行之路。第七,社会信用体系与先进的信息文化体系的建立，不仅可以改善政府与企业的管理和服务水平、降低社会管理与交易成本，还可以提高民众对政府与企业的认同感和信任度，实现防范危机、促进社会和谐的目标。

在解决了信息承载力可持续管理的目标后，解决应做出哪些决策和谁来做的问题，然后解决如何做出决策和实施监督的问题，即设计和实施可持续管理机制。具体从信息承载力的四个关键原则着手，分别是：①信息治理与信息使能技术原则，即明确信息治理与信息使能技术在政府及其他类型的信息组织中所承担的主导角色与地位；②信息系统的结构分层原则，通过定义区域信息生态系统的结构层次、内部关系、子系统整合及结构标准要求，明确决策主体、实施主体与目标主体；③信息技术基础设施与区域的应用需要，考虑信息技术可以提供的服务问题，并解决信息技术投资与优先次序，使得有限的人才资源与资金投入解决最紧迫的问题；④公开、公正、透明的民主化体制问题，也是电子政务与电子商务的运行基础，因而从公共管理的角度分析，信息承载力可持续管理对策需要先解决信息生态系统中社会资源的建设管理权力、信息危机的责任与信息治理中的公平等核心问题。

在具体的对策制订与执行中，特别是在管理对策执行期间，对执行情况要进行严格控制与监测，根据监测和评价结果修改管理分目标、管理措施、手段和方法等，如此不断循环，直到实现区域信息生态系统与总体社会生态系统逐渐达到可持续性发展的良性循环状态。

10.4 信息治理对策的实施基础与原则

信息承载力具备实现相关区域信息化建设、经济发展、社会治理、自然环境监测等各类型正常功能的同时，可为公共管理与社会管理提供密切的支撑关系与使能作用，因此信息承载力定量评价不仅能够为区域信息生态系统的发展状态提供相对连续和比较全面的评价和监测，还可以直接确定信息承载力可持续管理目标，并对可持续管理对策的实施效果提供有效的监测和跟踪评价，为国家与地方政府的管理与决策提供科学依据，并把相应结果及时地反映到区域管理各层面的信息生态系统中，以适应复杂多变的社会生态系统及其外部环境。

信息承载力可持续管理的基础就是构建基于 Cyber-infrastructure 与信息使能技术的监控、决策与社会动员平台，可以通过预测、监测、预警等前瞻性的信息治理与使能过程，将原本孤立的各类社会生态系统与整体的社会环境及自然环境联结起来，这对于人类社会整体的可持续发展意义重大。信息治理与信息使能技术的应用是促使区域政府管理与相关决策不断更新并趋于更加合理化的有效手段，通过整合与协作各类、各层次的信息系统与监测机构，可以了解研究区域各种社会与自然因素发生的变化以及可能要发生的变化，从而为管理决策的修订提供依据，并不断根据监测结果调整管理行为或者调整管理的分目标，最后达到管理的总目标。监测的过程就是收集数据的过程，收集信息生态系统各方面、多时空尺度尽可能多的数据，并据此对区域的信息承载力进行新一轮的评估，修改管理计划和措施，增加决策的有效性，提高管理的成功率。

由于信息承载力对策的特殊技术性、社会性与经济性要求，在具体的对策制订中需要遵循以下原则。

1）信息治理的主导性原则。具体的对策制订要确定信息治理在政府及其他组织中的关键主导角色与领导地位。

2）信息使能技术的结构与标准化原则。信息承载力提升对策的实施主要依靠信息使能技术体系与系统结构的完成，因而定义技术间的关系、整合及标准要求是对策实施质量的保障。

3）信息基础设施的协作、共享与服务优先原则。现实体制与组织管理中，由于条块分割、利益冲突、体系矛盾等形成了重建设轻服务，出现了重视资源拥有权、忽视信息协作与共享责任的状况。如何破除孤立的行政条块体制，发挥信息使能技术可提供的集成、协作、服务职能是首要问题。

4）区域的综合环境与政策体制保证原则。不能指望 ICT 建设一步到位解决信息化问题，更不能认为一套计算机网络、一套所谓的信息管理软件系统的简单引进就能带来什么，区域信息承载力发展的首要条件是长期的区域软环境的建设与历史文化积淀。先进而开放的信息基础设施需要信息人与信息组织的智慧、素养和技能的配合，需要区域政策、组织制度的保证，更需要有效运作它的信息使能技术、信息治理策略与相匹配的区域文化环境。

5）技术引进与自主开发中需要遵循的应用性与发展性原则。相关主体单位根据区域组织需要确定购买或自主开发、区域信息技术投资及优先次序，选择有限投资的项目并确定投资金额和优先次序。

10.5 区域信息承载力总体可持续管理对策

信息承载力提升不仅是发展生产力的问题，还是生产关系与上层建筑的问题。在区域信息承载力可持续管理的过程中，影响信息承载力提升的既有技术、资金、人才等信息承载力要素资源的获得性，也有区域固有的空间结构、管理制度、社会条件对信息承载力可持续发展的配合度，而且后者的影响力正在加强。因而，必须推动制度层面的变革，用制度化的方式解决各项发展的瓶颈。

在市场作为资源配置的根本机制的条件下，运用政策资源进行区域的统筹是政府"可为"又"能为"的方面。区域信息承载力可持续发展的政策就是政府部门制定并组织实施的调整区域信息生态系统宏观运行、缩小区域信息分化差距的各项文件制度。在实践中，以缩小地区间发展差距为目标的区域政策出现在20世纪20年代的"结构危机"以后，区域政策分为强迫型与诱发型。强迫型有命令与禁令，通常以规划、规定、法规的形式出现；诱发型政策则是提供各项咨询信息，给予融资和税收等优惠，二者一般结合使用。

因此，区域的信息承载力可持续管理目标非常明确，就是通过各种政策和措施，提高信息承载力供给，降低信息压力（即信息承载力需求），实现信息承载力的供求平衡，进而促使该地区达到信息承载力供给接近信息压力水平的良性发展态势，并维持长期稳定的可持续发展。由于区域仅仅是一个地理概念，而非行政管辖主体，无法行使行政管理职责，区域信息生态系统环境质地相似，不仅在地理区位上，而且相关且相近的社会、文化、经济、历史等主要的信息承载要素使得区域信息生态系统之间形成联系紧密、相互影响的关系。因此，从治理的角度，国家应该是该地区实施信息承载力可持续管理的一级政府，适于从宏观角度确定该地区的信息承载力可持续管理目标和计划，详细的实施对策则需要各省区具体制订。区域信息生态系统发展不能只注重信息基础设施等硬件投入，而忽略信息能力、信息弹性力中软性指标的培育，这会出现信息使能技术与信息产出水平低下的问题。我国大部分信息承载力低下区域往往属于典型的内陆封闭型荒漠化严重区域，多民族杂居，文化发展多样，单纯沿用外向型发达地区信息化投入拉动策略，即在信息化基础设施、信息资源建设方面过多投入原本有限的发展资金，会出现"撒胡椒面"式结局，往往达不到信息生态系统可持续发展的理想效果。区域信息治理真正亟须发展的是信息应用行为，即信息使能技术、信息弹性力中的社会信用体系建设与信息能力中的信息咨询与决策、信息协作能力等与国内外发达区域差距较大的培育型、政治文化型指标，为区域的社会经济、文化发展构建一个良好的具备高度信息文明水平的基础环境。

10.6 区域信息治理中信息架构设计需要完善与发展的地方

目前国内外学术界与政府部门、国际组织等越来越强调信息社会与工业化、社会经济发展、社会危机治理等的融合研究趋势，而信息承载力作为这一趋势下的典型代表，作为一个发展中的信息生态学评价方法，仍需要进一步改进和完善，以成为易于操作的信息承载递阶结构系统评价方法。在更详细和完备的数据支持下，新一代信息承载力方法将会成为政府决策的战略性分析工具。针对信息承载力方法的不足，应在以下几个方面进行完善和发展。

(1) 建立一个国家和地区的全面的社会资产目录和社会资源账户

一个国家和地区全面、详细的资产目录是信息承载力计算的基础。国家和地方政府的统计部门每年都要跟踪本国、本地区的社会资源建设、社会文化变异、信息供应链结构发展、经济生产情况和社会危机变化等。因此，借助信息承载力技术，在行政或区域类型尺度上建立一个社会资产目录与社会资源账户是可能的，这样从根本上解决计算信息承载力各类指标的数据来源，并且在此基础上，可以建立一个国家和地区长期的信息承载力账户，并利用本书的预算办法进行短期预测，科学地判断区域信息承载能力和可持续发展状况，为地方政府提供科学的决策依据。

(2) 建立一个公共的信息承载力计算标准

要让政府统计部门把信息承载力作为常用的分析指标，则必须改进有关信息生态系统的信息指标统计方法，使其计算程序标准化，规范且易于复制，如同国民生产总值或国内生产总值等指标一样，使得信息承载力指标真正成为国家和地区可持续发展评价的基本指标。

(3) 信息承载力的创新性研究需要进一步扩展到社会管理领域

信息使能技术与信息治理的研究在信息技术领域方兴未艾，而在最关键的社会管理领域却一直找不到切入的地方，信息承载力正好弥补了这一空白，信息承载力是一个天然的信息使能器，同时作为信息治理的基本手段与技术方法，可以应用于综合数字化基础设施平台的建设、应急管理以及社会危机的治理等公共管理领域。

(4) 区域信息承载力需要成为区域社会生活、经济建设设计与战略发展规划的辅助工具

城市设计对人们的社会经济行为有着重要的影响力，特别是区域信息生态系统建设，信息承载力最典型的应用领域如电子商务平台设计、电子政务管理与应用、各类信息管理系统建设等，它不仅影响人们怎样创造并获得各类社会生活机遇，主导区域信息网络平台的建设与布局，从城市信息基础设施到城市社会经济发展方向，还直接导致区域经济的战略发展方向与核心竞争力变化。因此，区域信息承载力将成为区域社会生活、经济建设设计与战略发展规划的辅助工具。

(5) 完善信息承载力方法的时空动态趋势分析和预测功能

信息承载力的动态趋势研究和预测分析还需要加入 GIS 等先进的分析方法，从地方政府的社会管理、经济发展等战略规划与政策设计的角度出发，其中的研究手段还需要进一步细化，需要加入时空动态的分析与趋势预测的方法与技术。信息承载力的时空动态趋势研究和预测分析，不仅能够如本书所述为地方政府的社会管理、经济发展等战略规划与政策设计提供科学依据，还可以为区域政策实施将要产生的影响程度提供预测分析，参与政策的可行性论证，即对每一个设想，信息承载力方法可以测定未来区域人类的信息承载力需求和供给关系，这对政策设计与区域发展战略规划的可行性论证是一个强有力的支持。

（6）信息承载力的社会化特性是重点关注的研究方向

信息承载力的发展演化过程是一个充满争议的过程，要全面地认识信息承载力尤其是社会综合生态系统对人类发展的支撑能力，就要正确把握信息承载力的生态观和社会观之间的区别。就信息生态系统中人类的信息承载力而言，其虽然受到人类社会发展环境、文化条件等的制约，但更重要的是由社会发展的主体——人类自身来决定的。主导信息承载力的社会因素包括政治制度、文化背景、技术进步、信用体系、资源分配方式、消费模式、价值判断、社会发展目标等，不但多种多样，而且随着时间不断变化；自然环境因素也起到关键的影响作用，而且对于不发达地区与信息供应链的下游区域，自然环境因素尤其重要。因此，信息承载力除了具有客观性、多层次性、动态性之外，还被赋予规范性、准客观性与典型的政治性等特性，因此传统的静态或固定的信息化建设观念必须得到转变。由于信息承载力研究无法避开人类的价值取向和经验性判断等因素的影响，实现信息承载力的规范性并精确地测量信息承载力阈值非常困难，因此进一步深入认识信息承载力的特征对研究信息承载力具有重要意义。虽然信息治理及预警的研究探索性地提出并构建完成了信息承载力的动态性特征与承载递阶结构模型，但信息承载力所隐含的层次性、规范性、政治性等多态性特征还需要借助其他方法和手段来研究。

（7）关于信息承载力动态评价模型

目前无论是综合意义上的信息承载力，还是单因素的信息承载力，研究热点均集中在评价指标和评价方法的研究上。其中，应解决的主要问题是信息承载力的度量指标的客观集成性、评价方法的可操作性和随环境时空变化的动态性。而在人类活动产生影响的环境领域，社会生态系统对人类的信息承载力受到尚未完全理解的自然限制和社会经济选择的多重制约，叠加了人类社会发展和自然环境的双重不确定性。

（8）关于信息承载力的信息使能技术研究

基于信息承载力的信息使能技术系统中，社会资源协同配置、信息网络平台协作、高新技术应用研究内容丰富、涉及领域广泛，其整体实现更是一项复杂而艰巨的系统工程，因而关于信息承载力的信息使能技术研究需要重点展开，特别是目前区域正处于由粗放型增长向内涵型发展转变的阶段，需要通过具备协作与整合多学科特性的一项或一系列的关键技术体系或管理方法论，将原本在不同学科、地域、组织管辖、政治文化等所属范畴内独立且分散的资源、生产力、影响因子等不同类型的促成要素，广泛应用于技术创新领域、社会文明建设领域等关键的社会战略发展工程中。

(9) 关于区域信息承载力的信息治理技术研究

未来需要分析与研究区域信息承载力的差异与分化及不同利益群体与阶层分化的原因，另外要重点研究解决办法。加强涉及微观层面进行组织信息治理与结构单元治理研究的同时，强调研究社会层面的区域公共治理，特别强调以政府为核心的社会治理功能，目标是实现信息生态系统整体的均衡、协调、和谐式的可持续发展与低成本的良性循环。涉及信息承载力的信息治理技术研究要重点强调信息生态系统的多水平、多层次的均衡性发展，宏观层面上要重点研究社会信用体系的构建，良好的社会信用体系建设可以改善政府与企业的管理和服务水平，降低社会管理与交易成本，而且可以提高民众对社会整体的认同感和信任度，实现防范危机、促进社会和谐的目标。目前信息治理的研究主要集中在企业，政府部门作为治理与管理类型信息最大的生产者，其信息治理的研究尚处于起步阶段，而涉及信息治理的系统动力学模型、跨区域与管理性质的治理平台整合、综合评价指标体系等都需要通过更多的实例进行验证，以不断增强其通用性和可操作性。从协同治理的理论视角对信息治理的运行机制、组织模式、实现方法进行更深入、系统的研究，综合应用多种系统科学方法（如信息治理与社会管理融合理论、信息经济学理论、复杂适应系统理论、危机管理与应急管理理论、可持续发展理论等），更加全面地揭示信息治理的原理与社会文明转化进程，并在此基础上探索构建区域可持续发展的核心治理机制。引进并消化吸收国外先进的信息治理理念与技术，利用信息管理整体治理模型、系统动力学模型和综合评价模型进行更为广泛的国内外信息治理对比研究，一方面总结优化我国目前的信息管理战略治理机制；另一方面找出我国与发达国家在信息治理方面存在的差距，借鉴国外成功经验完善区域信息治理方案与危机管理机制。

(10) 关于信息承载力的应用研究方向

在我国现行体制下，针对我国建设创新型国家的战略需求，如何有效地进行信息资源配置管理体制、运行机制和组织模式的全面改革，仍需进一步探索和实践。本书所提出的协同配置实施方案还有待细化，特别是针对具体创新领域、行业的信息资源协同配置实践还需进行更深入的案例与实证研究。信息承载力的多种特性要求在信息承载力的应用研究和确定相应的环境管理计划及目标时，必须综合考虑和协调社会价值、技术水平、制度安排、目标选择等多方面的矛盾和冲突，所得到的结论才易于理解和借鉴。

总之，信息承载力研究需要加强研究评价和预测区域信息承载力的需求与供给的基本理论与技术，重点关注揭示区域信息生态系统现状、可持续发展程度和未来发展趋势的信息使能技术与信息治理技术，涉及如何为国家和地方政府因地制宜地制定信息生态系统可持续发展计划提供科学依据。而基于信息承载力的信息治理将作为增强区域或组织核心竞争力和政府治理变革的重要手段，为社会整体的可持续发展做出贡献。毫无疑问，信息承载力研究的目的就是用科学的理论和方法来指导人类可持续发展的社会实践，使人类在不久的将来重新步入可持续发展的社会当中，促进人类文明的延续和发展。

10.7　区域信息治理与预警对策

目前区域信息治理与信息预警的对策设计尚未有相关应用理论成果及方案，本书主要建议如下。

1）首先进行信息预警与治理技术体系建设和顶层设计的技术指南建设，对于各种技术的适应性和应用需求尚缺乏论证和研究。

2）以国家相关主管部委出面整合并融合各学科平台发布统一的技术标准规范，各部委、省市在区域信息治理信息预警与信息治理中打破原有的部门与层级条块，采用相同体制的通信手段和相同格式的信息报文，不同学科、不同单位、不同类型应急系统之间实现互连互通互操作，最终实现资源共享，统一设备维护。

3）融合各数据平台，搭建完整的基础数据，各部门的数据必须打破信息孤岛，统一为高层指挥者的决策服务，提供在专家系统与统一知识库条件下的大型综合性、公用性数据库的支持。

4）关键设备和核心技术，特别是芯片、操作系统、相关应用平台软件和中间件全部国产化，并普及应用。

5）系统设计以经常性的定量分析为主，引入人工智能模型，实现智能辅助决策功能。

6）构建真实、完善的演示验证及测试评估环境。

7）加强目前的信息预警与信息治理实验室建设，为高级应急管理人才和复合型应急人才提供接近实战的演练环境和技术。

参 考 文 献

金东海, 谷树忠, 沈镭. 2004. 城市化发展的营力系统分析——兼论我国城市化影响因子与可持续城市化战略选择. 中国人口·资源·环境, 14（2）: 59-64.

潘泉, 程咏梅, 梁彦, 等. 2012. 信息融合理论与应用. 北京: 清华大学出版社.

徐晓锋, 曹文玉. 2013. 改革开放34年西北五省区信息承载力定量评价及分析. 图书情报工作, 57（19）: 125-133.

徐晓锋, 王娟娟. 2019. 基于信息生态理论的大数据治理建模及西部区域治理路径设计. 现代情报, 39（5）: 131-142.

徐晓锋, 岳东霞. 2009. 信息承载力定量化评价及应用. 图书情报工作, 53（14）: 40-44.

徐晓锋. 2012. 信息治理的使能器效应: 应急管理中基于信息承载力的使能模型构建. 情报杂志, 31（1）: 31-38.

赵宗贵. 2016. 信息融合技术现状、概念与结构模型. 中国电子科学研究院学报, 1（4）: 305-312.

Agaskar A P, He T, Tong L. 2010. Distributed detection of multi-hop information flows with fusion capacity constraints. IEEE Transactions On Signal Processing, 58（6）: 3373-3383.

Berghel H. 1997. Cyberspace 2000: Dealing with information overload. Communications of the ACM, 40（2）: 19-24.

Carlsson I, Ramphal S. 1995. Our Global Neighbourhood: The Report of the Commission on Global Governance. Oxford: Oxford University Press.

Chewning E C, Harrell A M. 1990. The effect of information load on decision makers' cue utilization levels and decision quality in a financial distress decision task. Accounting, Organizations and Society, 15（6）: 527-542.

Corrocher N, Ordanini A. 2002. Measuring the digital divide: A framework for the analysis of cross-country differences. Journal of Information Technology, 17（1）: 9-19.

Friedmann M. 1977. Consumer use of informational aids in supermarkets. Journal of Consumer Affairs, 11（1）: 78-155.

Grether D, Schwartz A, Wilde L. 1986. The irrelevance of information overload: An analysis of search and disclosure. Southern California Management Review, 59（1）: 277-303.

Griffeth R W, Carson K D, Marin D B. 1988. Information overload: A test of an inverted U hypothesis with hourly and salaried employees. Academy of Management Proceedings, 1（12）: 232-237.

Grise M, Gallupe R B. 1999/2000. Information overload: Addressing the productivity paradox in face-to-face electronic meetings. Journal of Management Information Systems, 16（3）: 157-185.

Hansen M T, Haas M R. 2001. Competing for Attention in Knowledge Markets: Electronic Document Dissemination in a Management Consulting Company. Administrative Science Quarterly, 46 (3): 1-28.

Herbig P A, Kramer H. 1994. The effect of information overload on the innovation choice process. Journal of Consumer Marketing, 11 (2): 45-54.

Hiltz S, Turoff M. 1985. Structuring computer-mediated communication systems to avoid information overload. Communications of the ACM, 28 (7): 680-689.

Hunt R E, Newman R G. 1997. Medical knowledge overload: A disturbing trend for physicians. Health Care Management Review, 22 (1): 70-75.

Iselin E R. 1993. The effects of the information and data properties of financial ratios and statements on managerial decision quality. Journal of Business Finance & Accounting, 20 (2): 249-267.

Khatri V, Brown C. 2010. Designing Data Governance. Communications of the ACM, 53 (1): 148-152.

Koltay T. 2011. Information overload, information architecture and digital literacy. Bulletin of the American Society for Information Science and Technology, 38 (1): 33-35.

Kooper M N, Lindgreen R M. 2010. On the governance of information: Introducing a new concept of governance to support the management of information. International Journal of Information Management, 31 (3): 195-200.

Libowski Z. 1975. Sensory and information inputs overload: Behavioral effects. Comprehensive Psychiatry, 3 (16): 199-221.

Lindup K. 1996. The Role of Information Security in Corporate Governance. Computers & Security, (15): 477-485.

Malhotra Y. 2002. Information Ecology and Knowledge Management: Toward Knowledge Ecology for Hyperturbulent organizational Environments. Encyclopedia of Lift Support Systems (EOlSS) UNESCO/EOlss Publishers, Oxford, U. K.

Meier R L. 1963. Communications overload: Proposals from the study of a university library. Administrative Science Quarterly, 4 (7): 521-544.

Meyer J. 1998. Information overload in marketing management. Marketing Intelligence & Planning, 16 (3): 200-209.

Milgram S. 1970. The Experience of Living in the Cities. Science, 13 (3): 1461-1468.

Nolan R, McFarlan F. 2005. Information Technology and the Board of Directors. Harvard Business Review, 83 (10): 96.

Owen R S. 1992. Clarifying the simple assumption of the information load paradigm. Advances in Consumer Research, 19 (3): 770-776.

O'Reilly C A. 1980. Individuals and information overload in organizations: Is more necessarily better? Academy of Management Journal, 23 (4): 684-696.

Rhodes R A W. 1997. Understanding Governance. Buckingham: Open University Press.

Sambamurthy V, Zmud R W. 2000. Research commentary: the organizing logic for an enterprise's IT activities in the digital era—a prognosis of practice and a call for research. Information Systems Research, 11 (2): 105-114.

Schick A G, Gorden L A, Haka S. 1990. Information overload: A temporal approach. Accounting Organizations and Society, 15 (3): 199-220.

Schultze U, Vandenbosch B. 1998. Information Overload in a Groupware Environment: now you see it, Now you don't. Journal of Organizational Computing and Electronic Commerce, 8 (2): 127-148.

Simnet R. 1996. The effect of information selection, information processing and task complexity on predictive accuracy of auditors. Accounting, Organizations and Society, 21 (7-8): 699-719.

Smouts M C. 1999. Multilateralism from Below: A Prerequisite for Global Governance//Schechter M G. Future Multilateralism. International Political Economy Series. London: Palgrave Macmillan https://doi.org/10.1007/978-1-349-27153-5_11.

Sparrow P R. 1999. Strategy and cognition: Understanding the role of management knowledge structures, organizational memory and information overload. Creativity and Innovation Management, 8 (12): 140-149.

Swain M R, Haka S F. 2000. Effects of information load on capital budgeting decisions. Behavioral Research in Accounting, 12 (2): 171-199.

Tuttle B, Burton F G. 1999. The effects of a modest incentive on information overload in an investment analysis task. Accounting, Organizations and Society, 24 (11): 673-687.

van Grembergen W. 2000. The Balanced Scorecard and IT Governance. Information Systems Control Journal, 5 (2): 40-43.

Vollmann T E. 1991. Cutting the gordian knot of misguided performance measurement. Industrial Management & Data Systems, 7 (1): 24-26.

Weill P, Ross J. 2005. A matrixed approach to designing IT governance. MIT Sloan Management Review, 46 (2): 26-34.

Williamson O E. 1999. Strategy research: Governance and competence perspectives. Strategic Management Journal, 20 (12): 1087-1108.

Williamson O E. 2002. The theory of the firm as governance structure: from choice to contract. Journal of Economic Perspectives, 16 (3): 171-195. http://dx.doi.org/10.1257/089533002760278776.

Wurman R S. 2001. Information Anxiety. Indiana: Macmillan Publishing.